Der Dreißigjährige Krieg 1618–1648

Reclam Sachbuch

Johannes Arndt

Der Dreißigjährige Krieg 1618–1648

Philipp Reclam jun. Stuttgart

RECLAMS UNIVERSAL-BIBLIOTHEK Nr. 18642

Gestaltung: Cornelia Feyll, Friedrich Forssman
Gesamtherstellung: Reclam, Ditzingen. Printed in Germany 2009
RECLAM, UNIVERSAL-BIBLIOTHEK und
RECLAMS UNIVERSAL-BIBLIOTHEK sind eingetragene
Marken der Philipp Reclam jun. GmbH & Co., Stuttgart
ISBN 978-3-15-018642-8
www.reclam.de

Inhalt

Einleitung

Der Dreißigjährige Krieg gehört zu den schrecklichsten Geschehnissen der älteren deutschen Geschichte. Millionen Menschen verloren vorzeitig ihr Leben. Häuser, Sachwerte und Kapitalvermögen lösten sich in Feuer und Rauch auf. Die Fassungslosigkeit der Zeitgenossen formte maßgeblich die kulturellen Eigenheiten der anschließenden Barockepoche. Entsprechend prominent wurde der Krieg in der historiographischen Forschung behandelt. Zu den Klassikern gehören Bogislaw Philipp von Chemnitz,[1] Friedrich Schiller,[2] Moriz Ritter,[3] Werke, auf die immer noch mit Gewinn zurückgegriffen wird. Das große Historienwerk des *Theatrum Europaeum* überspannt inhaltlich den gesamten Konflikt und die anschließende Barockepoche.[4] Auch in jüngerer Zeit ist der Krieg wiederholt Gegenstand von Einzelstudien, Kontroversen über seinen Grundcharakter, Kongressen und großen Ausstellungen. Die klassische Darstellung über den Westfälischen Frie-

1 Bogislaw Philipp von Chemnitz, *Königlichen Schwedischen in Teutschland geführten Krieges vier Teile, Stettin, Stockholm 1648–1653*, nach der Handschrift des Verfassers hrsg., Stockholm 1856–1859.

2 Friedrich Schiller, *Geschichte des Dreißigjährigen Krieges (1792)*, hrsg. von Gerhard Fricke und Herbert G. Göpfert, München 1966.

3 Moriz Ritter, *Deutsche Geschichte im Zeitalter der Gegenreformation und des Dreißigjährigen Krieges (1555–1648)*, 3 Bde., Stuttgart/Berlin 1889–1908 (ND 1962).

4 Johann Philipp Abelein [u. a.] (Red.), *Theatrum Europaeum, Oder Außführliche und Warhafftige Beschreibung aller und jeder denckwürdiger Geschichten / so sich hin und wieder in der Welt [. . .] zugetragen haben*, 21 Bde., Frankfurt a. M. 1643–1738.

den stammt aus der Feder von Fritz Dickmann.[5] Gelegentlich ist die Einheit des Konfliktes bestritten worden, die Forschung hält allerdings meist daran fest. Schon die Zeitgenossen hatten die Jahre des Konflikts mitgezählt, vom fünfjährigen bis zum Dreißigjährigen Krieg, wie Konrad Repgen mit zahlreichen Beispielen belegte.[6]

Die Quellen zum Krieg und zum folgenden Friedenskongress liegen auf unzählige staatliche und territoriale, kirchliche und kommunale Archive verstreut. Allerdings haben große Quelleneditionen schon früh die rechtshistorische und später die historiographische Aufarbeitung erleichtert. In den 1730er Jahren brachte Carl Wilhelm Gärtner eine neun Bände starke Ausgabe der Friedensverhandlungen und ihrer Ergebnisse auf den Markt.[7] Im 19. Jahrhundert standen die Editionen über die wichtigsten Großterritorien im Reich und ihren Weg in den Krieg im Vordergrund. Von zentraler Bedeutung gerade für die Frühphase des Krieges ist die von Moriz Ritter begonnene und über Jahrzehnte fortgesetzte Reihe *Briefe und Acten*

5 Fritz Dickmann, *Der Westfälische Frieden*, Münster 1959 ([7]1997).

6 Konrad Repgen, »Über die Geschichtsschreibung des Dreißigjährigen Krieges. Begriff und Konzeption«, in: *Krieg und Politik 1618–1648. Europäische Probleme und Perspektiven*, hrsg. von K. R., München 1988, S. 1–84, bes. S. 6. – Vgl. vom selben Verfasser zahlreiche zentrale Beiträge zur Geschichte des Krieges und des Friedens: Konrad Repgen, *Dreißigjähriger Krieg und Westfälischer Friede. Studien und Quellen*, hrsg. von Franz Bosbach und Christoph Kampmann, Paderborn [u. a.] 1998.

7 Carl Wilhelm Gärtner, *Westfälische Friedens=Cantzley: Darinnen die von Anno 1643 biß Anno 1648 Bey denen Münster= und Oßnabrückischen Friedens=Tractaten Geführte geh. Correspondence [...] enthalten*, 9 Bde., Leipzig 1731–38.

zur Geschichte des Dreißigjährigen Krieges in den Zeiten des vorwaltenden Einflusses der Wittelsbacher, die in der alten und neuen Reihe auf 26 (Teil-)Bände anwuchs.[8] Nach dem Zweiten Weltkrieg wandten sich der Bonner Historiker Max Braubach und sein Schüler Konrad Repgen der Spätphase des Krieges und den Friedensverhandlungen zu, die Arbeiten mündeten in die monumentale Edition *Acta Pacis Westphalicae*, die inzwischen drei Serien mit 28 Bänden (in 40 Teilbänden) umfasst, wobei die spanisch-französischen und die spanisch-niederländischen Verhandlungen noch unabgeschlossen sind.[9] Die Friedensverträge selbst, das Osnabrücker und Münsteraner Friedensinstrument, wurden im Laufe der Jahrhunderte in unterschiedlichen Einzeleditionen herausgebracht. Nützlich, weil vollständig und in deutscher Sprache verfasst, ist die Edition von Arno Buschmann, die zunächst 1984 im Rahmen der Reichsgrundgesetze erschien und später in einer ausführlicheren Fassung nachgedruckt wurde.[10]

Forschungsentwicklung und aktueller Forschungsstand

8 Ritter 1870–1978 (Anm. 3). – Walter Goetz [u. a.] (Hrsg.), *Briefe und Akten zur Geschichte des Dreißigjährigen Krieges. Neue Folge. Die Politik Maximilians I. von Bayern und seiner Verbündeter 1618–1651*, 10 Bde. in 14 Teilbdn., Leipzig [u. a.] 1907–97.

9 Braubach, Max / Konrad Repgen (Hrsg.), *Acta Pacis Westphalicae*, Münster 1962 ff.

10 Arno Buschmann (Hrsg.), *Kaiser und Reich. Klassische Texte und Dokumente zur Verfassungsgeschichte des Hl. Römischen Reiches Deutscher Nation vom Beginn des 12. Jahrhunderts bis zum Jahre 1806*, München 1984 (2. Aufl.: 2 Bde., Baden-Baden 1994), S. 285–380 (IPO), 380–402 (IPM). – Eine Kurzfassung der Friedensverträge ist in der Quellenauswahl im Taschenbuch über das Konfessionelle Zeitalter von Bernd Roeck enthalten: Bernd

sind inzwischen so ausdifferenziert, dass hier nicht einmal ein annähernder Überblick gegeben werden kann. Allein zum Westfälischen Frieden liegt eine Bibliographie mit mehr als 4000 Titeln vor, die die Werke bis 1994 erfasst.[11] Eine neuere Spezialbibliographie über den gesamten Krieg existiert nicht. Für den interessierten Leser, der sich zunächst einen ersten Überblick über den Dreißigjährigen Krieg verschaffen möchte, sind in den vergangenen Jahren mehrere Taschenbücher herausgekommen. Gerhard Schormanns Studie gibt zunächst einen Überblick über die Ausgangslage des Krieges, anschließend stellt er die klassischen vier Phasen des Konflikts dar, um in drei weiteren Kapiteln die Kriegsziele der Parteien, die grundlegenden Fragen der Kriegsfinanzierung und die gesellschaftlichen Auswirkungen zu untersuchen.[12] Auch Georg Schmidt stellt einen Überblick über die Vorgeschichte voran, dann folgt der chronologische Durchgang in drei Kapiteln (schwedischer und schwedisch-französischer Krieg werden zusammengefasst).[13] Für Christoph Kampmann ist die Charakterisierung des Krieges als europäischer Konflikt erkenntnisleitend, zudem legt er einen Schwerpunk auf die oft vernachlässigte zweite Kriegshälfte.[14] Einen mili-

Roeck (Hrsg.), *Gegenreformation und Dreißigjähriger Krieg 1555–1648. Deutsche Geschichte in Quellen und Darstellungen*, Bd. 4, Stuttgart 1996, Friedensschlüsse: S. 393–423.

11 Heinz Duchhardt (Hrsg.), *Bibliographie zum Westfälischen Frieden*, Münster 1996.

12 Klaus Schormann, *Der Dreißigjährige Krieg*, Göttingen [3]2004.

13 Georg Schmidt, *Der Dreißigjährige Krieg*, München 1995.

14 Christoph Kampmann, *Europa und das Reich im Dreißigjährigen Krieg*, Stuttgart 2008.

tärgeschichtlichen Schwerpunkt bei gleichzeitiger gesamteuropäischer Perspektive hat der Sammelband von Geoffrey Parker, der in erster Auflage 1984 erschien.[15] Eine jüngere englischsprachige Gesamtdarstellung des Krieges liegt aus der Feder von Ronald G. Asch vor, wobei der Freiburger Gelehrte sich ans bewährte Schema der Vorgeschichte und der vier Kriegsabschnitte hält, um ein weiteres Kapitel über Kriegsfinanzierung, Kriegführung und Staatsbildung anzuschließen.[16] Einen strukturellen Ansatz und eine Abkehr von der Chronologie lässt sich in der Studie von Johannes Burkhardt beobachten. Burkhardt übernimmt das sog. »Staatsbildungsparadigma«, das in der angelsächsischen Forschung besonders von Charles Tilly entwickelt wurde, und exemplifiziert es am Krieg im 17. Jahrhundert.[17] Das Mächteeuropa der Frühmoderne stellte dabei ein multipolares Staatensystem dar, dessen Teilnehmer ständige militärische Konflikte austragen mussten. Vermeintliche und tatsächliche Bedrohungen durch gierige Nachbarn zwangen dabei jeden Fürsten, seine Streitkräfte auszubauen und immer moderner zu bewaffnen, um gegenüber der Konkurrenz nicht zurückzu-

15 Geoffrey Parker (Hrsg.), *The Thirty Years War*, London 1984 (dt. Ausg.: *Der Dreißigjährige Krieg*, Darmstadt 1987).

16 Ronald G. Asch, *The Thirty Years War. The Holy Roman Empire and Europe, 1618–1648*, Basingstoke / New York 1997.

17 Johannes Burkhardt, *Der Dreißigjährige Krieg*, Frankfurt a. M. 1992; an anderer Stelle interpretierte Burkhardt den Zwang zur Kriegführung als Ergebnis der Unabgeschlossenheit der Staatsbildung: Johannes Burkhardt, »Die Friedlosigkeit der frühen Neuzeit. Grundlegung einer Theorie der Bellizität Europas«, in: *Zeitschrift für historische Forschung* 24 (1997), S. 509–574.

fallen. Die Untertanen der Fürsten wurden zu Arbeitsamkeit und steuerlicher Leistungsfähigkeit diszipliniert. Die europäische Staatsgewalt entwickelte sich in internationaler Konkurrenz und durch innenpolitische Sozialdisziplinierung, dies ist auch die Quintessenz der zeitalterübergreifenden Studie von Wolfgang Reinhard.[18]

In einem Buch wie diesem, das einem breiten Publikum einen längst vergangenen Krieg begreiflich machen will, verbietet sich ein extravaganter Ansatz, der die Lektüre vieler anderer Studien zum Thema voraussetzt, um verstehbar zu sein. Daher wird hier nach einem konventionellen, dreiteiligen Schema verfahren. Zunächst stehen im ersten Hauptteil die Voraussetzungen des Kriegs im Vordergrund. Der Dreißigjährige Krieg wird als ein europäischer Krieg verstanden, der vorwiegend auf dem Boden des Heiligen Römischen Reiches stattfand. Allerdings konkurrierten die europäischen Mächte auch auf anderen Kriegsschauplätzen, und bis 1648 intensivierten sich die Wechselwirkungen zwischen den verschiedenen Konflikten. Eine wichtige Triebfeder für den Krieg war der Konfessionskonflikt, der im Augsburger Religionsfrieden 1555 nur durch einen Formelkompromiss reguliert worden war. In dem Maße, in dem alle Seiten mit diesem Kompromiss unzufriedener wurden, degenerierte die Verfassungsordnung des Heiligen Römischen Reiches. Friedenswahrende Institutionen wurden blockiert, und es fehlte vielen Akteuren in der Reichspolitik an Phantasie, sich die Risiken

18 Wolfgang Reinhard, *Geschichte der Staatsgewalt. Eine vergleichende Verfassungsgeschichte Europas von den Anfängen bis zur Gegenwart*, München 1999 ([3]2002).

vor Augen zu halten, die aus derartigen Praktiken folgen konnten. Der heraufziehende und ab 1618 manifest ausgetragene Konflikt war dabei weder allein ein Staatenkrieg noch ein Religionskrieg, sondern die beiden prägenden Konfliktebenen vermischten sich auf derart unlösliche Weise miteinander, dass daraus eine kriegsverlängernde Wirkung resultierte.

Der zweite Hauptteil folgt der Chronologie in der klassischen Gliederung des Krieges durch die ältere Geschichtsschreibung. Manche der neueren Darstellungen wurden in dieser Hinsicht sehr knapp gefasst. Nicht jeder Leser hat eine Ausgabe von Moriz Ritters *Deutsche Geschichte im Zeitalter der Gegenreformation* zur Hand, um den Zeitablauf verfolgen zu können. Die internationale Ebene wird hier stets mitbehandelt, sodass Exkurse in die Niederlande, nach Norditalien oder nach Polen an den notwendigen Stellen erfolgen. Abgeschlossen wird dieser Hauptteil durch das Kapitel über den Weg zum Frieden und die dabei ausgehandelten Bestimmungen.

Im dritten Hauptteil stehen – unter dem Eindruck der neueren kulturgeschichtlichen Forschung – exemplarische Wahrnehmungen des Krieges im Vordergrund. Hierzu gehört vor allem die sog. »militärische Gesellschaft«, das rechtlich geregelte Leben der Söldner und Milizionäre im 17. Jahrhundert. Die Armeen, im Renaissancezeitalter kleine Truppenkörper von selten mehr als 10 000 Mann, wuchsen dabei zu Riesenheeren an, unter Wallenstein bereits mehr als 100 000 Mann, im späteren Jahrhundert unter Ludwig XIV. von Frankreich bis zu 400 000 Mann. Die Soldaten bildeten mehr und mehr ein eigenes soziales Subsystem, das neben die klassische Ständeeinteilung aus

Klerus, Adel, Kaufmannschaft, Handwerkerschaft und Bauern trat. Diese Personenkreise, die Zivilisten, bildeten den Rahmen für die Kriegshandlungen: Die Soldaten benötigten sie als Lieferanten für Geld und Sachleistungen, plünderten sie aus und trieben ihren Mutwillen mit ihnen. In einer Welt des ständigen ökonomischen Mangels wurden die Lebensbedingungen im Krieg zusätzlich erschwert: Kampfhandlungen waren dabei nur ein Teil des Problems, hinzu traten Hunger, Seuchen, Vertreibung und Flucht, die alle Traumatisierungen auslösten. In jüngerer Zeit haben Forschungsprojekte und Tagungsbände gerade diese Erfahrungen von Macht und Gewalt auf der Grundlage autobiographischer Dokumente (*ego documents*) ins Bewusstsein zurückgerufen.[19]

19 Zum Beispiel Benigna von Krusenstjern / Hans Medick (Hrsg.), *Zwischen Alltag und Katastrophe. Der Dreißigjährige Krieg aus der Nähe*, Göttingen 1999.

1 Strukturen

Das Europa der Mächte vor dem Krieg

In der klassischen Betrachtungsweise insbesondere der deutschen Historiographie war der Dreißigjährige Krieg ein deutscher Krieg, der Westfälische Friede ein deutscher Friede. Inzwischen hat sich die internationale Forschung dieses längsten Krieges der Frühmoderne angenommen, und dadurch ist ein europäisches Kriegs- und Friedenspanorama entstanden. Wesentliche Impulse erhielt diese Forschung durch eine große Darstellung zum Krieg, die einige, vor allem angelsächsische Historiker 1984 unter der Herausgeberschaft von Geoffrey Parker publiziert haben.[20] Dieser Blick von außen auf das Geschehen in Mitteleuropa ließ strategische Angelpunkte der Entwicklung überhaupt erst deutlich werden, deren Elemente zwar früher in Einzelstudien gelegentlich erwähnt wurden, aber bis dahin noch nicht in einen systematischen Kontext gebracht werden konnten.

Im Zuge der Erweiterung der Perspektive der historischen Wissenschaften ist nicht nur die Sprache, sondern auch die Kultur und neuerdings der Raum ins Blickfeld der Forschung geraten. In Wirklichkeit ist die Bedeutung des Letzteren gar nicht zu überschätzen. Die Mehrzahl der frühneuzeitlichen Untertanen, vor allem die 80 % der Landbevölkerung, bewegte sich im Raum nur zwischen ihrem Wohn- und Arbeitsort sowie dem jeweiligen lokalen Handelszentrum, der nächstgelegenen Mittel- oder

20 Siehe Parker 1984 (Anm. 15).

Kleinstadt. Reisende waren vor allem die Eliten, Adlige, obrigkeitliche Beamte, daneben Studenten, Kaufleute und wandernde Handwerker. Unterwegs waren auch Soldaten, vor allem aber entwurzelte Unterschichten, das sog. »fahrende Volk« aus Wanderhändlern, Bettlern und Gauklern. Das Reisen war in Mitteleuropa beschwerlich, Etappen von 40 bis höchstens 90 km pro Tag beschränkten das Vorankommen auf dem Landweg; nur die Post war schneller. Am leichtesten reiste man auf Wasserwegen. So verwundert es nicht, dass die Reichsstadt Regensburg zum liebsten Versammlungsort der Habsburger wurde, wenn Reichstage zusammentreten sollten. Zudem war Reisen nicht ungefährlich: Räuber, betrügerische Wirte, schlechte Ausschilderung der Wege, das Misstrauen der Einwohner in den durchreisten Ländern, insbesondere aber Probleme mit bürokratischen Formalitäten sorgten in vielen Reiseberichten für Stoff zu ausführlichen Klagen.

Die Probleme mit der Bewältigung räumlicher Entfernung betrafen auch die Kriegführung. Ein Großteil der ständigen Kämpfe im damaligen Europa fand in Deutschland statt, aber es gab im ausgehenden 16. und beginnenden 17. Jahrhundert auch andere Zonen in Europa, die in besonderem Maße und mehrfach nacheinander durch das Aufeinandertreffen konkurrierender Mächte erschüttert wurden. Ich nenne diese Zonen im Folgenden »Konflikträume« und gliedere danach in drei inhaltliche Abschnitte:

1. Der westeuropäische Konfliktraum,
2. der oberitalienische Konfliktraum,
3. der Ostsee-Konfliktraum.

Ein vierter Konfliktraum, der Balkan, bleibt für unseren Zeitabschnitt ausgespart, da zwischen dem Kaiser und dem türkischen Sultan seit 1606 Frieden herrschte, der über das Datum des Westfälischen Friedens hinaus anhielt. Der Balkan als die Frontlinie des christlichen Abendlandes nach außen wirft zudem besondere Probleme auf. Sie waren ganz anders gelagert als die zwischen den christlichen Mächten, die hier im Vordergrund stehen. Die eng mit der Türkenfrage verbundene Politik der Päpste und der Republik Venedig wird ebenfalls ausgeklammert.

Der westeuropäische Konfliktraum: Spanien, Frankreich und die Niederlande

Herkömmlicherweise wird in der deutschen Historiographie zum Dreißigjährigen Krieg der Gegensatz zwischen dem Kaiser und dem französischen König betont, denn das waren die zentralen vertragschließenden Parteien von 1648. Der wichtigere Konflikt jedoch fand zwischen den Kronen Spanien und Frankreich statt, und über die Länge des 16. und 17. Jahrhunderts wurde er auf zwei Kriegsschauplätzen ausgetragen: an der niederländischen Südgrenze und in Oberitalien.

Bei beiden Monarchien lassen sich die Staatsbildungsprozesse gut beobachten: Spanien bestand aus verschiedenen Teilkönigreichen, die den Weg zur Realunion noch nicht zurückgelegt hatten.[21] Die iberische Monarchie war

21 Zum Überblick: Walther L. Bernecker / Horst Pietschmann, *Geschichte Spaniens. Von der frühen Neuzeit bis zur Gegenwart*, Stuttgart [u. a.] ²1997.

nach Ressourcen, vor allem aber nach geographischer Verteilung ihrer Besitztümer die erste Großmacht des Kontinents. Frankreich dagegen sah sich an allen seinen Grenzen im Norden, Süden und Südosten mit diesen spanischen Gebieten konfrontiert, was die ältere Forschung zur Formulierung eines französischen »Einkreisungskomplexes« veranlasste. Kaiser Karl V. hatte durch die ihn begünstigenden Erbfälle eine habsburgisch-kaiserliche, eine burgundisch-niederländische und eine spanische Identität ausgeprägt. Für französische Befürchtungen besaß er wenig Verständnis, sondern er erstrebte – allerdings vergeblich – die Inbesitznahme des Herzogtums Burgund, um das gesamte Erbe Karls des Kühnen wieder zu vereinigen.

Beide Staaten standen nicht nur in der internationalen Konkurrenz, sondern mussten im Innern ihre Ständevertretungen integrieren. Auf den ersten Blick erschien diese politische Aufgabe für Spanien weitaus schwieriger zu lösen als für Frankreich, hatten Karl V. und Philipp II. doch Reiche mit sehr verschiedenen Strukturen und Traditionen geerbt. Dennoch versank zunächst Frankreich nach 1562 in einem dreißigjährigen Bürgerkrieg, der in Gestalt von acht Hugenottenkriegen[22] ausgetragen wurde. Zahlreiche französische Adelsfamilien hatten sich für das calvinistische Bekenntnis gewinnen lassen und schlossen sich zu einer bewaffneten, antiköniglichen Partei zusammen. Die spanische Krone förderte die katholische Partei der *Ligue* um die Herzöge von Guise nach Kräften, konnte al-

22 Hugenottenkriege und Liga: Mack P. Holt, *The French Wars of Religion, 1562–1629*, Cambridge 1995; Jean-Marie Constant, *La Ligue*, Paris 1996.

lerdings das Königtum Heinrichs IV. nicht verhindern. Aus eigener Kraft schaffte es der König bis 1598, den inneren Konfessionskonflikt beizulegen, die Balance zwischen Krone und Ständen wiederherzustellen und mit Spanien Frieden zu schließen. Das Edikt von Nantes steht dabei bis heute für monarchische Staatsbildung und Toleranz in einem. Die französische Staatsbildung erfuhr durch den gewaltsamen Tod Heinrichs 1610 zwar eine Unterbrechung, doch gelang es den Kardinälen Richelieu und Mazarin zwischen 1624 und 1661, die innere politische Balance aufrechtzuerhalten, obwohl sie die Rechte der Hugenotten schrittweise abbauten. Entscheidend dafür waren die Erfolge ihrer politischen, finanziellen und militärischen Schritte gegen die spanische Monarchie.

Die verschiedenen europäischen Stützpunkte des spanischen Imperiums sahen auf den ersten Blick so aus, als ob sich mit ihnen ganz West- und Südwesteuropa kontrollieren ließe: Neben den iberischen Königtümern der Madrider Habsburger, zu denen seit 1580 auch Portugal gehörte, sind noch die Niederlande, Süditalien sowie einige Territorien in der Poebene, vor allem das Herzogtum Mailand, zu nennen. Die Konkurrenz des Riesenreiches mit Frankreich führte auf beiden Seiten zu einer stark anwachsenden Militärmacht auf den unterschiedlichen Kriegsschauplätzen, was in der Forschung mit dem Begriff »Militärische Revolution« umschrieben worden ist.[23]

In Wirklichkeit täuschten die verteilten Herrschaftsge-

23 Clifford J. Rogers, »The Military Revolution in History«, in: *The Military Revolution Debate. Readings on the Military Transformation of Early Modern Europe*, hrsg. von C. J. R., San Francisco / Oxford 1995.

biete eine Omnipräsenz vor, und es war tatsächlich eher eine Belastung, dass es keinen internationalen Konflikt in Westeuropa geben konnte, bei dem nicht spanische Interessen berührt waren. Da Spanien zudem im Mittelmeerraum Krieg gegen die türkischen Seestreitkräfte zu führen hatte, überforderte die stets notwendige Wehrbereitschaft die Ressourcen der Monarchie deutlich. Es gehört zu den Paradoxien des 16. und 17. Jahrhunderts, dass die Macht, die mit Abstand die höchsten Staatseinnahmen verbuchen konnte, auch die meisten Staatsbankrotte erlitt: Sechsmal wurde die Krone zwischen 1557 und 1647 zahlungsunfähig, das heißt, sie musste die kurzen, hochverzinslichen Anleihen in langfristige, niedrigverzinsliche umwandeln.[24] Diese sich wiederholende Prozedur ging mit dem Zusammenbruch zahlreicher Kreditgeber einher, und stets folgte daraus eine mindestens zeitweilige Inaktivität der spanischen Streitkräfte, oft verbunden mit Meutereien.

Der schwierigste Konflikt, den Spanien im konfessionellen Zeitalter zu bestreiten hatte, betraf den Aufstand in den Niederlanden.[25] Am Anfang stand ein Reformprozess, der auf eine effektivere steuerliche Erfassung der niederländischen Provinzen, auf administrative Straffung und

24 Die spanischen Staatsbankrotte fanden in den Jahren 1557, 1575, 1596, 1607, 1627 und 1647 statt.

25 Überblicksdarstellungen: Geoffrey Parker, *Der Aufstand der Niederlande. Von der Herrschaft der Spanier zur Gründung der Niederländischen Republik 1549–1609*, München 1979 (engl. 1977); Anton van der Lem, *Opstand! Der Aufstand in den Niederlanden. Egmonts und Oraniens Opposition, die Gründung der Republik und der Weg zum Westfälischen Frieden*, Berlin 1995 (niederl. 1995).

Bekämpfung reformatorischer Strömungen abzielte und dabei auf den Widerstand der adligen Stände stieß. 1566 fegte ein protestantischer Bildersturm zahlreiche kirchliche Kunstwerke hinweg, worauf Philipp II. mit Gewalt antwortete und den Herzog von Alba mit der Exekution beauftragte. Es folgte eine Reihe von Aufstandsaktionen, wodurch unter Beihilfe von Frankreich und England die Republik der Vereinigten Niederlande entstand, mit der Spanien 1609 unter wenig vorteilhaften Bedingungen einen zwölfjährigen Waffenstillstand schließen musste. In diesem Zusammenhang ist auf eine weitere Paradoxie der spanischen Geschichte zu verweisen: Die spanischen Streitkräfte, im Sprachgebrauch der Zeit die »Flandrische Armee« genannt, erzielten Sieg auf Sieg, und dennoch kam König Philipp II. seinen Zielen nicht näher. Erst 1600 schlugen die Niederländer die Flandrische Armee zum ersten Mal, nachdem sie zuvor im Rahmen der »Oranischen Heeresreform« ihre Streitkräfte unter Rückbezug auf antike Militärschriftsteller modernisiert hatten. Nur am Rande sei vermerkt, dass bis zum ersten französischen Sieg über die Spanier noch einmal 43 Jahre vergehen sollten.

Zur Versorgung der Flandrischen Armee war Spanien auf die logistische Verbindungslinie zwischen Oberitalien und Brüssel angewiesen, die sog. »Spanische Straße« (*camino espagnol*), die über die Alpenpässe durch Savoyen, Lothringen, Luxemburg bis nach Brabant führte.[26] Diese Form des Nachschubs war extrem kostspielig, was sich im

26 Geoffrey Parker, *The Army of Flanders and the Spanish Road 1567–1659. The Logistics of Spanish Victory and Defeat in the Low Countries' Wars*, Cambridge 1972 (²1990).

Laufe des niederländischen Aufstands vielfach zeigte. Außerdem war es Frankreich besonders daran gelegen, den Verbindungsweg zu stören, was die Kosten weiter in die Höhe trieb. Der Weg führte vielfach über Reichsgebiet, und jede militärische Berührung spanischer und französischer Waffen berührte auch die Sicherheit von Reichsständen. Dass die Franzosen in diesem Bemühen im Laufe der Zeit zwischen den 1590er und den 1630er Jahren erfolgreich waren, zeigte sich an einer immer weiter nach Osten verlagerten Marschroute der Spanier.

Die östliche Route der »Spanischen Straße« führte den Rhein abwärts und durchquerte dabei die niederrheinischen Herzogtümer Jülich-Kleve-Berg. Deren Herrscher Johann Wilhelm starb 1609, ohne legitime Söhne zu hinterlassen. Der Jülicher Erbfolgestreit war nur vordergründig ein Konflikt der Erbanwärter, darunter Kurfürst Johann Sigismund von Brandenburg und Pfalzgraf Wolfgang Wilhelm von Neuburg. Für die internationale Lage war es wichtiger, dass König Heinrich IV. von Frankreich sich 1610 entschloss, mit einer Armee an den Niederrhein zu ziehen, um eine Ausweitung des spanischen Einflusses zu verhindern. Seine Ermordung stoppte das Unternehmen. Die Armee der Vereinigten Niederlande hingegen nahm die Festung Jülich ein. Alle Beteiligten vermieden allerdings anschließend einen großen Krieg im Rheinland. Durch Verträge von 1609 und 1614 wurden die Erbgebiete zwischen Brandenburg und Pfalz-Neuburg geteilt. Die beiden Konfessionswechsel der Hauptpersonen – Johann Sigismund wurde Calvinist, Wolfgang Wilhelm Katholik – führten nicht dazu, dass einer von ihnen das gesamte Erbe in Besitz nehmen konnte.

Der oberitalienische Konfliktraum: Spanien, Frankreich und der Kaiser

Die italienische Halbinsel bestand in politischer Hinsicht aus dem päpstlichen Kirchenstaat, einigen größeren Fürstentümern und Stadtrepubliken (Savoyen, Mailand und Neapel – Venedig, Genua und Florenz) sowie aus einer großen Zahl von Kleinherrschaften.[27] Insbesondere Oberitalien war seit dem ausgehenden 15. Jahrhundert zum hart umkämpften Einflussgebiet der spanischen und der französischen Monarchie geworden. Einheimische Mächte von europäischem Rang waren nur der Papst und Venedig. Die römische Kurie war durch den starken Einfluss profranzösischer, prospanischer und prokaiserlicher Kardinäle auf personaler Ebene ein europäischer Mikrokosmos.[28] Der Blick der Serenissima richtete sich auf die Adria, den Bal-

27 Karl Otmar Freiherr von Aretin, »Reichsitalien von Karl V. bis zum Ende des Alten Reiches. Die Lehensordnungen in Italien und ihre Auswirkungen auf die europäische Politik«, in: K. O. F. v. A.: *Das Reich. Friedensordnung und europäisches Gleichgewicht*, Stuttgart 1986, S. 76–163; Robert Oresko / David A. Parrott, »Reichsitalien im Dreißigjährigen Krieg«, in: *1648 – Krieg und Frieden in Europa. Katalog zur 26. Europaratsausstellung Münster/Osnabrück 1998*, Bd. 1, *Politik, Religion, Gesellschaft und Recht*, hrsg. von Klaus Bußmann und Heinz Schilling, München 1998, S. 141–160.

28 Zur römischen Kurie im Barockzeitalter: Klaus Jaitner, »Die Päpste im Mächteringen des 16. und 17. Jahrhunderts«, in: Bußmann/Schilling 1998 (Anm. 27), Textbd. 1, S. 61–67; Wolfgang Reinhard, »Schwäche und schöner Schein. Das Rom der Päpste im Europa des Barock 1572–1676«, in: *Historische Zeitung* 283 (2006), S. 281–318.

kan und das Osmanische Reich, während italienische Belange vor allem dann bedeutsam wurden, wenn Venedig sich bedroht fühlte.[29]

Die Fürsten und Grafen in Italien wurden von der französischen und der spanischen Regierung umworben, ihre Parteigänger zu werden. Für die betroffenen Fürstentümer bedeutete der Einfluss der Großmächte, dass in der Regel konkurrierende Hofparteien auf den jeweils regierenden Fürsten einwirkten. Nicht selten waren die Angehörigen der fürstlichen Dynastien selbst in ihrer außenpolitischen Orientierung gespalten. Am intensivsten erfolgte der Druck auf den Herzog von Savoyen, der durch seine Grenzlage zur französischen Monarchie in den südlichen Alpen strategisch wichtige Passagen und Festungen besaß.[30]

Zwischen diesen Interessensphären lag die Schweizer Eidgenossenschaft. Sie war seit dem Baseler Frieden von 1499 vom Hl. Römischen Reich unabhängig. Die innere Ordnung des Schweizer Gemeinwesens wie die der einzelnen Kantone entsprach allerdings den staatsrechtlichen Verhältnissen in Oberdeutschland viel eher als den Vorstellungen, die sich Spanien oder Frankreich von ihren Einflussgebieten machten.[31]

29 Venezianische Politik im Dreißigjährigen Krieg: Bernd Roeck, »Venedigs Rolle im Krieg und bei den Friedensverhandlungen«, in: Bußmann/Schilling 1998 (Anm. 27), Textbd. 1, S. 161–168.

30 Toby Osborne, *Dynasty and Diplomacy in the Court of Savoy. Political Culture and the Thirty Years' War*, Cambridge 2002.

31 Zur Staatsbildung und den Reichsbeziehungen der Schweiz: Peter Stadler, »Die Schweiz und das Reich in der Frühen Neuzeit«, in: *Alternativen zur Reichsverfassung in der Frühen Neuzeit?*, hrsg. von Volker Press, München 1995, S. 131–141.

Wie in Westeuropa befand sich Frankreich in Italien zunächst in der schwächeren Position, seitdem Kaiser Karl V. in den 1520er Jahren zentrale Stützpunkte (insbesondere Mailand) hatte erringen können. Nach den habsburgischen Erbteilungen war das Übergewicht der mächtigsten Dynastie Europas so groß gewesen, dass selbst bedeutendere Konflikte zwischen Madrid und Wien – wie im Falle des Reichslehens Finale um 1570 – keine Positionsgewinne der Franzosen zur Folge hatten.[32] Oberitalien wurde direkt zu Beginn in die Auseinandersetzungen des Dreißigjährigen Krieges einbezogen, als die spanische Krone ihre Truppen für den Böhmenfeldzug von 1620 aus der Lombardei herbeibeorderte. Dabei verschaffte sich die Armee militärische Stützpunkte im schweizerischen Veltlin und unterdrückte dort die protestantische Religionsausübung.[33] Konfessionspolitisch war die Aktion folgerichtig, denn bis dahin hatten sich calvinistische Strömungen außerhalb der Waldensergebiete in Italien nicht etablieren können, und Spanien war daran gelegen, dass etwa eine italienischsprachige Verbreitung von calvinistischen Druckwerken gar nicht erst in Angriff genommen wurde. Ungeachtet der gleichzeitigen Bestrebungen Ludwigs XIII., die Rechte und Privilegien der Hugenotten aus dem Edikt von Nantes auszuhöhlen und einen konfessionellen Einheitsstaat zu schaffen, unterstützte Frankreich die Veltliner Calvinis-

32 Friedrich Edelmayer, *Maximilian II., Philipp II. und Reichsitalien. Die Auseinandersetzung um das Reichslehen Finale in Ligurien*, Stuttgart 1988.

33 Vgl. Andreas Wendland, *Der Nutzen der Pässe und die Gefährdung der Seelen. Spanien, Mailand und der Kampf ums Veltlin (1620–1641)*, Zürich 1995.

ten: Die Störung der »Spanischen Straße« war von höherem Belang als die Sicherung der katholischen Uniformität Italiens.

Der Ostsee-Konfliktraum: Schweden, Dänemark, Polen

Das Kriegsszenario im Ostseeraum, die nordischen Kriege zwischen 1558 und dem Zeitalter Napoleons, sind in Deutschland hinsichtlich ihrer Bedeutung für den Dreißigjährigen Krieg eher weniger bekannt als die Hugenottenkriege und der niederländische Aufstand.[34] Es war schon für die spätmittelalterliche Geschichte des Ostseeraums charakteristisch gewesen, dass die dort herrschenden Dynastien mehrere Reiche ihr Eigen nannten. Zur Zeit des Dreißigjährigen Krieges regierten die dänischen Oldenburger neben Dänemark auch Norwegen, während die verschiedenen Linien des Hauses Wasa über Schweden-Finnland und über Polen geboten. Die polnische Monarchie umfasste im 16. Jahrhundert auch das Großfürstentum Litauen, das sich über den größten Teil des heutigen Weißrussland erstreckte. Sie besaß damit eine größere geographische Ausdehnung als die französischen, spanischen oder österreichischen Kernlande. Polen hatte zwar in der ersten Hälfte des 17. Jahrhunderts mehr als 10 Millionen Einwohner,[35] doch erlaubte die politische Verfassung des Landes den Wahlkönigen keine ambitionierte Politik, sondern nur ein mühsames Suchen nach Kompromissen.

34 Klaus Zernack, »Schweden als europäische Großmacht in der frühen Neuzeit«, in: *Historische Zeitung* 232 (1981), S. 327–357.

35 Andrea Schmidt-Rösler, *Polen vom Mittelalter bis zur Gegenwart*, Regensburg 1996, S. 45.

Obwohl sich im Polen des 16. Jahrhunderts protestantische Strömungen ausgebreitet hatten, setzten sich die Wasa-Könige Sigismund III. (reg. 1587–1632), der auch zeitweilig König von Schweden gewesen war, und sein Sohn Ladislaus IV. (reg. 1632–1648) für die Durchsetzung der römischen Konfession bei ihren Untertanen ein. Zur Wahrung ihrer dynastischen Interessen orientierten sie sich politisch an den Habsburgern, mit denen sie auch durch Heiraten verbunden waren. Die ostmitteleuropäische Monarchie konnte daher während des Dreißigjährigen Krieges als ein fester Bestandteil des spanisch-habsburgisch-katholischen Blocks erscheinen. Von Polen aus wurde nicht nur gegen Siebenbürgen operiert, sondern seit dem Vormarsch der Liga-Truppen nach Norddeutschland auch zunehmend über eine machtbewusstere Ostseepolitik nachgedacht.

Für die weitere Entwicklung im Ostseeraum wurde bedeutsam, dass eine Gruppe schwedischer Adliger unter Führung von Karl von Södermanland einen Aufstand gegen König Sigismund III. unternahm und ihn 1599 seines Amtes enthob. Innenpolitisch bedeutete die Absetzung des katholischen Zweiges des Hauses Wasa die Festigung des lutherischen Kirchentums in Schweden. Den Ständevertretern, die König Sigismund gedient hatten, wurde ein politischer Prozess gemacht, der mit Dutzenden von Hinrichtungen endete.[36] Außenpolitische Folge war eine Kette von kriegerischen Auseinandersetzungen zwischen

36 Vgl. zur schwedischen Großmachtzeit: Jörg-Peter Findeisen, *Das Ringen um die Ostseeherrschaft. Schwedens Könige der Großmachtzeit*, Berlin 1992, S. 104 f. und 110–112. – Zur Konfessionspolitik in Nordeuropa: Jason Lavery, »Die Rolle der Konfession

Schweden und Polen, die sich über mehr als ein Jahrhundert hinzogen. Die ersten Feldzüge Karls IX. gegen Polen im Baltikum verliefen erfolglos. Die Niederlagen ermutigten den gefährlichsten Nachbarn Schwedens, die dänische Monarchie, zum Angriff: König Christian IV. suchte seine Chance im sog. »Kalmarkrieg« von 1611 bis 1613.

Dänemark hatte zwar nur 1,5 Millionen Einwohner, doch reichten die territorialen Ausdehnungen weit, denn neben Norwegen gehörten die schwedischen Südprovinzen Schonen und Blekinge sowie ein schmaler Landstreifen an der schwedischen Westküste ebenfalls zum Herrschaftsbereich des dänischen Königs. Damit kontrollierte Christian IV. den Öresund allein, was erhebliche Zolleinkünfte für die Krone bedeutete.[37] Lag es im Interesse der niederländischen Fernhändler, die Zollbelastungen zu senken, so strebte Schweden den eigenen Zugang zu diesem Meeresabschnitt an, um seinerseits in den Genuss der dortigen Zölle zu gelangen. Dem diente die Stadtgründung von Göteborg, dem einzigen schwedischen Nordseezugang. Während Karl IX. einen dänischen Angriff auf diese junge Stadt erwartete, rückte Christian IV. nach Kalmar vor und nahm die Festung nach kurzer Belagerung ein. Die schwedische Entsatzarmee kam zu spät

in der Außenpolitik Dänemarks und Schwedens 1570–1618«, in: *Dimensionen der europäischen Außenpolitik zur Zeit der Wende vom 16. zum 17. Jahrhundert*, hrsg. von Friedrich Beiderbeck [u. a.], Berlin 2003, S. 247–263.

37 Zur Ausgangslage Dänemarks und seiner Rolle im Dreißigjährigen Krieg: Jørgen Hein, »Der ›Dänische Krieg‹ und die weitere Rolle Dänemarks«, in: Bußmann/Schilling 1998 (Anm. 27), S. 103–110.

und wurde vor den Mauern Kalmars geschlagen. Karl erlitt wenig später einen Schlaganfall und starb Ende Oktober 1611.

Sein Sohn Gustav II. Adolf musste sein Königtum mit der demütigenden Beendigung des Krieges gegen Dänemark beginnen. Den Frieden von Knäröd 1613 konnte er nur gegen Überlassung von Kalmar, Nordnorwegen und Ösel an Dänemark sowie durch die Bezahlung einer hohen Kontribution von einer Million Reichstalern schließen, was das einwohnerschwache Land schwer belastete und außenpolitische Initiativen für die folgenden Jahre verhinderte.[38] Als der Dreißigjährige Krieg in Zentraleuropa begann, hatte die dänische Monarchie Christians IV. ihre beherrschende Stellung im Ostseeraum behauptet, jenes *Dominium Maris Baltici*, das jeder der drei Ostseeanrainer beanspruchte, aber jeweils nur einer innehaben konnte. Dem König verlieh der Erfolg zwei Überzeugungen: 1. Er sei ein bedeutender Feldherr, und 2. er verfüge über reiche Geldmittel, die zur Führung weiterer Kriege ausreichten. Beides sollte sich in den 1620er Jahren als unzutreffend herausstellen.

38 Schweden musste für die pünktliche Bezahlung der Summe zwischen 1616 und 1619 die Nordseefestung Älvsborg verpfänden. Da König Gustav Adolf diese Summe nicht selbst aufbringen konnte, begab er sich in die finanzielle Abhängigkeit der Vereinigten Niederlande.

Der Konfessionskonflikt

Der Augsburger Religionsfriede 1555

Der Augsburger Religionsfriede schloss das Zeitalter der Reformation ab, indem er bestimmte politische und konfessionelle Probleme löste. Andere Probleme bestanden fort und trugen zu Ausbruch und Verlauf des Dreißigjährigen Krieges bei. Am Anfang stand die Einsicht, dass es Kaiser Karl V. nicht gelungen war, die protestantischen Reichsstände im Schmalkaldischen Krieg 1546/47 wirklich zu überwinden. Sein Sieg war ephemer, der Fürstenbund unter Führung des sächsischen Kurfürsten Moritz stellte das Gleichgewicht zwischen Kaiser und Reichsständen, Katholiken und Protestanten im Reich militärisch wieder her, das der Kaiser für obsolet gehalten hatte. Da Karl V. sich nicht imstande sah, den konfessionspolitischen Ausgleich selbst auszuhandeln, bevollmächtigte er seinen Bruder, den Römischen König Ferdinand, zu Verhandlungen in Passau (1552) und Augsburg (1555).[39]

Schon in den Präliminarien zum Religionsfrieden war klar geworden, dass im Sinne der Reichsverfassung die kaiserlich-königliche Seite und die Reichsstände den Frieden gemeinsam schlossen. Damit schied ein kaiserliches Verfügungsrecht ebenso aus wie völlige ständische Belie-

39 Zum Passauer Vertrag: Winfried Becker (Hrsg.), *Der Passauer Vertrag von 1552. Politische Entstehung, reichsrechtliche Bedeutung und konfessionsgeschichtliche Bewertung*, Neustadt a. d. A. 2003. – Zum Augsburger Religionsfrieden: Axel Gotthard, *Der Augsburger Religionsfrieden*, Münster 2004; Heinz Schilling / Heribert Smolinsky (Hrsg.), *Der Augsburger Religionsfrieden 1555*, Gütersloh 2007.

bigkeit. Dennoch wurden die Rechte der Reichsfürsten gestärkt: Sie bestimmten künftig nicht nur über ihre persönliche Konfession, sondern auch über die ihrer Untertanen. Dies schloss auch die Möglichkeit eines mehrmaligen Konfessionswechsels mit ein. Das Prinzip *cuius regio, eius religio* begründete ein herrschaftliches Recht, das später »Bekenntnisbann« genannt wurde. Es trat zu den Rechten hinzu, die die Fürsten als Territorialherren bereits besaßen. Kirchenangelegenheiten bedurften künftig der landesherrlichen Zustimmung, hierzu gehörten auch Fragen des Personenstandsrechts und des Bildungswesens.

Eingeschränkt war dieser Bekenntnisbann für die geistlichen Fürsten. Ein Fürstbischof oder Abt eines reichsständischen Klosters durfte für seine Person zum Protestantismus wechseln, musste aber dafür seine Pfründen aufgeben. Sollte er später zurückkehren zum katholischen Bekenntnis, bekam er sie nicht wieder. Dieser »geistliche Vorbehalt« (*Reservatum ecclesiasticum*) wurde Teil des Religionsfriedens und hatte zur Folge, dass die Reichskirche mit ihren vielen stimmberechtigten Mitgliedern auf Reichstagen komplett katholisch bleiben sollte. Dass sich in den folgenden Jahrzehnten an manchen Orten eine entgegengesetzte Praxis entwickelte, trug mit zur Konfliktverschärfung im Vorfeld des Dreißigjährigen Krieges bei.

Strittig war das Reformationsrecht der Reichsstädte. Sie waren zwar Mitglieder des Reichstags, aber von faktisch untergeordnetem Status gegenüber Kurfürsten und Reichsfürsten. Die protestantischen Reichsstände setzten durch, dass die bereits 1552/55 lutherisch gewordenen Städte in ihrem Bekenntnis geschützt wurden. Ob und auf welche Weise Städte künftig ihr Bekenntnis wechseln durften, blieb ungeklärt. Zudem wurden Adlige und Landstädte in geistlichen Territorien, die bereits protestantisch waren, durch eine Zusatzerklärung König Ferdinands ebenfalls in ihrem Bekenntnisstand geschützt. Dasselbe galt für das Bekenntnisrecht der Reichsritter. Diese *Declaratio Ferdinandea* wurde allerdings nicht in den Reichstagsabschied von 1555 aufgenommen, was später für katholische Zweifel an ihrer Gültigkeit sorgte.

Für diejenigen, die als Landesuntertanen dem Religionsbann ihres Fürsten unterworfen waren, wurde die Möglichkeit geschaffen, auszuwandern, wenn sie der Konfession ihres Herrn nicht folgen wollten. Dieses *Ius emigrandi* war integral mit den staatskirchenrechtlichen Veränderungen verknüpft. Praktisch gehörte diese Freiheit allerdings in einer nicht allzu mobilen Gesellschaft, in der der Vertriebene und Fremde mit Feindseligkeit und Argwohn betrachtet wurde, zu den kaum verheißungsvollen Rechten. Zusätzlich wurden nicht selten Abzugssteuern berechnet. So unterzog sich die Mehrheit der von einem Konfessionswechsel betroffenen Untertanen den Riten der jeweils neuen Lehre und rettete sich mit ihren religiösen Gefühlen in eine gewisse Indifferenz, die einer Säkularisierung des Denkens Vorschub geleistet haben mag. Dennoch war das Emigrationsrecht ein Fortschritt: Mit dem Augsburger Religionsfrieden war das mittelalterliche Ketzerrecht in Deutschland abgeschafft worden, das die Verfolgung religiöser Abweichler durch die Inquisition vorgesehen hatte.

Andere Bekenntnisse wurden im Reich nicht zugelassen. Dies betraf vor allem die Täufer, mit denen die Erinnerungen des Münsteraner Täuferreiches von 1534/35 samt seinen religiösen und moralischen Greueln verbunden gewesen waren. Die calvinistische Lehre war 1555 im Reich kaum präsent. Es gab noch keinen Reichsstand, der dem schweizerischen Bekenntnis anhing. Ohnehin war es nicht die Absicht des Religionsfriedens, eine Zerfaserung des Religiösen im Reich zu fördern oder für alle Ewigkeit festzuschreiben. Ausdrückliches Ziel dieser Übereinkunft war es, den als vorübergehend betrachteten Zustand der konfessionellen Trennung nicht zum Grund für gewaltsame Auseinandersetzungen werden zu lassen und durch die Verpflichtung zur Mäßigung einen Beitrag zur Überwindung der Kirchenspaltung zu leisten. Martin Heckel hat diese Funktion einmal als konfessionelles »Wiedervereinigungsgebot« des Augsburger Religionsfriedens bezeichnet.[40] Entscheidend war, dass der Religionsfriede dauerhaft gelten sollte, selbst wenn die Religionsvergleichung scheitern würde. So unvollkommen der Frieden im Einzelnen gewesen sein mag, so vermied er doch mehr als 60 Jahre lang einen großen Religionskrieg im Reich. Die Wirkungsdauer des Religionsfriedens war allerdings nur ein Aspekt. Die Auseinandersetzungen um seine Auslegung begannen bald, und Konflikte zwischen den Bekenntnissen setzten sich fort, wenn auch vorerst auf niedriger Ebene, da die Betreiber einstweilen über kein Militärpotential verfügten.

40 Martin Heckel, *Deutschland im konfessionellen Zeitalter*, Göttingen 1983, S. 49.

Konfessionsbildung und Konfessionalisierung

Die Erforschung der Konfessionsbildung wird seit Langem vor allem von Kirchenhistorikern der jeweiligen Konfession betrieben. Hierbei steht die Herausbildung der konkurrierenden Kircheninstitutionen im Vordergrund, die Sicherung der dogmatischen Grundausrichtung, die Festigung der kirchlichen Hierarchien, die Erziehung insbesondere der heranwachsenden Anhänger der eigenen Konfession im »richtigen« Glauben. Die zentralen Prozesse fanden in allen drei Konfessionen mit Schwerpunkt im Zeitabschnitt zwischen 1540 und 1580 statt. Für die katholische Kirche war es das Konzil von Trient, das die eigene Lehreinheit festigte, bislang offen gebliebene dogmatische und reformerische Fragen abschließend klärte und einen klaren Auftrag erteilte, die Andersgläubigen langfristig wieder ins eigene Kirchenwesen einzugliedern, um damit die mittelalterliche Einheit der lateinischen Christenheit wiederherzustellen. Neue Nuntiaturen, Priesterseminare und die Bildungsbemühungen der Reformorden wirkten zusammen, um den Verlust von Land und Leuten zu stoppen und an vielen Stellen alte Besitzstände zurückzugewinnen. Religiöse Inszenierungen mit Basisbeteiligung wie Wallfahrten oder Prozessionen wurden gefördert. Nicht zuletzt die Kalenderreform Gregors XIII. von 1582 zeigte der gesamten Christenheit, dass die Papstkirche die Deutungshoheit zurückzugewinnen entschlossen war, während die protestantische Seite fast 120 Jahre benötigte, um diesem naturwissenschaftlich richtigen Schritt zu folgen.

Das Luthertum hatte nach dem Tod des namensgebenden Reformators 1546 eine schwere Krisenzeit zu überwinden. Eine zentrale Lehrautorität fehlte, zahlreiche Theologen neigten dazu, Konflikte um das rechte Verständnis der Heiligen Schrift auf die Spitze zu treiben. Dies war umso gefährlicher, als nur die Angehörigen des »Augsburgischen Bekenntnisses« von 1530 den Schutz des Religionsfriedens genossen. Eine Spaltung des Luthertums barg daher stets die Gefahr in sich, dass mindestens die Minderheitengruppe aus der reichsrechtlichen Legalität ausgegrenzt wurde. Auf keinen Fall durfte es dahin kommen, dass Außenstehende darüber entschieden, welcher Zweig der Lutheraner nun im Reichssystem blieb und welcher nicht. Die lutherischen Reichsfürsten waren sich der Risiken der Situation bewusster als die Mehrzahl der Theologen. Auf fürstliches Betreiben hin wurden in den späten 1570er Jahren die Verhandlungen eingeleitet und vorangetrieben, die schließlich zur Konkordienformel und zum Konkordienbuch führten. Hier konstituierte sich die Funktion der Landesherren als »Notbischöfe«, die Luther ihnen zugewiesen hatte: Nur die Fürsten besaßen die Autorität, die widerstreitenden Geistlichen zu disziplinieren. 50 Fürsten, 38 Reichsstädte und mehr als 8000 Pfarrer unterschrieben in der Folgezeit die Bestimmungen.

Die dritte Konfession, der Calvinismus, hatte sich in der Schweiz und Frankreich entwickelt.[41] Im Reich hielt die Schweizer Lehre erst Einzug, als die beiden anderen Bekenntnisse schon beinahe abschließend etabliert waren. Auch wenn zwei Kurfürsten – Kurpfalz und Kurbrandenburg – schließlich calvinistisch wurden, blieb die Zahl

41 Zum Überblick: Willem van 't Spijker [u. a.], *Calvin. Biographie und Theologie*, Göttingen 2001.

der Anhänger doch recht klein. Die Radikalität, die dem Calvinismus nachgesagt wurde, war im Reich kaum anzutreffen. Weder glaubten die Anhänger, dass die Papstkirche oder das Luthertum zu verdrängen waren, noch drohte ein sozialer Umsturz. Bei unterschiedlicher dogmatischer Feinabstimmung waren Kirchenorganisation und landesherrliche Dominanz im deutschen Luthertum und Calvinismus ähnlich. Daneben bildete sich ein calvinistisches Netzwerk aus Fürsten, Niederadligen, Theologen, anderen Akademikern und zahlreichen Angehörigen bürgerlicher Professionen heraus, das europaweit im ständigen Briefkontakt stand und sich bei persönlichen Härten (Exilierungen oder Entlassungen etc.) unterstützte. Das Konzept war allerdings weniger auf einen Umsturz, auf eine »calvinistische Internationale« (Aart van Schelven) ausgerichtet als vielmehr auf eine Bewahrung der Existenz als Glaubensrichtung.[42]

Das Forschungskonzept der Konfessionalisierung stellt nicht die Unterschiede, sondern die Gemeinsamkeiten der drei Glaubensrichtungen in den Vordergrund. Das Konzept wurde aus unterschiedlichen Kontexten heraus von den beiden Frühneuzeithistorikern Wolfgang Reinhard und Heinz Schilling entwickelt.[43] Dabei wurde es zu ei-

42 Aart A. van Schelven, »Der Generalstab des politischen Calvinismus in Zentraleuropa zu Beginn des Dreißigjährigen Krieges«, in: *Archiv für Reformationsgeschichte* 36 (1939), S. 117–141. – Zur Netzwerkstruktur: Johannes Arndt, *Das Heilige Römische Reich und die Niederlande 1566–1648. Politisch-konfessionelle Verflechtung und Publizistik im Achtzigjährigen Krieg*, Köln [u. a.] 1998, S. 26–28.

43 Wolfgang Reinhard / Heinz Schilling (Hrsg.), *Die katholische Konfessionalisierung*, Gütersloh 1995.

nem gesellschaftsgeschichtlichen Interpretationskonzept: Statt theologische Denker zu analysieren, blickten beide Historiker auf gesellschaftliche Prozesse, die hin zu einer stärkeren Vereinheitlichung von Lebensformen führten. Staatliche Verdichtung und kirchliche Disziplinierung gingen dabei Hand in Hand. Die Konfessionskirchen sahen ein, dass sie in die Konkurrenzsituation einbezogen wurden, denen sich die frühmodernen Territorialstaaten schon seit dem Mittelalter ausgesetzt sahen. Die Bedrohung war künftig eine doppelte: Nicht nur der mächtige Fürst in der Nachbarschaft brachte sich in den Besitz neuer Herrschaftsrechte, die der schwächere Vorinhaber aufgeben musste, sondern auch die konkurrierende Konfession konnte neue Glaubensanhänger gewinnen, wenn es nicht gelang, die eigene Untertanenschaft gegen fremde religiöse Verlockungen zu immunisieren.

In allen drei Bekenntnissen waren die Pfarrer die Betreiber eines markanten Unterschieds, dies galt für ihre Predigten, Schriften und für ihr organisatorisches Wirken in ihren Gemeinden. Die Untertanen hingegen ließen es zumeist über sich ergehen, wenn ein Fürst einen Bekenntniswechsel durchführte, die Pfarrer und Lehrer auswechselte und plötzlich andere Liturgien im Gottesdienst Anwendung fanden. Die dogmatischen Unterschiede blieben der Mehrzahl der Bevölkerung unbekannt, auch interessierte es sie nicht, nähere Kenntnisse zu erlangen. Für Kaufleute, Handwerker oder Bauern war es wichtiger, in einer Welt des ökonomischen Mangels zu bestehen oder zu überleben, als akademische Debatten zu pflegen. Hinzu kam, dass für breite Bevölkerungskreise magisches Denken und die damit verbundenen Praktiken neben der

Hochreligion fortlebten, ein Umstand, der von den Kirchen bedauert und bekämpft wurde, der sich jedoch durch die Frühe Neuzeit hindurchzog.

Erkennbar wird dies für Territorien, in denen Untertanen mehrerer Konfessionen lebten, weil die Landesherren sich nicht für eine strikte Durchsetzung der Uniformität einsetzten; dies gilt besonders für die niederrheinischen Herzogtümer Jülich-Kleve-Berg. In manchen Orten gab es Gemeinden aller drei Konfessionen, was zu Rivalitäten und manchmal auch Auseinandersetzungen führte.[44] Der Normalfall war aber das Nebeneinanderleben. Der Untertan gewöhnte sich daran, dass der Nachbar Gott auf andere Weise verehrte als er selbst. Agitationen der Pfarrer, an diesem Glaubensgemisch etwas zu ändern, fielen auf keinen fruchtbaren Boden. Auch in der Reichsstadt Köln gab es lange eine protestantische Minderheit, ungeachtet der starken katholischen und gegenreformatorischen Präsenz durch päpstlichen Nuntius, Erzbischof als Diözesanherrn und katholische Universität. Erst kurz vor Beginn des Dreißigjährigen Krieges wurden die Maßnahmen zur Ausweisung der Protestanten verstärkt.

So benötigten die Pfarrer in der Regel obrigkeitliche Unterstützung, um in ihrem Streben nach Verdrängung andersgläubiger Untertanen Erfolge erzielen zu können. Alle Bildungsbemühungen der Jesuiten und Kapuziner in ihren Schulen, alle über das calvinistische Netzwerk vermittelten Ratschläge waren nutzlos, wenn die lokalen Ob-

44 Stefan Ehrenpreis, *»Wir sind mit blutigen Köpfen davongelaufen …«. Lokale Konfessionskonflikte im Herzogtum Berg 1550–1700*, Bochum 1993.

rigkeiten lau agierten. Dann etablierte sich gelebter Pluralismus, unter dem heutigen Toleranz-Paradigma ein positiver Zustand, für konfessionell gefestigte Zeitgenossen des Konfessionellen Zeitalters ein Greuel.

Sozialdisziplinierung

Die Konfessionen und die davon geprägten Territorien im Reich befanden sich in doppelter Konkurrenz zueinander: Die Fürsten als Landesherren wollten ihren politischen Rang nicht gegenüber anderen Fürsten einbüßen, und die Theologen aller Seiten wollten ihre Kirchenmitglieder beim eigenen Bekenntnis halten. Dabei wurden die Untertanen im frühmodernen Reich zu vermehrten Anstrengungen aufgefordert. Dies geschah allerdings noch nicht über die Druckmedien, sondern über Schulunterricht, Gottesdienste und über Normsetzungen im Rechtssystem. Der einzelne Bürger sollte seine Affekte zügeln, seinen Fleiß mehren, den Lernangeboten der Zeit folgen und ganz allgemein den herrschenden Sekundärtugenden nachleben. Was im frühmodernen Militär und in der Beamtenschaft der Territorialstaaten eingeübt wurde, strahlte auf die gesamte Gesellschaft aus. Vor allem den Pfarrern kam dabei die wichtige Rolle der Vermittler zu, als Vorbilder ebenso wie als Prediger vor ihren Gemeinden.

Norbert Elias hat den Bereich der frühmodernen Höfe unter die Lupe genommen und dort ein modelliertes Verhalten barocker Künstlichkeit entdeckt, aber darauf verwiesen, dass dieser »Prozess der Zivilisation« nicht auf wenige Jahrzehnte zu beschränken ist, sondern jahrhundertelang andauerte und dabei sozial von oben nach unten wirkte.[45] Gerhard Oestreich hat im Prozess der »Sozialdisziplinierung« ein wesentliches Element der Staatsbildung in Brandenburg-Preußen gesehen, das dann von vielen Reichsterritorien, selbst vom Österreich Josefs II., aufgegriffen wurde. Die preußische Entwicklung mit zeitlichen Schwerpunkten zwischen 1640 und 1786 war dabei ursprünglich durch Vorbilder in der Republik der Vereinigten Niederlande geprägt, über die Oestreich selbst intensiv geforscht hat.[46] Heinz Schilling hat diese Prozesse in einen breiten europäischen Kontext gestellt und Disziplinierungsmechanismen in allen großen Monarchien und Republiken des Kontinents gefunden, weil es nicht nur die Konkurrenz der Territorialisierungsprozesse im Reich, sondern vor allem die Konkurrenz der gewaltsam ausgetragenen Staatsbildungsprozesse auf europäischer Ebene gab. Wer auf dieser staatlichen Ebene Fehler oder Unterlassungen beging, dem drohte der Abstieg zu einer Macht minderen Ranges, wie ihn Portugal, Spanien und später auch die Niederlande und Schweden erleben mussten. Im schlimmsten Fall erfolgte die Aufteilung unter den gierigen Nachbarn, ein Schicksal, das Polen im 18. Jahrhundert widerfuhr.[47]

45 Norbert Elias, *Über den Prozeß der Zivilisation. Soziogenetische und psychogenetische Untersuchungen*, 2 Bde., Frankfurt a. M. [8]1981; ders., *Die höfische Gesellschaft. – Untersuchungen zur Soziologie des Königstums und der höfischen Aristokratie mit einer Einleitung: Soziologie und Geschichtswissenschaft*, Frankfurt a. M. 1983.

46 Gerhard Oestreich, *Geist und Gestalt des frühmodernen Staates*, Berlin 1969; ders., *Strukturprobleme der frühen Neuzeit. Ausgewählte Aufsätze*, Berlin 1980.

47 Vgl. neben vielen anderen Studien zu diesem Zusammenhang: Heinz Schilling (Hrsg.), *Institutionen, Instrumente und Akteure*

Der Verfall der politischen Ordnung

Das Reichssystem, das durch den Augsburger Religionsfrieden eine vorläufige Stabilisierung und Bekräftigung erfahren hatte, geriet im Laufe der folgenden Jahrzehnte infolge der wachsenden konfessionellen Spannungen immer mehr unter Druck. Die Generation der Fürsten, Theologen und Juristen, die mit Ferdinand I. und Maximilian II. den Schmalkaldischen Krieg erlebt und erlitten hatten, trat langsam von der politischen Bühne ab. Ihre Amtsnachfolger konnten sich nicht vorstellen, dass eine sukzessive Verschärfung und Zuspitzung der Meinungsverschiedenheiten einmal in blanke Gewalt ausarten würde. Welche unmittelbaren Folgen dies für die Rechtsordnung hatte, zeigte sich in der Frage des »geistlichen Vorbehalts«: Kaiser Maximilian II. stand vor dem Problem, dass protestantische Adlige Bischofsstellen innehatten, ohne die päpstliche Bestätigung erreichen zu können. Der Kaiser umging dies, indem er ihnen einen sog. »Lehnsindult« ausstellte, das heißt eine vorläufige Belehnung, damit sie als Landesherren handlungsfähig und auf Reichstagen stimmberechtigt wurden. Kaiser Rudolf II. lehnte es nach seinem Regierungsantritt ab, weitere Indulte zu erteilen.

Als Erster war der lutherische Administrator von Magdeburg, Markgraf Joachim Friedrich von Brandenburg, betroffen. Ohne Belehnung und Indult wurde er 1582 auf

sozialer Kontrolle und Disziplinierung im frühneuzeitlichen Europa, Frankfurt a. M. 1999.

dem Reichstag nicht zur Stimmabgabe zugelassen. Auch die übrigen protestantischen Administratoren konnten künftig ihr Stimmrecht nicht mehr realisieren. 1588 sollte die Deputation zur Visitation des Reichskammergerichts gebildet werden, ein Ausschuss des Reichstags. Hieran nahmen die Stände nach einem Turnussystem teil. Der Erzbischof von Magdeburg hätte zu den stimmberechtigten Mitgliedern zählen sollen. Da das Magdeburg-Problem ungelöst geblieben war, veranlasste Kaiser Rudolf II. den Mainzer Erzbischof, die Visitationsdeputation um ein Jahr zu vertagen. Die Prozedur wiederholte sich im nächsten Jahr. Ein Kompromiss zwischen den katholischen und protestantischen Ständen ließ sich nicht erzielen, so unterblieb die Visitation. Eine wichtige Revisionsinstitution war lahmgelegt.

Die Zahl der Revisionsfälle stieg in den folgenden Jahren sprunghaft an. Viele unlösbare Fälle resultierten aus der offenen Frage nach dem rechtmäßigen Eigentum an klösterlichem Grundbesitz. Nach dem Buchstaben der Reichsgesetze war der Einzug von geistlichem Gut nach 1552 verboten, doch auf territorialer Ebene kollidierte diese Norm mit dem landesherrlichen Kirchenbann. In vier namhaften Fällen von Klostersäkularisierungen durch Territorialherren entschied das Reichskammergericht in den 1590er Jahren zugunsten der geistlichen Kläger und verlangte die Restitution. Betroffen waren der Markgraf von Baden (wegen des Damenstifts Frauenalb), der Graf von Oettingen-Oettingen (wegen des Kartäuserklosters Christgarten), die Reichsstadt Straßburg (wegen des Frauenklosters Maria Magdalena) und der Reichsritter von Hirschhorn (wegen des Karmeliterklosters gleichen Namens). Die vier Stände weigerten sich, die fraglichen Güter herauszugeben. Inzwischen waren die Kompetenzen der suspendierten Visitationskommission für das Reichskammergericht an die Reichsdeputation übertragen worden (1594, bekräftigt 1597/98): Bei diesem Gremium handelte es sich um den Hauptausschuss des Reichstags, der sich aus 20 Ständen zusammensetzte und zwischen den Plenarsitzungen der Reichstage zusammengerufen werden konnte. Die Reichsdeputation versuchte 1600/01, das Problem zu entschärfen, scheiterte allerdings in diesem Bemühen. Als sich eine katholische Mehrheit abzeichnete, sprengte die Kurpfalz die Deputation durch Verlassen. Die übrigen protestantischen Mitglieder, vor allem Kurbrandenburg und Braunschweig-Wolfenbüttel, folgten diesem Beispiel und legten das Gremium damit als Verfassungsorgan lahm.

Das Reichskammergericht war damit in seiner Rechtsprechung in entscheidender Weise politisch beeinträchtigt worden. Da diese Institution jedoch ausdrücklich entstanden war, um politische Streitfälle zwischen den Fürsten nicht zu gewaltsamen Konflikten werden zu lassen, bedeutete der Wirkungsverlust des Gerichts eine ernste Bedrohung für den Frieden im Reich. Zudem gewann der Reichshofrat an Gewicht, da er weiterhin funktionsfähig blieb und viele Fürsten dazu übergingen, ihre außerreligiösen Streitfälle dort abzuhandeln. In Fragen der Konfessionen war der Reichshofrat entschieden gegenreformatorisch eingestellt.[48]

48 Stefan Ehrenpreis, *Kaiserliche Gerichtsbarkeit und Konfessionskonflikt. Der Reichshofrat unter Rudolf II. 1576–1621*, Göttingen 2006.

Das Jahr 1600 zeigte bereits die bedrohliche Problemlage in ihrem vollen Ausmaß: Die meisten handelnden Akteure auf der reichspolitischen Bühne waren so sehr in ihrem Bekenntnisstandpunkt befangen, dass sie selbst um den Preis weiterer Zuspitzung keine Zugeständnisse machen wollten. Dies galt auch und gerade für Kaiser Rudolf II., der trotz seiner Katholizität die ausgleichende Politik seines Vaters und Großvaters hätte fortsetzen können und müssen. Entschlussschwäche und die Neigung zu Depressionen trugen dazu bei, dass der Kaiser den Dingen ihren Lauf ließ. Das sehr ambivalente Bild des Prager Hofes, wo überkonfessionell-erasmianisch geprägtes Kulturleben und harte Gegenreformationsneigung im Reichshofrat unvermittelt nebeneinander existierten, kann nur unter kulturhistorischem Blickwinkel als ein Höhepunkt der Frühmoderne betrachtet werden. Politisch versagte das Reichsoberhaupt und leistete durch seine Unterlassungen einen wichtigen Beitrag zur Verschärfung der Krisensituation um 1600.

Die Kettenreaktion der Krisenmomente für die Reichsverfassung setzte sich fort, als 1603 der Reichstag erneut zusammentrat. Zwar kam eine hohe Türkensteuerbewilligung zustande, doch der kaiserliche Versuch, die verhinderte Entscheidung der Reichsdeputation per Reichstag zu fällen, stieß auf den entschiedenen Widerstand der Kurpfalz, die nun mit der Sprengung des Reichstags drohte. Der Kaiser konnte den Reichstagsabschied nur dadurch herbeiführen, dass er den strittigen Punkt ausklammerte und auf den nächsten Reichstag verschob.

Die kurpfälzische Konfrontationspolitik im Reich und in Europa

Die Kurpfalz wurde zum interessantesten Territorium des Reiches während des konfessionellen Zeitalters. Die Pfalzgrafen aus dem Hause der Wittelsbacher geboten über ein Herrschaftsgebiet, das mit seinen Schwerpunkten in der Oberrheinebene und der Oberpfalz nördlich von Regensburg zu den »gering verdichteten« Territorialkomplexen gehörte. Bereits im Mittelalter hatten die Pfalzgrafen versäumt, ihre adligen und städtischen Untertanen zu einem festen Verband zusammenzufügen, regelmäßig Landtage zu veranstalten und damit eine starke Landesherrschaft aufzubauen. Wegen der reichen Rheinzolleinkünfte waren sie verhältnismäßig unabhängig. Andere Fürsten hatten ihre Stände vor allem konsultiert, weil sie deren Steuerbewilligungen benötigten.[49]

Entscheidend war die Nachfolge der Linie Pfalz-Simmern in der Heidelberger Residenz im Jahre 1559, denn Kurfürst Friedrich III. näherte sich sehr bald dem Calvinismus an. Er besetzte die wichtigen Funktionsämter in Verwaltung, Kirche und Hochschulen durch Glaubensbrüder und ließ den katholischen Bilderschmuck aus den Kirchen

49 Meinrad Schaab, »Obrigkeitlicher Calvinismus und Genfer Gemeindemodell. Die Kurpfalz als frühestes reformiertes Territorium im Reich und ihre Einwirkung auf Pfalz-Zweibrücken«, in: *Territorialstaat und Calvinismus*, hrsg. von M. Sch., Stuttgart 1993, S. 34–86; Anton Schindling / Walter Ziegler, »Kurpfalz – Rheinische Pfalz und Oberpfalz«, in: *Die Territorien des Reichs im Zeitalter der Reformation und Konfessionalisierung*, hrsg. von A. Sch. / W. Z., Münster 1989–97, Bd. 5, 1993, S. 8–49.

räumen. Der *Heidelberger Katechismus* wurde ab 1563 zur Textgrundlage jeder religiösen Unterweisung. Während der Wandel im Land ohne schwere Konflikte stattfand, reagierten die lutherischen Reichsstände konsterniert. Binnen Kurzem war die Kurpfalz politisch isoliert. Immerhin gelang es dem Kurfürsten, sich auf dem Reichstag 1566 zu den »Augsburgischen Konfessionsverwandten« rechnen zu lassen, sodass eine frühe Intervention von Reichs wegen unterblieb. In den folgenden 26 Jahren engagierte sich die Kurpfalz aktiv in den Religionskonflikten in Frankreich und den Niederlanden. Pfalzgraf Johann Casimir, jüngerer Sohn des Kurfürsten Friedrich, zog mehrfach mit Söldnerkontingenten nach Westeuropa, ohne dass er sich an kaiserlichen Warnungen wegen Landfriedensbruchs störte.

Die kurze Regierungszeit Ludwigs VI. von der Pfalz von 1576 bis 1583 führte zur vorübergehenden lutherischen Umgestaltung des öffentlichen Lebens im Kurfürstentum. Nach seinem Tod griff sein Bruder Johann Casimir die väterliche Politik der calvinistischen Orientierung wieder auf, und erneut mussten Pfarrer und Beamte ihr Bekenntnis oder ihren Dienstherrn wechseln. Der Pfalzgraf versuchte zusammen mit Kurfürst Gebhardt Truchsess von Waldburg das Kölner Erzbistum in ein protestantisches, weltliches Territorium umzuwandeln, was an spanischem und bayerischem Widerstand scheiterte.

Nach dem Tod Johann Casimirs 1592 setzte der junge Kurfürst Friedrich IV. die gefährliche Politik der Revision des Augsburger Religionsfriedens fort. Mehr und mehr kontrollierte das Heidelberger Räteregiment die kurpfälzische Politik. Insbesondere Fürst Christian II. von Anhalt-Bernburg, der in seinem eigenen Land als nachgeborener Spross nicht zur Landesherrschaft gelangte, nutzte das oberdeutsche politische Betätigungsfeld für seine ehrgeizigen Pläne von einer pfälzisch-calvinistischen Herrschaftsexpansion. Die eigenen politischen Vorhaben der Kurpfalz standen in einem krassen Missverhältnis zu den trotz der Zölle begrenzten Möglichkeiten des Territoriums. Versuche, die Reichsritter in den pfälzischen Territorialstaat zu inkorporieren, lagen noch auf der Linie üblicher Territorialisierungspolitik. Wie sehr man aber in Heidelberg jedes Maß verloren hatte, zeigten Überlegungen aus dem Jahre 1598, die rheinischen Kurfürstentümer Trier und Mainz zu säkularisieren: Die damit verbundene Kontrolle der pfälzischen Wittelsbacher über drei Kurstimmen hätte die Reichsverfassung aus den Angeln gehoben.

Friedrich IV. war infolge seines exzessiven Alkoholgenusses nur eingeschränkt regierungsfähig und starb 1610 im Alter von nur 36 Jahren. Wieder folgte eine Vormundschaftsregierung, bis Kurfürst Friedrich V. 1614 für volljährig erklärt wurde. Der junge Wittelsbacher hatte inzwischen Prinzessin Elisabeth Stuart, Tochter König Jakobs I. von England, geheiratet. Die Hoffnung, dass sich daraus ein großes westeuropäisches Bündnis gegen Habsburg und den Katholizismus ergeben würde, realisierte sich jedoch nicht. Die Heidelberger Räte versuchten, enge Bündnisse mit England und der niederländischen Republik zu schließen, konnten jedoch nur unvollkommene Garantien für ihr Territorium erreichen.

Ohne die Kurfürsten Friedrich IV. und Friedrich V. von der Verantwortung für die folgenden Jahrzehnte entlasten zu wollen, lässt sich doch feststellen, dass das Regiment der Regierungsräte in Heidelberg einen Grad erreichte, der deutlich über das an anderen Höfen der damaligen Zeit Übliche hinausging. Ein erfahrenerer Landesherr hätte die Risiken der aggressiven Politik bei unsicherer Bündnislage, fehlender militärischer Ausrüstung und materieller Mittel für den Fortbestand seines Hauses sicherlich erkennen können. Herzog Maximilian von Bayern beispielsweise pflegte trotz desselben Glaubenseifers – für die andere Seite – eine sehr viel vorsichtigere Vorgehensweise. Die beiden letzten pfälzischen Kurfürsten vor der Katastrophe konnten jedoch den aggressiven Plänen ihrer Berater argumentativ nicht begegnen und ließen sich in den Abgrund hineinziehen.

Der Fall Donauwörth 1607/08

Donauwörth war eine schwäbische Reichsstadt. Während der Reformation war die große Mehrheit der Einwohnerschaft zum lutherischen Bekenntnis übergewechselt. Eine katholische Minderheit fühlte sich jedoch während des Konfessionellen Zeitalters mehr und mehr ermutigt, sich bei Prozessionen und anderen kirchlichen Veranstaltungen öffentlich zu zeigen, zumal benachbarte katholische Reichsstände, vor allem der Herzog von Bayern und der Bischof von Augsburg, ihren Glaubensbrüdern und -schwestern Beistand anboten. Das Heilig-Kreuz-Kloster veranstaltete beispielsweise jedes Jahr am Markustag, dem 25. April, eine öffentliche Prozession, die 1605 erstmals vom protestantischen Rat verboten wurde. Die Benediktiner-Patres klagten dagegen vor dem Reichshofrat in Prag und erhielten ihr Recht bestätigt. Im folgenden Jahr zogen sie daher erneut mit Fahnen und Gesang durch die Stadt, worauf es zum Handgemenge mit aufgebrachten Lutheranern kam. Die Katholiken wurden von der gegnerischen Übermacht zerstreut, die kirchlichen Fahnen und andere Sakralgeräte wurden in den Straßenstaub getreten. Dass der Zusammenstoß kein Zufall war, zeigte sich schnell an einem bedeutsamen Umstand: Die kleine Prozessionsgemeinde hatte nämlich einen Notar des Bischofs von Augsburg mitgenommen, der einen Bericht verfasste und bei seinem Landesherrn einlieferte. Der Bischof, Heinrich von Knöringen, schickte den Bericht als Anlage seines Klageschreibens an den Reichshofrat. Im Jahr 1607 verhinderten die Donauwörther Ratsherren, dass sich die Prozession am Markustag wiederholte.

Nun verhängte der Reichshofrat am 3. August 1607 die Reichsacht gegen Donauwörth wegen Landfriedensbruchs. Der Magistrat unterließ es, sich dem Kaiser schnell zu unterwerfen, sondern wartete das drohende Strafgericht ab. Der Reichshofrat übertrug die Reichsacht an Herzog Maximilian I. von Bayern.[50] Dieser versuchte vergeblich, mit dem Donauwörther Rat über eine Satisfaktion zu verhandeln. Anschließend ließ der Wittelsbacherherzog seine Truppen am 16. Dezember 1607 in die Stadt einmarschieren und stationierte eine Garnison. Erst wenn Donauwörth die 250 000 Reichstaler Militäraufwendungen erstattet hätte, wollte er seine Truppen zurückziehen – was die Stadt angesichts ihrer Verschuldung nie würde

50 Der für Donauwörth zuständige schwäbische Kreisdirektor, der Herzog von Württemberg, wurde übergangen.

leisten können. Die erzwungene Pfandschaftsübernahme durch Bayern führte dazu, dass Donauwörth bayerische Landstadt wurde. Auch ließ Herzog Maximilian in der Folgezeit nach und nach das lutherische Bekenntnis verbieten und rekatholisierte die gesamte Stadt. Die protestantischen Eliten und ein großer Teil der Bevölkerung wanderten aus und siedelten sich in anderen lutherischen Städten an.

Der Schwäbische Reichskreis und viele evangelische Reichsstände protestierten heftig bei Kaiser Rudolf II. gegen die reichsrechtswidrige Exekution und die anschließende bayerische Inbesitznahme. Der Kaiser ließ sich jedoch von seinen Entscheidungen nicht abbringen und ignorierte alle Eingaben. Die katholischen Reichsstände konnten ihre Freude über diesen wichtigen Sieg im konfessionellen Streit kaum verbergen. Auf protestantischer Seite hingegen wuchsen Ängste, dass der Kaiser im Bunde mit den katholischen Fürsten und außerreichischen katholischen Verbündeten bald zum großen Angriff auf alle nichtkatholischen Kulte und ihre Anhänger aufrufen würde. So berichtete ein sächsischer Gesandter vom folgenden Reichstag an seinen Kurfürsten, die Kaiserlichen trieben »jesuitische Consilia« um, alles deute darauf hin, es werde »in Kurzem ein greulich Blutbad angerichtet werden«.[51]

51 Zit. nach: Axel Gotthard, »Der Religionsfrieden und das Heilige Römische Reich Deutscher Nation 1555–1648«, in: *Als Frieden möglich war. Der Augsburger Religionsfrieden. Ausstellungskatalog*, hrsg. von Carl A. Hoffmann [u. a.], Regensburg 2005, S. 70–83, hier S. 78.

Die unmittelbare Vorkriegszeit und die innerhabsburgischen Konflikte

Der Regensburger Reichstag von 1608 stand unter dem Eindruck des bayerisch-katholischen Sieges im Zusammenhang mit der Einnahme und Pfandnahme der Stadt Donauwörth durch Herzog Maximilian. Zwar hatte der Kaiser die Türkensteuer erneut in die Proposition geschrieben, doch nach dem Frieden von Zsitwa-Torok 1606 mit den Türken fehlte der unmittelbare Bedrohungszusammenhang, sodass keine Gelder bewilligt wurden. In der Frage der Auslegung strittiger Punkte des Augsburger Religionsfriedens kam es zu keiner Einigung. Die Kurpfalz sprengte daraufhin den Reichstag durch Verlassen. Ein Reichsabschied kam nicht mehr zustande. Damit war das wichtigste Organ der Reichsverfassung inaktiv, ein Zustand, der auch während der härtesten reformatorischen Auseinandersetzungen nicht eingetreten war.

Während dieser schweren Reichskrise eskalierte der Konflikt zwischen den verschiedenen Habsburgern, insbesondere zwischen Kaiser Rudolf II. und Erzherzog Matthias. Der sog. »Bruderzwist im Hause Habsburg« ging, von Franz Grillparzer beschrieben, in die europäische Literaturgeschichte ein.[52] Kurz vor der Jahrhundertwende (1598) hatten sich bei Rudolf II. immer stärkere Symptome einer Geisteskrankheit angedeutet. Nun verstärkte sich auch im habsburgischen Haus der Widerstand gegen Rudolfs Herr-

52 Franz Grillparzer, *Ein Bruderzwist in Habsburg*, Wien 1848. – Vgl. zum Folgenden: Jean Bérenger, *Die Geschichte des Habsburgerreiches 1273 bis 1918*, Köln [u. a.] ²1996, S. 292–296.

schaft. 1607 frondierten die Verwandten des Kaisers offen unter Vermittlung des Kardinals Melchior Khlesl und wählten Matthias zum Oberhaupt der Dynastie. Ziel der Bestrebungen war, den Kaiser für regierungsunfähig zu erklären und abzusetzen.

Matthias berief einen ungarischen Reichstag ein und verbündete sich dort mit den protestantischen Ständen, denen er alle konfessionellen Freiheiten zugestehen musste. Im Vertrag von Lieben (25. Juni 1608) wurde Rudolf gezwungen, Österreich, Ungarn und Mähren an Matthias abzutreten und ihm die Anwartschaft auf die böhmische Krone zu bestätigen. Der Kaiser benötigte seinerseits die Unterstützung der böhmischen Protestanten, denen er im Majestätsbrief vom Juli 1609 ihr Bekenntnis genehmigen musste. Auch für Schlesien musste der Kaiser einen Majestätsbrief erlassen. Mit Hilfe seines Neffen Leopold, des Bischofs von Passau, warb der Kaiser ein Heer an und suchte den Kontakt zu den protestantischen Reichsfürsten. Militärisch konnte sich allerdings Matthias durchsetzen, der 1611 mit seiner Streitmacht vor Prag auftauchte, Rudolfs Abdankung als König von Böhmen erzwang und sich krönen ließ. In den letzten Monaten seines Lebens blieb Rudolf allein das kaiserliche Amt, während er keinerlei Macht mehr ausübte.

1613 versuchte der neue Kaiser Matthias die Probleme zu lösen, die ihm sein Bruder hinterlassen hatte. Matthias verlegte sogleich den kaiserlichen Hof von Prag nach Wien, was ihn zwar der Militärgrenze auf dem Balkan näher rücken ließ, doch auch den Kontrollverlust über Böhmen begünstigte. Der Kaiser war ein schwacher Herrscher. Sein Streit mit Rudolf hatte ihm nur die herrschaftlichen Rechte etwas früher gebracht, die er sowieso gewonnen hätte. Die Stände in Böhmen, Ungarn und Österreich schlossen sich gegen ihn zusammen, um ihn nicht nur zur Einhaltung der konfessionellen Zugeständnisse zu veranlassen, sondern drückten ihn fast zu einem Marionettenherrscher nieder, der kaum etwas ohne ständischen Konsens unternehmen konnte. Kardinal Khlesl konnte an der Herrschaftserosion nichts ändern, denn bei den protestantischen Ständen gewann er keinerlei Vertrauen.

Inzwischen hatten sich nicht nur die protestantische Union und die katholische Liga gegründet, sondern auch die Erbfolgekrise am Niederrhein war ausgebrochen und vorläufig reguliert worden. Der spanisch-niederländische Waffenstillstand bot zumindest eine kleine Hoffnung, dass über alle Gräben hinweg die Einsicht entstünde, dass bei einem großen Krieg letztlich alle die Verlierer sein würden. Ein neuerlicher Reichstag in Regensburg strebte einen Ausgleich an. Nach der Verlesung der Proposition legten die protestantischen Stände unter Führung der Kurpfalz dem Kaiser einen Forderungenkatalog vor, den sie vorrangig verhandeln wollten. Zudem forderten die Unionsmitglieder die Restitution Donauwörths. Eine Einigung in diesen Fragen kam nicht zustande. Die katholische Reichstagsmehrheit bewilligte dem Kaiser 30 Römermonate Türkensteuer. Am 22. Oktober 1613 wurden die weiteren Beratungen auf den 1. Mai 1614 verlegt, dann aber nicht mehr aufgenommen. Der Reichstag war gescheitert.

Das Haus Habsburg stand zudem vor dem Problem, dass Kaiser Matthias ohne Erben war und ein Herrschaftsübergang an eine andere Linie der Habsburger folgen würde. Spanien hatte wegen der nahen Verwandtschaft ebenfalls einen Erbanspruch. Um die Erbfolge zu klären, fanden Absprachen zwischen Erzherzog Ferdinand von Innerösterreich, Erzherzog Maximilian dem Deutschmeister und dem spanischen Gesandten Iñigo Graf Oñate statt, die 1617 in einen Vertrag einmündeten, der Spanien die italienischen Besitzungen Piombino und Finale sowie die Übertragung der kaiserlichen Rechte im Elsass und in der Ortenau garantierte, damit sie die Wahl Ferdinands zum Kaiser unterstützten. Die Absprachen blieben im Vagen, das gewünschte Ergebnis kam zustande: Der tatkräftigste Habsburger gelangte ins Seniorat und damit ans Ziel seiner Wünsche.

Die protestantische Union und die katholische Liga

Bei den Zuspitzungen in den verschiedenen Reichsversammlungen war die Kurpfalz jeweils führend beteiligt. Später wurden Verbindungen zu den protestantischen Ständen in Böhmen und Österreich aufgenommen. Naheliegenderweise bildete der Heidelberger Hof das Zentrum der Opposition im Reich, als die protestantische Union am 14. Mai 1608 in Auhausen (bei Nördlingen) unter Beteiligung von Württemberg, Baden-Durlach, Pfalz-Neuburg, Brandenburg-Ansbach und Brandenburg-Kulmbach gegründet wurde. Später traten Kurbrandenburg, Pfalz-Zweibrücken, Hessen-Kassel, Anhalt sowie die Städte Nürnberg, Straßburg und Ulm bei. Am Ende gehörten nicht weniger als 29 Reichsstände dem protestantischen Bündnis an. Vier von ihnen – Kurpfalz, Hessen-Kassel,

Pfalz-Zweibrücken und Anhalt – waren reformiert, die restlichen lutherisch, die Union war damit kein reformiertes Kampfbündnis, auch wenn von Kurpfalz die größte politische Energie ausging.[53]

Der Zweck der Union bestand in einem Defensivbündnis zur Wahrung des Schutzes der »Rechte« der Mitglieder, wobei man darunter die Summe aller politischen Ansprüche verstand, nicht nur die konfessionelle Identität. Aus reichsrechtlichem Blickwinkel richtete sich die Union gegen die katholische Auslegung des Augsburger Religionsfriedens und insbesondere gegen künftige Versuche, dieser Interpretation mit bewaffneter Hand Geltung zu verschaffen.[54] Unter der Führung der Kurpfalz sollte vor allem ein Heer aufgestellt werden, das durch Matrikularbeiträge aus einer gemeinsamen Kasse zu finanzieren war.

Diese Union wurde politisch überhaupt erst chancenreich durch die Verbindung zu Frankreich. König Heinrich IV. versuchte, zusammen mit England und den Niederlanden aus dem protestantischen Schutzbund eine Militärkoalition gegen Spanien zu bilden. Es bedurfte

53 Gregor Horstkemper, »Die protestantische Union und der Ausbruch des Dreißigjährigen Krieges. Konfliktverschärfung als Auswirkung der gescheiterten Integration von Bündniszielen und Partikularinteressen«, in: *Friedliche Intentionen – Kriegerische Effekte. War der Ausbruch des Dreißigjährigen Krieges unvermeidlich?*, hrsg. von Winfried Schulze, St. Katharinen 2002, S. 21–51.

54 Volker Press betont, dass das Bündnis sich mit seiner Spitze gegen die Rechtsprechung des Reichshofrates indirekt auch gegen den Kaiser richtete: Volker Press, *Kriege und Krisen. Deutschland 1600–1715*, München 1991, S. 167.

einer überzeugenden Machtdemonstration – so die Meinung der Anführer der Union, um Eindruck auf den Kaiser und die katholischen Fürsten zu machen. Mit Frankreich im Bunde, so hoffte man, würde man das auch erreichen. Der gewaltsame Tod Heinrichs IV. 1610 bedeutete noch nicht das Ende dieser Hoffnungen. Umworben wurden auch die Vereinigten Niederlande. Die Delegierten der Generalstaaten reagierten aber zurückhaltend und beließen es bei einem Defensivbündnis auf 12 Jahre, das 1613 abgeschlossen werden konnte.[55] Keinesfalls wollten sie in die Konflikte im Reich hineingezogen werden. Sehr klar sah man in Den Haag die geringe Entschlusskraft bei den meisten Unionsmitgliedern, sodass Ratspensionär Johan Oldenbarnevelt die protestantischen Reichsstände im Dezember 1614 aufforderte, ihr Schicksal selbst in die Hand zu nehmen und Aktivität zu demonstrieren, anstatt nur ihre auswärtigen Verbündeten zum Handeln aufzufordern.

Die Liga, das Gegenbündnis der katholischen Reichsstände, entstand als Ergebnis der Münchener Verhandlungen durch das Gründungsdokument vom 10. Juli 1609.[56]

55 Verhandlungen der Generalstaaten und Beschluss des Bündnisses mit der Union, April bis 17. Mai 1613: Arie Theodorus van Deursen [u. a.] (Hrsg.), *Resolutiën der Staten-Generaal, Nieuwe Reeks 1610–1670* [bisher 7 Bde.], Den Haag 1971 ff., N. R., Bd. 2, S. 53, 62 f. – Textabdruck vom 16. Mai 1613: Johann Christian Lünig (Hrsg.), *Das Teutsche Reichs-Archiv [...]*, 24 Bde., Leipzig 1710–22, Bd. 7, Buch 3, S. 281–283.

56 Gesamtdarstellung: Franziska Neuer-Landfried, *Die Katholische Liga. Gründung, Neugründung und Organisation eines Sonderbundes 1608–1620*, Kallmünz 1968.

Zweck der Liga war es, den katholischen Charakter des Reiches zu bewahren, weitere Verluste an die Protestanten zu vermeiden und Angriffe auf Bundesmitglieder durch die Aktivisten um die Kurpfalz abzuwehren. Im Gegensatz zur Union konnte die Liga stets aus einer verstärkten Defensive heraus operieren: Axel Gotthard betont zu Recht, dass das Regelwerk des Reiches den Interessen der Liga-Fürsten in die Hände spielte, solange es funktionierte.[57]

Wie in der Union, so war auch hier ein Fürst Initiator und anschließend Motor des Bündnisses: Herzog Maximilian I. von Bayern. Im Gegensatz zu Kurfürst Friedrich IV. war Maximilian von Bayern aber nicht der ranghöchste Fürst in seinem Konfessionsbündnis. So ergaben sich immer wieder Meinungsverschiedenheiten zwischen ihm und den drei rheinischen Erzbischöfen, von denen vor allem der Kurfürst von Mainz als erster Fürst im Reich den Vorrang, das Direktorium und die »Richtlinienkompetenz« für sich beanspruchte. Maximilian hingegen verwies stets darauf, dass sich ohne sein Geld und seine Offiziere kein Bewaffneter rühren würde. Schließlich entstand ein Doppeldirektorium aus Kurmainz und Bayern. Konflikte zwischen Rang- und Machtordnung lähmten die Liga immer wieder, zumal auch die Wünsche der Habsburgerfürsten abzuwehren waren, dem Bündnis beizutreten. Maximilian zog sich sogar zeitweilig verärgert aus der Führung der Liga zurück, war aber 1618 rechtzeitig zur Stelle, als die Konflikte im Reich zu eskalieren drohten.

57 Axel Gotthard, »Protestantische Union und Katholische Liga«, in: Press 1995 (Anm. 31), S. 81–112, hier S. 94 f.

Nun bedurfte Ferdinand II. der bayerischen Hilfe. Die Liga konnte gut gerüstet in den Krieg gegen die böhmischen Aufständischen eintreten. Das katholische Bündnis bestand bis 1635 und wurde erst durch den Prager Frieden formell aufgelöst.[58]

58 Michael Kaiser, *Politik und Kriegführung. Maximilian von Bayern, Tilly und die Katholische Liga im Dreißigjährigen Krieg*, Münster 1999.

2 Ereignisse

Der böhmische Aufstand und seine Niederschlagung

Von der Ständekrise zur Adelsrepublik

Das Königreich Böhmen war eine zusammengesetzte Monarchie und bestand neben dem böhmischen Kernland aus Mähren, Schlesien, der Ober- und der Niederlausitz.[59] Die Stände aus hochadligen Magnaten, Niederadligen und Städten hatten seit den Hussitenkriegen eine herausgehobene Stellung als Mitregenten des Landes gewonnen. Der Katholizismus hatte während der Auseinandersetzungen zahlreiche Klöster und fast zwei Drittel der böhmischen Bevölkerung an die verschiedenen protestantischen Richtungen verloren. Allerdings setzte in den 1580er Jahren unter der Förderung der Habsburger und des Jesuitenordens die Gegenreformation in Böhmen ein und erzielte einige Erfolge in Gestalt von neugegründeten Bildungsstätten oder wieder zur Blüte gebrachten Klöstern.

Die sog. »Brüderunität«, die Gemeinschaftsinstitution der Protestanten, nahm Kontakte zum westeuropäischen Calvinismus auf. Es ging nicht nur um die Bewahrung des eigenen Bekenntnisses, sondern sehr schnell auch um den grundsätzlichen Kampf gegen die Einheit von spanisch-habsburgischer Universalmonarchie und katholischer Kirche, wie er in Frankreich und den Niederlanden begonnen worden war. Die rhetorischen und staatstheoretischen Ar-

59 Zu Böhmen während des Konfessionellen Zeitalters: Franz Machilek, »Böhmen«, in: Schindling/Ziegler 1989–97 (Anm. 49), Bd. 1, 1989, S. 135–152.

gumente musste man nur noch an die eigene Situation anpassen – das war kein großes Problem für die Pamphletisten der protestantischen Adelspartei. Den Protestanten kam der sich nach 1593 erneut zuspitzende Türkenkonflikt zugute: Mit politischer Entschlossenheit ließen sie sich ihre Mittelbewilligung durch eine Reihe von Konfessionsprivilegien bezahlen, die in dem »Majestätsbrief« vom 9. Juli 1609 gipfelten. Alle Stände erhielten das Reformationsrecht, das Privileg wurde so zur Charta des Minderheitenschutzes generell und hätte in dieser Rolle ein Dokument von welthistorischer Bedeutung werden können. Der böhmische Adel profitierte davon, dass er sich im vorherigen Jahr nicht am Marsch der Truppen von Erzherzog Matthias vor Prag beteiligt hatte. Rudolf II. war ihm in der Folgezeit beinahe ausgeliefert, da die Böhmen die einzige Machtbasis gegen seinen Bruder Matthias darstellten.

Es erwies sich schnell, dass die Vereinbarung nur auf einer momentanen Schwäche der Krone, nicht auf einer tieferen Einsicht in den Sinn einer friedlichen, dauerhaften Verständigung beruhte. Nach seiner Kaiserwahl bestätigte Matthias zwar den Majestätsbrief, bemühte sich aber in der Folgezeit darum, die gewährten Zugeständnisse teilweise wieder rückgängig zu machen. Einstweilen nutzten die böhmischen Protestanten die Chance, vor allem in Prag Kirchen zu bauen und damit ihre Stellung zu dokumentieren. Der Versuch, auch auf dem Grund geistlicher Einrichtungen neue protestantische Kirchen zu bauen, stieß jedoch auf den Widerstand der Altkirchlichen.

Inzwischen versuchten auch die calvinistischen Machthaber aus dem Reich und aus Westeuropa, in Böhmen Einfluss zu gewinnen. Das Territorium wurde so in der Vorphase des Dreißigjährigen Krieges zum Aufmarschplatz der politisch ambitionierten Kräfte in Europa, wozu die wechselseitige Balance der böhmischen Verfassung geradezu einlud. Karl der Ältere von Zierotin, Wenzel Budowetz, Peter Wok von Rosenberg u. a. lernten durch Studienaufenthalte in Heidelberg das System des politischen Calvinismus kennen und schätzen. Dadurch gewannen sie Anteil am internationalen calvinistischen Netzwerk, das seine Zentren in der Schweiz, den Niederlanden, England, Schottland, Frankreich und den calvinistischen Reichsterritorien besaß.

Trotz der Stärkung der ständischen Bewegung und der Sicherung des Protestantismus gelang es dem Haus Habsburg, Erzherzog Ferdinand von Innerösterreich zum böhmischen König wählen zu lassen. Auf der Grundlage des schon erwähnten Oñate-Vertrages von 1617 arbeiteten Ferdinand und sein Vetter, König Philipp III. von Spanien, in den folgenden Jahren politisch und militärisch eng zusammen. Der wichtigste Verbündete für den mittellosen Erzherzog aber war der Bayernherzog. Maximilian I. war ein überzeugter Katholik und kannte Ferdinand vom gemeinsamen Studium in Ingolstadt, verlor jedoch nie das notwendige politische Augenmaß. Er besaß das, was dem Habsburger fehlte: Eine gute Finanzführung, die er selbst in den vorausgegangenen 20 Jahren systematisch aufgebaut hatte. Als Ergebnis seiner Solvenz hatte er den Oberbefehl über das Heer der Liga inne, das zwar klein, aber schlagkräftig war.

Im Frühjahr 1618 eskalierte der böhmische Ständekonflikt erneut, nachdem Kaiser Matthias von den konfessionellen Zugeständnissen seines Bruders Rudolf abgerückt war. Er ordnete die Schließung der lutherischen Kirche von Braunau an und verbot nach Protesten der evangelischen Stände die Selbstversammlung des Landtages. Die Stände allerdings hielten sich nicht daran und versammelten sich dennoch. Sie rechtfertigten sich gegenüber dem Landesherrn ebenso wie gegenüber den gemäßigten Ständevertretern damit, dass die gemeinschaftlichen politischen und religiösen Rechte und Freiheiten auf dem Spiele stünden, wenn sie sich nicht wehrten. Am 23. Mai 1618 drangen zahlreiche Mitglieder des Landtags mit Degen und Pistolen bewaffnet in den Hradschin ein, um die kaiserlichen Statthalter zur Rede zu stellen über das Ausmaß der kaiserlichen Absichten und vor allem über die Initiatoren der antiständischen Politik. Die folgenden tumultartigen Gespräche zwischen kaiserlichen und ständischen Vertretern eskalierten und fanden ihr Ende dadurch, dass die aufgebrachten Adligen die beiden Statthalter Jaroslaw von Martinitz und Wilhelm von Slavata aus dem Fenster warfen. Der Sekretär der Statthalter, Philipp Fabricius, wurde auf Betreiben eines persönlichen Feindes in der Aufregung hinterhergeworfen, obwohl er aufgrund seiner Stellung wohl keinen eigenen Anteil an den Maßnahmen hatte, die die Aufständischen der kaiserlichen Regierung vorwarfen. Der »Prager Fenstersturz« ging für die Betroffenen glimpflich aus, fielen sie doch auf schrägen, weichen Untergrund, weshalb sie bei nur geringen Verletzungen mit dem Leben davonkamen.[60] Der symbolische Angriff auf den Landesherrn war

60 Abdruck des Berichts des Statthalters Martinitz über den Fenstersturz und seinen wundersamen Ausgang für die Betroffenen: Roeck 1996 (Anm. 10), S. 191–198.

bewusst vollzogen worden und forderte dessen Strafaktion zwingend heraus.

Die Rebellen bildeten in Prag ein »Direktorium« aus dreißig Ständevertretern, das die neugewonnene Macht sichern sollte. Im Vordergrund standen zunächst die Verabschiedung einer Verfassung und die Wahl eines neuen Landesherrn. Am 31. Juli 1619 einigte sich der böhmische Generallandtag in Prag auf die »Konföderationsakte«.[61] Die böhmische Krone wurde in eine freie Wahlmonarchie umgewandelt, die Länder Böhmen, Mähren, Schlesien und die Lausitzen wurden »auf ewig« vereint. Die königliche Gewalt wurde so weit eingeschränkt, dass die Ernennung von Spitzenbeamten, wichtige Regierungsbeschlüsse, besonders zu Krieg und Frieden, sowie alle Fragen der Konfessionsordnung nur mit Zustimmung der Stände erfolgen konnten. Für den Fall, dass der König dagegen verstieße, entband die Verfassung die Stände von ihrer Gehorsamspflicht und sicherte ihnen Straflosigkeit für jede Weise des Widerstands zu. In Artikel 10 wurde die völlige individuelle Glaubensfreiheit verbrieft. Mitte August 1619 traten auch die Landstände von Ober- und Niederösterreich der Konföderationsakte bei. Die neue Ordnung konnte allerdings nur Bestand haben, wenn es gelang, das Gemeinwesen militärisch gegen den Angriff der Habsburger zu schützen. In dieser Hinsicht fehlte es den Aufständischen an allem: an Weitblick, Verbündeten und Geld.

Am 24. August 1619 entschieden sich die böhmischen Stände für Kurfürst Friedrich V. von der Pfalz als neuen

61 Die Böhmische Konföderationsakte, 31. Juli 1619, gekürzter Abdruck in: ebd., S. 198–208.

König. Aus Sicht der Habsburger war dieser zweite Schritt der böhmischen Stände nach dem Mordversuch an den Statthaltern genauso unverzeihlich wie der erste: Es drohte damit nicht nur der Verlust von Land, was für Ferdinand II. inakzeptabel war, sondern nun auch der Verlust des habsburgischen Kaisertums. Zum einen hätte Friedrich V., wäre er im Besitz Böhmens geblieben, zwei Stimmen im Kurfürstenrat besessen, was reichsrechtlich unzulässig war. Zum anderen hätten die Protestanten nun neben Friedrichs Stimmen sowie Kursachsen und Kurbrandenburg die Mehrheit der Kurstimmen innegehabt. Nach der Lagerbildung im Vorfeld des Krieges wäre ein protestantisches Kaisertum die logische Folge geworden – auch wenn an dieser Stelle über die spezielle Reichspolitik Kursachsens nur spekuliert werden kann.[62] Die Aussichten waren aus Sicht der Wiener Politik jedenfalls dergestalt, dass umgehend gehandelt werden musste, und zwar gewaltsam.

Unterdessen kam der neue König schnell nach Prag, wo sich herausstellte, dass er von Gottes *und* der Stände Gnaden zu regieren hatte. Friedrich brachte weder Geld noch Landeskenntnis mit. Der Umzug der Residenz von Heidelberg nach Prag hemmte die Arbeit der Spitzenbehörden und deren Kommunikation. So häuften sich schnell Klagen über die Unordnung in der Regierung des vereinigten böhmisch-pfälzischen Herrschaftsverbundes. Auch das persönliche Auftreten des Königspaars in Prag führte bald

62 Zum protestantischen Kaisertum: Heinz Duchhardt, *Protestantisches Kaisertum und altes Reich. Die Diskussion über die Konfession des Kaisers in Politik, Publizistik und Staatsrecht*, Wiesbaden 1977.

zu einer Entfremdung vom heimischen Adel, sodass der Keim für die Katastrophe bereits gelegt war.

Immerhin wurden Parteigänger gesucht. Der Siebenbürgener Fürst Bethlen Gábor unternahm noch einige Feldzüge mit seiner kleinen Armee, um habsburgische Kräfte im Südosten zu binden. Die Engländer und Niederländer hingegen schreckten davor zurück, in einen böhmischen Krieg hineingezogen zu werden. Die Vision eines großen, antikatholischen und antihabsburgischen Gegenreiches mitten in Europa kam über das Stadium des Wolkenschlosses nicht hinaus. Der Widerspruch zwischen dieser virtuellen Großmacht, an die der neue König und sein Hof dachten, und dem Ständekönigtum, das sich die Böhmen erhofft hatten, kam in der Kürze der Zeit nicht zum Austrag. Friedrich durchlebte als »Winterkönig« einige Monate in Prag, die durch rauschende Feste mit geborgtem Geld, durch politische Desorganisation und durch Ikonoklasmus in vielen Prager Kirchen gekennzeichnet waren.

Die katholische Gegenbewegung und die Schlacht am Weißen Berg

Trotz der böhmischen Probleme wurde den Aufständischen bescheinigt, dass sie immerhin weiter waren mit ihren Vorbereitungen als der soeben gewählte Kaiser Ferdinand II.[63] Die Habsburgermonarchie hatte nach dem Ende

63 Der Umstand, dass beide Kontrahenten, der Kaiser ebenso wie der »Winterkönig«, von fremden Truppen und Geldern abhängig waren, sollte sich später als entscheidend für die Fortsetzung und schließliche Eskalation des Krieges herausstellen: Kampmann 2008 (Anm. 14), S. 35 f.

des letzten Türkenkrieges 1606 stark abgerüstet und verfügte über keine schlagkräftige Feldarmee.[64] So wandte sich der Kaiser an Bayern. Herzog Maximilian von Bayern war trotz seiner konfessionellen Grundhaltung keineswegs bereit, dem Kaiser umsonst zu dienen. Nach vielen Niederlagen der bayerischen Linie des Wittelsbacher Hauses in den vergangenen Jahrhunderten war er entschlossen, nun das zu erlangen, was ihm seiner Ansicht nach ohnehin zustand: die pfälzische Kurwürde, die nach den Hausverträgen aus dem 14. Jahrhundert zwischen beiden Hauptlinien alternieren sollte, worauf sich die Heidelberger jedoch in der Folge nicht eingelassen hatten. Die Situation war günstig. Ferdinand II. musste im Münchener Vertrag vom 8. Oktober 1619 nicht nur die Übertragung der Kurwürde zugestehen, sondern auch die Oberpfalz oder die Schadloshaltung Bayerns durch die Verpfändung Oberösterreichs bis zur völligen Erstattung der Kriegsaufwendungen.[65] Damit war die wichtigste Voraussetzung für den Kriegsbeginn gegeben: Das bayerisch-ligistische Heer stand auf kaiserlicher Seite und kämpfte für den katholischen Glauben – und für die Glorie des Bayernherzogs.

Auch Kursachsen distanzierte sich von den böhmischen Aufständischen. Kurfürst Johann Georg I. erhielt dafür die Pfandschaft über die Ober- und Niederlausitz, wenn

64 Die Reichsstände bewilligten ebenso wie die österreichischen Stände vor allem dann Geldmittel, wenn unmittelbare militärische Gefahr aus dem Süden drohte. Die Front zum Osmanischen Reich war allerdings zu dieser Zeit ruhig.

65 Münchener Vertrag zwischen Kaiser Ferdinand II. und Herzog Maximilian von Bayern, 8. Oktober 1619 (gekürzter Abdruck) in: Roeck 1996 (Anm. 10), S. 208–213.

er neutral bliebe.[66] Gleichzeitig erlangte Ferdinand am 28. August 1619 die einstimmige Wahl zum Kaiser – auch mit der kurpfälzischen Stimme. 1620 konnten Ferdinands Unterhändler erreichen, dass Kurbrandenburg die Union weiterhin nicht unterstützte. Die katholische Diplomatie erwies sich der protestantischen Aktionspartei in diesen Monaten als hoch überlegen, denn die militärische Abstimmung zwischen dem Heer der Union und dem Ständeaufgebot der Böhmen misslang. Während sich die Unionstruppen 1620 nach französischer Vermittlung vertraglich neutralisieren ließen, konnte das Liga-Heer ungestört in Böhmen einmarschieren.

Auch die spanische Seite beteiligte sich am Aufmarsch. Unter Führung des Grafen Karl Bonaventura von Bucquoy erschien ein spanisches Kontingent auf dem österreichisch-böhmischen Kriegsschauplatz und errang einige kleinere Siege, beispielsweise gegen Peter Ernst Graf von Mansfeld bei Sablat in Südböhmen (10. Juni 1619). Dadurch hatte sich die Armee von Heinrich Matthias Graf Thurn, die zeitweilig in Niederösterreich operierte und Wien bedrohte, wieder nach Böhmen zurückziehen müssen. Für die begleitende propagandistische Auseinandersetzung war es wichtig, dass den Spaniern eine Transportfuhre mit Korrespondenz der Aufständischen in die Hände fiel, was den Herzog von Savoyen derart kompromittierte, dass er umgehend aus dem Bündnis mit den Aufständischen ausschied. Auch der Papst beteiligte sich am Kampf gegen die ketzerischen Aufständischen durch Finanzzuwendungen.

66 Zu Kursachsen: Frank Müller, *Kursachsen und der Böhmische Aufstand, 1618–1622*, Münster 1997.

Die Schlacht am Weißen Berg am 8. November 1620 fand zu einem Zeitpunkt im Jahr statt, zu dem normalerweise schon ein Abzug der Truppen in die Winterquartiere stattgefunden haben musste. Das Liga-Heer wollte in Böhmen überwintern und rückte deshalb auf Prag vor. Die Ständetruppen stellten sich dem entgegen und bezogen Stellung oberhalb eines Steilhangs auf dem Weißen Berg, der eher ein Hügel war, darauf vertrauend, dass die Liga dort keinen Angriff wagen würde. Die Voraussetzungen für die Schlacht konnten verschiedener nicht sein. Die Ständetruppen (rund 21 000 Mann) bestanden aus zusammengewürfelten Kontingenten aus dem Reich, Böhmen und Ungarn. Erfahrene Soldaten waren nur die wenigsten von ihnen. Auch fehlte es ihnen an Kampfesmoral, zumal der böhmische Ständestaat den Sold seit Langem schuldig geblieben war. Neigungen, Prag zu plündern, zeigten sich. Auf der anderen Seite bestanden die Liga-Truppen und das Kontingent des Grafen Bucquoy (rund 28 000 Mann) wenigstens zum Teil aus erfahrenen Berufssoldaten. Zahlenverhältnis und Kampferfahrung sprachen eindeutig für die katholische Seite.

Während der ligistische Kommandeur Johann Graf Tilly angreifen wollte, mahnte Graf Bucquoy zur Vorsicht: Besser sei ein Umfassen des Hügels und ein Angriff von einer weniger steilen Stelle aus. Zu diesem Zeitpunkt der Debatte im Kriegsrat soll der Überlieferung nach der Karmeliterprediger Dominicus a Jesu Maria aufgetaucht sein. Er zeigte den Generälen ein Gemälde von der Anbetung des Jesuskindes durch die Hirten, auf dem die Calvinisten allen Personen außer dem Jesuskind die Augen ausgestochen hatten. Dieses Zeugnis des Ikonoklasmus hatte er einen Monat zuvor in Strakonitz gefunden. Zudem berichtete er von einer Vision: Ihm sei im Traum die sichere Zusage eines überzeugenden Schlachtensieges gemacht worden, wenn man nur sogleich angreife. Die Entscheidung fiel zu seinen Gunsten. Nach Feldgottesdiensten und der Erteilung von Beichte und Eucharistie erhielten die Liga-Soldaten den Marschbefehl. Während die Bayern den steilen Hang hinaufzogen und oben das Ständeheer zurückdrängten, geriet die kaiserlich-spanische Armee zeitweilig in Schwierigkeiten, um sich schließlich aber wieder zu sammeln. Nach und nach lösten sich immer mehr Heeresteile der Böhmen auf und suchten ihr Heil in der Flucht nach Prag. Der außerhalb der Stadt liegende Tross wurde von den fliehenden Soldaten überlaufen, und in der wilden Panik gelang es niemandem, die Stadt für eine reguläre Belagerung zu sichern. Am 9. November nahmen Maximilian von Bayern, Tilly und Bucquoy die Goldene Stadt in Besitz, nicht ohne ein feierliches Hochamt nebst *Te Deum* bei den Kapuzinern abzuhalten. Der Winterkönig floh über Schlesien in die Niederlande, eine Verteidigung des restlichen Landes wurde erst gar nicht versucht. Die Union löste sich im folgenden Jahr auf.

Der Sieg des Kaisers und das Strafgericht über die Böhmen

Johannes Burkhardt hat betont, dass seit der zweiten Hälfte des 16. Jahrhunderts ein Bruch im traditionellen Umgang zwischen Territorialherren und Ständekorpora zu beobachten sei. Bereits die harte Haltung des Herzogs von Alba in den Niederlanden hatte Zeichen gesetzt. Nun zeigte sich eine rhetorische Aufrüstung des Absolutismus. Im Umfeld Ferdinands II. wurde verdeutlicht, dass nur noch das Schwert zur Wiederherstellung der kaiserlichen Autorität helfen würde – für Verträge sei es nun zu spät. Begriffe wie *absolutum imperium* oder *princeps absolutus* tauchten in den Schriftsätzen auf. Auf drei Gedanken weist Burkhardt besonders hin:

1. Die Idee von der absoluten Hausherrschaft wurde auf das gesamte Territorialwesen übertragen, was man durchaus »Frühabsolutismus« nennen mag.
2. Die Verschränkung von Absolutismus und Gegenreformation stützte ein vormundschaftliches Fürstenbild, demgemäß es dem Herrscher gestattet war, das herkömmliche Recht zu dehnen. Häresie und politische Illoyalität wurden gleichgesetzt und gleich hart verfolgt und bestraft.
3. Der Gedanke kam auf, dass sich durch den Abfall der Stände ein rechtsfreier Raum auftat, der vom Fürsten in grundsätzlicher Weise neu gefüllt werden konnte. Privilegien und Verträge wurden dabei beiseitegeschoben, an die Stelle trat das Eroberungsrecht.[67]

In diesem Sinne genoss Ferdinand II. den Sieg in vollen Zügen und betrachtete ihn als göttliches Geschenk für seine eigene, richtige Glaubensüberzeugung. Über die aufrührerischen böhmischen Stände wurde ein schreckliches Strafgericht verhängt: Im Hauptverfahren in Prag wurden 27 Personen angeklagt, sich gegen den Herrscher hochver-

67 Burkhardt 1992 (Anm. 17), S. 85 f.

räterisch vergangen zu haben (*crimen laesae maiestatis*). Drei von ihnen entstammten dem hochadligen Herrenstand, sieben dem Ritterstand, und siebzehn weitere waren bürgerlicher Geburt. Die Mehrzahl von ihnen wurde enthauptet, einige wurden gehenkt. Die Köpfe von zwölf Prager Rebellen wurden zehn Jahre lang öffentlich auf Piken ausgestellt.

Noch schlimmer aber war die Entschlossenheit des Kaisers, den Protestantismus im Königreich auszurotten und seine Kriegskosten durch Konfiskationen in größtem Stil einzutreiben. 30 000 Familien mussten Böhmen verlassen. Die westeuropäischen Verbündeten der Union konnten den Geflohenen nur Asyl anbieten und in den folgenden Jahrzehnten ihre Restitution fordern. Mehr als 650 adlige Güter wurden eingezogen, um kurz darauf in die Hände der kaiserlichen Gläubiger zu geraten. Viele Güter von Unschuldigen wurden nach einem Gerichtsverfahren nicht etwa restituiert, sondern der Vorkriegswert wurde – in schlechterem Geld – erstattet. So traf die kaiserliche Willkür Beteiligte wie Unbeteiligte gleichermaßen.

Das ständisch geprägte Böhmen wurde, trotz der »Verneuerten Landesordnung« von 1627, nicht völlig zerstört. Zwar klangen die Formeln in der Präambel der neuen Verfassungsordnung martialisch, wenn Ferdinand II. festschreiben ließ, Böhmen sei ein Land, das mit dem Schwert zum Gehorsam gebracht worden sei. Dem Kaiser ging es vor allem darum, das katholische Bekenntnis verbindlich zu restituieren und für sein Haus das Erbrecht zu erlangen. Beides konnte er nun dekretieren. Die Prälatenkurie wurde als erster Stand wieder eingeführt. Auch in späteren Jahrhunderten versammelten sich daneben die böhmischen

Magnaten, Ritter und Städte zu Landtagen in Prag.[68] Daran änderte die Verlegung der obersten böhmischen Verwaltungsbehörde, der »Böhmischen Hofkanzlei«, nach Wien nichts. Eine wichtige Folge war die soziale Umstrukturierung des böhmischen Adels, in dem nun zahlreiche fremdländische Familien den Ton mitbestimmten, die eher auf ihre Karriere am Wiener Hof als auf Anerkennung durch die Standesgenossen in Prag spekulierten.

Der »Pfälzische Krieg«, das Schicksal der Bibliotheca Palatina und die Kurerhebung Maximilians von Bayern

Durch das Ulmer Abkommen vom 3. Juli 1620 hatte sich die protestantische Union militärisch selbst paralysiert. Sie hatte darauf verzichtet, ihren Vorsitzenden Friedrich V. von der Pfalz in Böhmen zu unterstützen. Doch auch das Minimalziel, nämlich die Kurpfalz zu sichern, wurde nicht erreicht. Verhandlungen mit England und den Niederlanden hatten zu keinem Erfolg geführt. Im Sommer 1620 wurde bekannt, dass sich die Flandrische Armee unter Marquis de Spinola ins Rheinland begab. Weder die Unionsmitglieder noch ihre englischen und niederländischen Bündnispartner rechneten mit einer Großaktion. Als das Ziel des Aufmarsches, die Kurpfalz, erkennbar wurde, reichte die Zeit nicht für eine koordinierte Aktion mit dem englischen König und den evangelischen Reichsfürsten, um wenigstens die pfälzischen Stammlande vor dem habsburgischen Zugriff zu retten.

68 Präambel zur »Verneuerten Landesordnung« vom 10. Mai 1627: Roeck 1996 (Anm. 10), S. 257–260.

Die Kurpfälzer Landesverteidigung brach gegen die 25 000 Spanier sofort zusammen, nur die Festungen Heidelberg, Mannheim und Frankenthal konnten sich einstweilen behaupten. Englische und niederländische Hilfstruppen leisteten auf dem rechten Rheinufer eher symbolischen Widerstand. Als ihre Anführer einsahen, nichts mehr retten zu können, zogen sie sich wieder zurück. Unterdessen war der pfälzische Kurfürst und böhmische »Winterkönig« Friedrich V. mit seiner Familie in Den Haag eingetroffen, wo er auf Kosten der Generalstaaten und der englischen Krone ein standesgemäßes Leben führte. Die Ansprüche auf eine Rückführung in seine ererbten Lande hielt der Kurfürst aufrecht.

Die folgenden beiden Jahre waren durch kleinere Kampfhandlungen in Südwestdeutschland geprägt. Spinola ließ seine Hauptarmee im Frühjahr 1621 wieder in die Niederlande zurückziehen, doch ein 11 000 Mann starkes Armeekorps unter dem Grafen Gonzalo de Córdoba blieb im Land und eroberte im Sommer 1621 Kaiserslautern. Eine versuchte Landnahme der Spanier auf dem östlichen Rheinufer wurde bald zurückgeschlagen. Die militärischen Bestandteile der Unionsarmee hatten sich inzwischen verselbständigt. Unter Peter Ernst Graf von Mansfeld, Markgraf Georg Friedrich von Baden und Herzog Christian von Braunschweig, als Administrator des Bistums Halberstadt auch der »Halberstädter« genannt, versuchten die Einheiten, sich in Süddeutschland zu etablieren, wurden aber durch Tillys Liga-Armee immer weiter nach Norden gedrängt. 1623 mussten die Mansfelder Truppen sich bis Ostfriesland zurückziehen, Christian von Braunschweigs Armee wurde im münsterländischen Stadtlohn von Tilly zerstreut.

Das Wirken der drei Heerführer Mansfeld, Baden und Braunschweig war für den Kriegsverlauf nur von vorübergehender Bedeutung. Keiner der drei konnte Zugriff gewinnen auf größere staatliche Geldmengen, denn über Bündnisse wurde zwar verhandelt, allerdings ohne dauerhafte Vereinbarungen. So leicht, wie das Liga-Heer in Böhmen gewonnen hatte, so konnte es auch ganz Süddeutschland (vom spanisch besetzten westrheinischen Teil abgesehen) unter Kontrolle bringen. Es wäre die Gelegenheit gewesen, einen Abschluss des Krieges herbeizuführen, weil es im Grunde keinen wirklich entschlossenen Kriegsgegner mehr gab. Allerdings konnte man daher auch mit niemandem verhandeln. Schon entstand ein Dissens unter den Siegern über das Schicksal der Kurpfalz: Kaiser Ferdinand II. wollte sie am liebsten Bayern zuschlagen, die verwandte spanische Linie hielt mindestens langfristig eine Restitution eines Kurfürstentums Pfalz für notwendig. Die Frage blieb einstweilen in der Schwebe, der Krieg ging weiter.

Inzwischen war Tillys Liga-Armee in den ostrheinischen Teil der Kurpfalz einmarschiert. Als das Landgebiet beruhigt war, wandte sich der General im Spätsommer 1622 gegen Heidelberg. Die Stadt wurde nach kurzer Belagerung am 15. September 1622 mit bewaffneter Hand eingenommen, schwer geplündert und teilweise abgebrannt. Die wichtigste Beute konnte allerdings unversehrt gesichert werden: Die kurfürstliche Universitätsbibliothek, die *Bibliotheca Palatina*. Heidelberg war seit 1386 Universitätsstadt, und die Kurfürsten hatten große Summen aufgewandt und im Laufe der Zeit große Stiftungen gefördert, um der Hochschule die notwendigen Mittel zukommen zu lassen. Daher besaß die Bibliothek einen unvergleichlichen Fundus von etwa 3500 früh- und hochmittelalterlichen Handschriften, darunter das *Lorscher Evangeliar* aus der Hofschule Karls des Großen, den *Codex Manesse*, das *Falkenbuch* Kaiser Friedrichs II. und die Bilderhandschrift des Sachsenspiegels. Zahlreiche Frühdrucke des späten 15. Jahrhunderts, sog. Inkunabeln, kamen hinzu. Im Laufe des Reformationsjahrhunderts waren die Etats der Universität nochmals durch säkularisiertes Kirchengut aufgestockt worden. Daher hatte sich die Palatina zur bedeutendsten deutschen Renaissancebibliothek entwickelt und Schriften aus allen drei Konfessionen gesammelt.[69]

Herzog Maximilian I. von Bayern hätte die bedeutendste Büchersammlung nördlich der Alpen gern seiner eigenen Hofbibliothek hinzugefügt oder seiner Landesbibliothek Ingolstadt geschenkt. Allerdings erhielt er eine Bitte von Papst Gregor XV., ihm die Palatina im Ganzen zu überlassen. Da der Papst einer der wichtigsten Finanziers des böhmischen Feldzugs gewesen war, die Kurerhebung des Wittelsbachers maßgeblich unterstützte und auch sonst dem Bayernherzog seine Gunst in reichem Maße zukommen ließ, konnte Maximilian den Wunsch nicht abschlagen. Im Februar 1623 traten die Bücher, in Kisten verpackt und auf Planwagen verstaut, ihren Weg über die Alpen an. Trotz kleinerer Pannen konnte die Sammlung beinahe unversehrt Rom erreichen (Juni 1623). Der Papst

69 Elmar Mittler (Hrsg.), *Bibliotheca Palatina. Ausstellung der Universität Heidelberg in Zusammenarbeit mit der Bibliotheca Apostolica Vaticana. Katalog zur Ausstellung in der Heiliggeistkirche Heidelberg*, 3 Bde., Heidelberg 1986.

stellte die Bibliothek als Sonderbestand in seine Apostolische Bibliothek ein, wo sie noch heute benutzbar ist.

Zur Ironie der Geschichte gehört die Tatsache, dass die Bibliothek damit dem weiteren kriegerischen Schicksal Heidelbergs entzogen wurde, sowohl für diesen Krieg als auch für die Angriffe in den folgenden ludovizianischen Kriegen. Es ist keineswegs sicher, dass die Sammlung noch bestünde, wäre sie in Heidelberg geblieben.[70] Spätere Versuche pfälzischer Kurfürsten, die *Bibliotheca Palatina* zurückzuerhalten, blieben erfolglos. Auch der Konfessionswechsel im Kurfürstenamt 1685 zur katholischen Linie Pfalz-Neuburg konnte daran nichts ändern.

Die übrigen Festungen der Rheinpfalz wurden nach und nach erobert, Mannheim im November 1622 und Frankenthal nach längerer Belagerung 1623. Künftig regierten zwei Sequesterverwaltungen das Territorium: Die spanische saß in Speyer und war für das linksrheinische Gebiet zuständig, die bayerische für das rechtsrheinische Gebiet residierte in Heidelberg.

Nun war es an der Zeit für Herzog Maximilian I. von Bayern, dem Kaiser die Rechnung für das erfolgreiche Engagement seiner Liga-Armee zu präsentieren. Er sah es mit Wohlgefallen, dass Ferdinand II. 1621 Kurfürst Friedrich V. geächtet und dessen Lande unter Sequester gestellt hatte.[71] Dem Exekutionsauftrag gegen die Länder des verhassten Verwandten kam er mit besonderer Genugtuung nach. Der zweite Schritt aber war der wichtigere: Die Übertra-

70 Hinweis bei Meinrad Schaab, *Geschichte der Kurpfalz*, Bd. 2: *Neuzeit*, Stuttgart 1992, S. 115.

71 Zum Ächtungsverfahren: Kampmann 2008 (Anm. 14), S. 43 f.

gung der Pfälzer Kurwürde an Bayern. Bereits im August 1621 erteilte der Kaiser Maximilian die geheime Belehnung mit der Kurwürde. Die öffentliche und die erbliche Belehnung zogen sich allerdings hin, weil Ferdinand II. die diplomatische Zustimmung Spaniens und der anderen Kurfürsten benötigte – und weil er sich sein wichtigstes Faustpfand für die militärische Unterstützung durch Bayern nicht so schnell aus der Hand nehmen lassen wollte. Einstweilen erhielt Maximilian die Erlaubnis, die Oberpfalz als Kriegsbeute zu besetzen und mit seinem Territorium zu vereinigen, was im Oktober 1622 gelang. Zur Konfessionsfrage hatte sich der Kaiser nicht gesondert geäußert, aber es konnte kein Zweifel daran bestehen, dass ihm eine Rekatholisierung recht war. Daher sah sich der neue Landesherr ermächtigt, dies umgehend in Angriff zu nehmen. Bis 1628 wurde die Oberpfalz katholisch.

Obwohl der Kaiser mit den Kurfürsten von Mainz und Sachsen eine problematische Vereinbarung mit einigen ungewissen Klauseln geschlossen hatte, konnte er dem Bayernherrscher am 25. Februar 1623 die persönliche Belehnung mit der Kur für seine Person auf Lebenszeit öffentlich erteilen. Der letzte Schritt erfolgte erst fünf Jahre später: Nach weiteren Siegen der Liga konnte Maximilian durchsetzen, dass der Kaiser ihm per Vertrag vom 22. Februar 1628 die erbliche Kurwürde für seine rudolfinische Linie des Hauses Wittelsbach erteilte. Dafür erließ er dem Kaiser die Kriegskostenerstattung in Höhe von 13 Millionen Gulden, die seit dem Beginn des Krieges in Böhmen mit Zinsen aufgelaufen waren. Im erblichen Besitz der Oberpfalz wurde der bayerische Kurfürst zusätzlich bestätigt.

Die Kipper- und Wipper-Krise 1621–23

Ohne dass es einer verabredeten Aktion bedurft hätte, begann der Dreißigjährige Krieg in vielen Territorien mit einer systematischen Münzverschlechterung durch die Obrigkeiten, die unter dem Begriff »Kipper- und Wipper-Krise« in die Wirtschaftsgeschichte eingegangen ist.[72] Wirft man einen Blick auf die münzgeschichtlichen Hintergründe, kam die Krise nicht überraschend. Auch im föderalen Alten Reich waren die Obrigkeiten für die Münzwertstabilität verantwortlich.[73] Zwei Reichsmünzordnungen aus den Jahren 1559 und 1566 regelten die Wertigkeiten verbindlich, ohne den einzelnen Reichsständen das Prägen von Münzen zu verbieten. Allerdings behielten sich Reich und Reichskreise vor, in Territorien zu intervenieren, die sich einer systematischen Münzverschlechterung schuldig machten. Im Extremfall konnte eine Exekution von Reichs wegen angeordnet werden mit dem Ziel, die umstrittene Münzstätte zu zerstören. Gefahr drohte den Währungen im Reich nicht nur durch kriminelle Reichsstände, sondern auch durch benachbarte Großmächte, die selbst kriegsbedingte Finanzkrisen durch Ausgabe von unterwertigen Münzen zu bekämpfen versuchten.[74]

72 Zu Phänomen und Begriff der »Kipper und Wipper«: Ulrich Rosseaux, *Die Kipper und Wipper als publizistisches Ereignis (1620–1625). Eine Studie zu den Strukturen öffentlicher Kommunikation im Zeitalter des Dreißigjährigen Krieges*, Berlin 2001.

73 Peter Ilisch, »Geld und Münze während des Dreißigjährigen Krieges«, in: Bußmann/Schilling 1998 (Anm. 27), Textbd. 1, S. 345–351.

74 Berüchtigt waren die leichten Münzen, die während der zweiten Hälfte des 16. Jahrhunderts im Auftrag der spanischen Krone in

Schon in der zweiten Hälfte des 16. Jahrhunderts hatte sich die Zahl der Münzstätten in Norddeutschland immer weiter vermehrt. Zählte der Niedersächsische Reichskreis 1566 noch sechs Münzstätten, so gab es 1617 bereits über dreißig. Die Münzmeister waren dabei keine Beamte, sondern selbständige Unternehmer, die vom Staat lizenziert waren und dafür Pacht, den sog. »Schlagschatz«, zahlten. Nun wollten die Münzmeister ihren Ertrag möglichst groß gestalten, und das ging mit dem Interesse der Landesherren einher, den Schlagschatz zu erhöhen. Der organisierten Kriminalität wurde dabei Tür und Tor geöffnet: viele Münzstätten mussten vorzeitig wegen Unregelmäßigkeiten geschlossen werden. 1617 ging die Münzverschlechterung im Herzogtum Braunschweig-Lüneburg in galoppierende Bewegung über: Die Landdrosten des Herzogs Friedrich Ulrich stellten aus einer Gewichtsmark Silber (rund 233 g) statt 130 Apfelgroschen wie 1610 nun 210 Stücke her. Schnell folgten andere Produzenten in dieser Parität. Als Klagen laut wurden, wiesen alle Münzmeister auf die Konkurrenten in anderen Territorien als die Schuldigen. Die Groschen, die eigentlich $1/24$ eines Reichstalers ausmachen sollten, waren im Januar 1618 in Leipzig nur noch $1/33$ wert.

1618 wurden sich die Regierungen der Dimensionen des Problems bewusst, konnten jedoch wegen des Kriegsbeginns keine Kreisversammlungen mehr durchführen, um der risikoreichen Entwicklung mit Entschlossenheit ent-

den Niederlanden geprägt wurden und auch das Rheinland überschwemmten. Proteste von Kaisern und Reichsständen stießen dabei sowohl in Madrid als auch in Brüssel auf taube Ohren.

gegenzutreten. 1621/22 wurde das Ausmaß der Manipulationen in der Öffentlichkeit bekannt, und Händler wie Endverbraucher weigerten sich zunehmend, die sog. »bösen« Münzen anzunehmen. Methoden aus der Zeit des Tauschhandels kamen wieder in Gebrauch, etwa wenn Preise an Nahrungsäquivalente gekoppelt wurden statt an Münzzahlen. Noch waren Nahrungsmittel in ausreichendem Maße vorhanden, nur konnten viele Untertanen die stark gestiegenen Preise nicht mehr bezahlen. Ökonomische Marktgesetzmäßigkeiten wie das Prinzip von Angebot und Nachfrage waren noch nicht theoretisch fundiert. Eigentlich, so wollten es die Menschen und so lehrte es die Kirche, besitze jedes Gut seinen gerechten Preis (*iustum pretium*). Edward Thompson hat dieses Wirtschaftsdenken vor der Entwicklung der allgemeinen Volkswirtschaftslehre als *moral economy* bezeichnet.[75] Preisschwankungen wurden im allgemeinen Bewusstsein schuldhaftem Handeln von Einzelnen zugeschrieben. Die Geschädigten von 1621/22 hielten daher Händler, Münzmeister und Geldwechsler für verantwortlich, daneben die Obrigkeiten, die vermeintlich untätig geblieben waren. Tumulte gegen Sündenböcke gab es unter anderem in Magdeburg, Spandau, Halle, Halberstadt, Eisleben, Bayreuth, Augsburg, Biberach, Speyer und Lich. Zahlreiche Traktate und Bildflugschriften erschienen und führten die ökonomische Fehlentwicklung ebenso vor wie die Schuldzuweisungen der Öffentlichkeit. Zwar lief der Volkszorn gegen die Münzhändler ins Leere. Die Wut über die Obrigkeiten hingegen

75 Edward P. Thompson, »Moral Economy of the English Crowd in the Eighteenth Century«, in: *Past and Present* 50 (1971), S. 76–136.

erwies sich als berechtigt. 1623/24 wurde die alte Reichsmünzordnung wieder in Kraft gesetzt, und bald besaßen die Münzen wieder dieselben oder mindestens vergleichbare Wertigkeiten wie vor dem Krieg.

Wie groß der Schaden durch die Münzkrise war, lässt sich nicht abschätzen. Die Flugschriftenliteratur gibt zwar einen Eindruck vom Grad der Aufregung über den organisierten Betrug, doch Wirtschaftsfolgen der Kipper- und Wipper-Krise und kriegsbedingte Wirtschaftsschäden lassen sich kaum präzise auseinanderrechnen.

Tilly, Wallenstein und die Intervention Christians IV. von Dänemark

Das Wiederaufleben des spanisch-niederländischen Krieges 1621–1625

Schon 1609 hatte Prinz Moritz von Oranien den Waffenstillstand skeptisch beurteilt, und mit Auslaufen der zwölfjährigen Frist war klar, dass der Konflikt wieder aufleben würde. Die niederländische Republik ordnete 1621 erneut alle Kräfte der Stärkung der eigenen Wehrkraft unter. Der Krieg war inzwischen zu einem regulären Krieg zwischen zwei feindlichen Mächten geworden, woran der fehlende völkerrechtliche Status der Vereinigten Provinzen nichts änderte.[76] Die Spanier hatten – wie von vielen Niederländern befürchtet – die Zeit des Waffenstillstands

76 Zur Entwicklung des spanisch-niederländischen Verhältnisses während der zweiten Kriegsphase: Jonathan I. Israel, *The Dutch Republic and the Hispanic World 1606–1661*, Oxford 1982.

als eine willkommene Atempause genutzt und griffen mit ihrer auf 60 000 Mann aufgestockten Armee an. Die Erfolge im Jahr 1620 auf dem pfälzischen, böhmischen und österreichischen Kriegsschauplatz gaben den Spaniern moralische Unterstützung: König Philipp III. sah sich im Einklang mit dem Kaiser, dem Papst und mit Bayern. Was in einem Schnelldurchgang in Böhmen geglückt war, so hoffte er, konnte auch anderenorts in Europa zu einer Ausdehnung des spanischen Machtbereichs führen.

Die neuralgische Stelle der spanischen Kriegführung war einmal mehr die Finanzierung. Der junge König Philipp IV., der Spanien seit dem 31. März 1621 regierte, und sein Spitzenberater ließen der Brüsseler Militäradministration unter dem Marquis de Spinola bis 1625 nicht weniger als 39,05 Millionen Gulden überweisen, um das Schwergewicht erneut auf die Landkriegführung zu legen. Dies zwang die Niederländer, ihre Streitkräfte ebenfalls von 30 000 auf 48 000 Mann zu erhöhen, um die Verteidigung der Republik zu garantieren. Trotz der innerlich ungefestigten Republik mussten Moritz und die Generalstaaten in mehreren Schritten die allgemeinen Steuern erhöhen, um die immensen Militärkosten zu finanzieren. Moritz von Oranien plante, seine erfolgreiche Verteidigungstaktik aus der Zeit vor dem Waffenstillstand fortzusetzen, um die Spanier aus der Reserve zu locken, zu zermürben und finanziell ausbluten zu lassen. Die Niederländer konnten darauf bauen, dass ihre Festungen entweder halten oder doch einen so langsamen Fortschritt der Spanier herbeiführen würden, dass der Ruin der spanischen Finanzen wieder eher eintreten würde als der Ruin der Republik.

Erst 1622 erfolgte mit der spanischen Belagerung von

Bergen-op-Zoom das erste militärische Großunternehmen. Es endete nach mehreren Monaten mit einem Fehlschlag. Dennoch entwickelte sich die Lage für die niederländische Republik kritischer, als Moritz vorhergesehen hatte. In den Nordprovinzen herrschte eine Wirtschaftskrise: Handel, Seefahrt, gewerbliche Industrie und – in Abhängigkeit davon – das öffentliche Finanz- und Steuerwesen waren in Unordnung geraten. Die politische Klasse litt unter der sich verschlechternden Stimmung in der Bevölkerung. Zudem verfiel die Gesundheit des Generalstatthalters und damit auch seine politische Stellung. Einstweilen hatte die Republik allerdings keinen General, der wie er Reputation besaß und Charisma. Schon Ende 1622 war die Lage so kritisch, dass Moritz in Erwägung zog, mit Spanien wieder in Unterhandlung zu treten über einen langen Waffenstillstand unter erheblichen Zugeständnissen an Philipp IV.

Die Manöver, die die Spanier in den Jahren 1623 und 1624 unternahmen, dienten vor allem dem Zweck, die Heerführung der republikanischen Truppen darüber im Unklaren zu lassen, welches Hauptziel für die nähere Zukunft verfolgt wurde. Ende August 1624 kam die Wahrheit dann heraus: Die Flandrische Armee rückte gegen das stark befestigte Breda vor, das wichtigste Bollwerk der Republik südlich der *Waterlinie* (zum Teil befestigte, zum Teil aus Wassergräben, Schleusen und Deichsystemen bestehende Verteidigungslinie). Die Oranierstadt Breda hielt sich ein Dreivierteljahr, um sich Anfang Juni 1625 – vom Hunger überwältigt – den Spaniern öffnen zu müssen. Die Flandrische Armee nahm den Sieg als Sternstunde wahr: Genauso wie sie die Oranierstadt erobert hatte, wollte sie anschließend die ganze Republik einnehmen und wieder in die Botmäßigkeit des katholischen Königs zurückführen.

Wenige Wochen zuvor, am 23. April 1625, war Moritz von Oranien gestorben. Für die Vereinigten Niederlande bedeutete das eine erneute Führungskrise in der schwierigsten militärischen Situation seit den frühen 1590er Jahren. Die Generalstaaten übertrugen seine Ämter auf seinen Halbbruder, Prinz Friedrich Heinrich von Oranien (1584–1647).

Mitten in den Jubel der siegestrunkenen Soldaten platzte die Nachricht, dass der spanische König einmal mehr alle Finanzzuweisungen aus Kastilien für die Flandrische Armee gestoppt habe. Die Finanzkrise in der Monarchie hatte sich neuerlich verschärft, ein Jahr später folgte der nächste Staatsbankrott. Spinolas Truppen konnten keine weiteren Operationen durchführen, sondern waren praktisch an die Orte gefesselt, wo sie gerade standen. Alle noch so dringlichen Appelle, diesmal die gute Chance zur Niederringung der Republik nicht vorübergehen zu lassen, stießen in Madrid auf taube Ohren. Die folgenden Jahre waren nur mehr durch kleinere Scharmützel gekennzeichnet.

Die Feldzüge der Liga und Wallensteins und die Siege über König Christian IV. von Dänemark

Noch ehe es ein strategisches Konzept darüber gab, wie Kaiser und Liga ihren Krieg fortsetzen wollten, schuf die Liga-Armee Sachzwänge: Die Truppen mussten Ende 1623 irgendwo stationiert werden, denn weder in den habsburgischen Ländern noch in den Territorien der katholischen

Stände Süddeutschlands waren sie willkommen. Tilly entschied sich dafür, die Einheiten nach Hessen, in die östlichen Gebiete Westfalens und in den angrenzenden Niedersächsischen Reichskreis in Winterquartiere zu verlegen, er selbst nahm Quartier in Hersfeld.

Das Jahr 1624 verging, ohne dass große militärische Aktionen unternommen wurden. Im Hintergrund mehrten sich allerdings diplomatische Aktivitäten, um den sukzessiven Machtzuwachs der Habsburger und ihrer Verbündeten einzudämmen. In Frankreich setzten erneute Bemühungen ein, in Italien wieder an Gewicht zu gewinnen. Im August dieses Jahres wurde Armand Jean du Plessis, Duc de Richelieu (1585–1642), zum Direktor des Staatsrates ernannt. Der Kardinal agierte als professioneller Politiker, sein geistlicher Stand hatte ihm zur nötigen materiellen Ausstattung mit Pfründen und zur erforderlichen politischen Bildung gedient.[77] Richelieu füllte die kurz zuvor geschlossenen Bündnisse mit Venedig und Savoyen gegen die spanische Dominanz mit Leben durch zwei Ausführungsabkommen (11. Juli und 5. September 1624). Zur selben Zeit näherten sich England, die niederländische Republik und Dänemark wegen eines Militärabkommens einander an. Es wurde 1625 als »Haager Allianz« abgeschlossen mit dem Ziel, eine gemeinsame Armee zu unterhalten, die Norddeutschland gegenüber den katholischen Truppen sichern und neutral halten sollte. Die Führung dieser Truppen sollte König Christian IV. von Däne-

77 Vgl. Moriz Ritter, *Deutsche Geschichte im Zeitalter der Gegenreformation und des Dreißigjährigen Krieges*, Stuttgart 1889–1908, Bd. 3, 1908, S. 268 f.

mark übernehmen. Die Alliierten versprachen 144 000 Reichstaler monatlich. Die Mansfeldsche Armee sollte ebenfalls hinzubeordert werden. Auch stellte Frankreich Subsidien an Bethlen Gábor in Aussicht, damit der Siebenbürgener Fürst erneut die Habsburger angriffe.

Das Jahr 1625 wurde zum Anfang des sog. »niedersächsisch-dänischen Kriegs«. Mit Christian IV. von Dänemark und Albrecht von Wallenstein erschienen zwei neue Armeeführer und zwei neue Armeen auf dem deutschen Kriegsschauplatz. König Christian IV. hatte seine Aufgabe nach kurzem Zögern leichten Herzens übernommen, zumal er dadurch seinem schwedischen Konkurrenten zuvorkommen konnte.[78] Wenn er in seiner Eigenschaft als Herzog von Holstein zum Kreisobristen des Niedersächsischen Kreises gewählt wurde, so war das nicht nur ein beliebiger Titel, sondern ein Amt, das der König auszufüllen entschlossen war. Auch erstrebte er, mehrere norddeutsche Bistümer für Angehörige seiner Familie zu gewinnen, so wie es andere norddeutsche Fürstenhäuser bereits seit Jahrzehnten praktiziert hatten. 1621 gelang die Installierung des dänischen Prinzen Friedrich als Administrator des Erzbistums Bremen/Hamburg.[79] Er sollte nach dem Willen des Vaters auch Administrator in Verden, Osnabrück und Halberstadt werden, was aber nur in Verden (1626) realisiert werden konnte.

78 Zu Dänemark im Krieg: Paul Douglas Lockhart, *Denmark in the Thirty Years' War, 1618–1648. King Christian IV and the Decline of the Oldenburg State*, London [u. a.] 1996; Hein 1998 (Anm. 37).

79 Zum Bremer Erzstift: Hans Georg Aschoff, »Bremen. Erzstift und Stadt«, in: Schindling/Ziegler 1989–97 (Anm. 49), Bd. 3, 1991, S. 44–57.

In der Umgebung des Königs gab es mahnende Stimmen von Gewicht, die von einem Siegeszug des Herrschers gar nicht überzeugt waren. Der Kopenhagener Reichsrat sperrte die Steuern für ein militärisches Abenteuer im Ausland. Christian besaß allerdings noch einen großen Teil der Beute, die er Schweden nach dem Kalmarkrieg entwunden hatte, obwohl er als Erbauer des großen Schlosses Frederiksborg (in Nord-Seeland) sowie als Kunstsammler sehr spendabel gewesen war. Aus diesen Mitteln stattete er 10 000 Mann und 4000 Reiter aus. Die Mitglieder des Niedersächsischen Reichskreises zögerten allerdings auf dem Kreistag in Lüneburg im März 1625, dem König auf seinen Wunsch hin dieselbe Anzahl Soldaten zu bewilligen, und stimmten nur einer bewaffneten Neutralität des Kreises unter dänischer Führung zu. Auch verpflichteten die Stände den König, nicht über das Kreisgebiet hinauszugreifen, sondern mit seiner Armee im Land zu bleiben. Christian rückte allerdings mit seinem Kriegsvolk (insgesamt 20 000 Mann) direkt in den gesamten Kreis ein und nahm sich Grenzpositionen, die – im Falle von Verden und Nienburg – bereits im benachbarten Niederrheinisch-Westfälischen Kreis lagen.

Albrecht von Wallenstein (1583–1634), der 1622 die Herrschaft Friedland erwarb, hatte sich bereits in den vorangegangenen Jahren als Offizier bewährt und als böhmischer Organisator der Güterkonfiskationen fragwürdige Meriten verdient, mit dem Jahr 1625 begann seine Karriere als Feldherr.[80] Mitte Juni 1625 einigten sich die kaiserlichen

80 Josef V. Polišenský / Josef Kollmann, *Wallenstein. Feldherr des Dreißigjährigen Krieges*, Köln [u. a.] 1997.

Unterhändler mit Wallenstein im mährischen Nikolsburg: Der Friedländer wurde zum Herzog erhoben und erhielt den Oberbefehl über eine Armee von 24 000 Mann, die er selbst aufstellen sollte. Als sein Patent zum ersten Generalat im Juli 1625 überreicht wurde, liefen die Aushebungsmaßnahmen bereits auf vollen Touren. Binnen weniger Wochen stampfte er seine Armee aus dem Boden, weitere kaiserliche Einheiten, die im Elsass, in Italien und in den Erblanden stationiert waren, wurden ebenfalls Wallenstein unterstellt. Ende 1625 waren es insgesamt bereits mehr als 50 000 Mann, die größte Armee in Mitteleuropa.

Der organisatorische Erfolg beruhte zum einen auf dem Prinzip, dass der Krieg den Krieg ernähren solle: Wallensteins Truppen versorgten sich zu einem beträchtlichen Teil aus dem Land, in dem sie standen oder durch das sie zogen. Maßstab war nicht die Leistungsfähigkeit der besetzten Landstriche, sondern die systematisierten Bedarfsmodule seiner Truppen, die sog. »Ordinanzen«. In diesen Zusammenstellungen waren die Sold- und Verpflegungsansprüche der Regimenter und sonstigen Militäreinheiten nach Diensträngen spezifiziert. Diese Bedarfsmodule ließen sich mit Steuerquantitäten in Verbindung bringen, die aus den jeweiligen Territorien zu erheben waren.[81] Zum anderen setzte Wallenstein seine böhmischen Münzgewinne und sonstige erwartete Einkünfte und künftige

81 Erläuterung des »Ordinanzen«-Systems: Johannes Kunisch, »Wallenstein als Kriegsunternehmer. Auf dem Weg zum absolutistischen Steuerstaat«, in: *Mit dem Zehnten fing es an. Eine Kulturgeschichte der Steuer*, hrsg. von Uwe Schultz, München 1992, S. 153–161, hier S. 158 f. – Zu Recht und Praxis der Heeresversorgung vgl. auch Kampmann 2008 (Anm. 14), S. 58 f.

Steuern aus seinen Landen ein, um sich einen Kredit bei der europäischen Bankenwelt zu verschaffen, der weit über das hinausreichte, was andere Heerführer seiner Zeit vermochten. Der Schlüssel für Wallenstein, um an das internationale Geld heranzukommen, wurde von seinem Bankier Hans de Witte gehalten, einem Finanzfachmann aus den Niederlanden.[82]

Die protestantischen Heerführer unterschätzten die Gefahr, die von den beiden katholischen Armeen im Reich ausging. Graf Peter Ernst von Mansfeld hatte seine Truppen durch englische und niederländische Subsidien wieder aufgefüllt und war trotz vorangegangener Misserfolge voller Tatendrang. Er respektierte zwar Tilly, aber nicht den unerfahrenen Wallenstein. Letzterer hatte für seine Hauptmacht bei Dessau eine große Schanze zur Sicherung der Elbbrücke aufwerfen lassen. Am 25. April 1626 schlug Wallenstein die Armee des Grafen an der Dessauer Brücke entscheidend. Mit den restlichen Kräften floh Mansfeld über Schlesien nach Oberungarn, von Wallenstein verfolgt. Im September 1626 stand der Friedländer der Armee Bethlen Gábors gegenüber, der Siebenbürgener Fürst zog sich mit seiner Armee zurück, um einen Zusammenstoß zu vermeiden. Der Friede von Pressburg vom 20. Dezember 1626 sicherte für den Kaiser die Südostfront. Bethlen Gábor starb 1629, ohne weitere größere Militäraktionen unternommen zu haben.

Unterdessen war die Liga-Armee am 27. August 1626 auf das Heer Christians IV. gestoßen. Die Schlacht bei Lutter

82 Anton Ernstberger, *Hans de Witte. Finanzmann Wallensteins*, Wiesbaden 1954.

am Barenberge im östlichen Niedersachsen gewannen Tillys Truppen deutlich. Die dänischen Truppen wichen in die Gegend um Stade zurück. Zum zweiten Mal nach 1623 hatte die katholische Seite alle Gegner geschlagen, keine einzige Armee von einigem Gewicht stand ihr in Mitteleuropa noch gegenüber. Schon wurde das lange geplante Strafgericht im Reich gegen langjährige Feinde des Kaisers in Angriff genommen. Wichtigstes Opfer war Landgraf Moritz der Gelehrte von Hessen-Kassel, einer der prominentesten Anführer der zerfallenen Union.[83] 1627 wurde der Landgraf zur Abdankung zugunsten seines Sohnes Wilhelm gezwungen, die seit einem Vierteljahrhundert strittige Marburger Erbschaft wurde dem rivalisierenden Vetter, Landgraf Georg II. von Hessen-Darmstadt, übergeben. Die künftige Landesherrschaft der Kasseler Linie blieb eine Schattenherrschaft, die feindlichen Soldaten kontrollierten weiterhin das Land.

In dieser Situation begann das Bündnis des Kaisers mit den Liga-Fürsten von innen zu erodieren. Der Kaiser hatte Wallenstein um Verhandlungen gebeten, wie die Kriegführung fortgesetzt werden sollte. Die Gespräche zwischen dem Friedländer und dem kaiserlichen Unterhändler Hans von Eggenberg fanden in Bruck an der Leitha im November 1626 statt. Ein Protokoll ist nicht überliefert, umso phantastischer waren später die Gerüchte, die über diese Gespräche in die Welt gesetzt wurden. Es ging um Winterquartiere, eine Armeeverstärkung und die erforderlichen Kontri-

83 Zu Landgraf Moritz: Gerhard Menk (Hrsg.), *Landgraf Moritz der Gelehrte. Ein Calvinist zwischen Politik und Wissenschaft*, Marburg 2000.

butionen aus Böhmen und Mähren. Maßgeblich verantwortlich für die Intrige waren Feinde Wallensteins, die sich unerkannt in seiner nächsten Umgebung aufhielten und ihre Vertrauensleute umgehend über alles informierten. Eine prominente Rolle spielte in dieser Hinsicht der Kapuzinerpater Valeriano Magni. Er setzte schon 1626 einen aufgebauschten Bericht in die Welt, nach dem Wallenstein seine Armee dazu verwenden würde, zugunsten des Kaisers nicht nur die protestantischen, sondern auch die katholischen Länder steuerlich auszupressen. Dadurch würde dem kaiserlichen Dominat Vorschub geleistet: Ferdinand II. wolle das vollenden, was Karl V. nicht gelungen sei.[84]

Natürlich war das weit übertrieben. Ferdinand II. war kein sehr konzeptionell denkender Mensch, der auf die Zerstörung der Reichskirche aus war. Es ist allerdings bezeichnend für das geringe Vertrauen zwischen Kaiser, Bayern und den geistlichen Kurfürsten, dass die Gerüchte für wahr gehalten wurden. Geradezu grotesk erscheint, dass der Herrscher, der am entschiedensten für die Rekatholisierung des Reiches und die Mehrung des kirchlichen Einflusses eintrat, in seinem Wirken gerade durch als besonders loyal geltende Kirchendiener aus dem Jesuiten- und Kapuzinerorden gebremst wurde. Ferdinand wurde über den Widerspruch umgehend informiert: Die Liga-Führung schickte dem Kaiser Anfang 1627 eine Protestnote gegen die weitgreifenden Armierungsvorhaben Wallensteins.

84 Abdruck des Berichts des Valeriano Magni über die Unterredung zwischen Wallenstein und Eggenberg am 25. und 26. November 1626 in Bruck an der Leitha, gesandt an Maximilian von Bayern: Gottfried Lorenz (Hrsg.), *Quellen zur Geschichte Albrechts von Wallenstein*, Darmstadt 1987, S. 114–117.

Obwohl Christian IV. im Winter 1626/27 neue Truppen aushob und schulte, sah er sich in der Kampagne 1627 den beiden koordinierten Armeen Tillys und Wallensteins gegenüber, gegen die er keine Feldschlacht wagte. So wurde er schnell aus dem Niedersächsischen Kreis hinausmanövriert. Im Spätsommer rückte Wallenstein nach Jütland ein. Christian musste sich nach Seeland zurückziehen, viele seiner Regimenter gerieten in Gefangenschaft. Da die verbündeten katholischen Armeen über keine Seestreitkräfte verfügten, konnten sie die dänischen Inseln nicht einnehmen. Dafür plünderten sie die Gegenden aus, die sie beherrschten. Wallenstein nutzte die Gelegenheit, mit Mecklenburg und Teilen Pommerns weitere Gebiete zu erobern, deren Fürsten sich am Kampf des Niedersächsischen Kreises und Dänemarks beteiligt hatten. Die Herzöge Friedrich I. und Johann Albrecht II. von Mecklenburg wurden durch Kaiser Ferdinand II. mit der Reichsacht überzogen und flohen außer Landes.[85]

Im Frühjahr 1628 hielt sich Wallenstein zunächst für mehrere Monate am Kaiserhof und auf seinen böhmischen Besitzungen auf, um an den strategischen Gesprächen über die Fortsetzung des Krieges teilzunehmen und seinen inneren Feinden entgegenwirken zu können. Ferdinand II. verlieh dem Friedländer das Herzogtum Mecklenburg als Reichslehen und ernannte ihn zum »Generalissimus« über alle kaiserlichen Landstreitkräfte und zum »General des Ozeanischen und Baltischen Mee-

85 Hein 1998 (Anm. 37), S. 107f.; zu Mecklenburg im Konfessionellen Zeitalter: Franz Schrader, »Mecklenburg«, in: Schindling/Ziegler 1989–97 (Anm. 49), Bd. 2, [2]1991, S. 167–180.

res«.[86] Auch wenn das zunächst nur Herrschaftstitel waren, denen keine entsprechenden kaiserlichen Finanzüberweisungen folgten, stand Wallenstein damit im Zenit seiner Macht.

Erst im Juni begab er sich zu seinen Streitkräften, um während der Kampagne 1628 der Belagerung der pommerschen Hafenstadt Stralsund beizuwohnen, die infolge des erbitterten Widerstands der protestantischen Bevölkerung und der schwedischen Unterstützung nicht eingenommen werden konnte. Als Christian IV. mit einer Streitmacht bei Wolgast landete, musste Wallenstein die Belagerung Stralsunds im Juli 1628 abbrechen. Er stellte sich den Dänen entgegen und schlug Christians Armee, ein Sieg ohne durchgreifende Folgen.[87] Die Feinde des Friedländers sahen sich dennoch im Sommer 1628 während der laufenden Operationen in allen ihren Befürchtungen bestätigt: Die katholischen Kurfürsten verabredeten sich in Bingen (29. Juni 1628), Wallenstein notfalls mit dem Liga-Heer entgegenzutreten, ein Beschluss, der allerdings nicht umgesetzt oder weiterverfolgt wurde.

Anfang 1629 war Christian IV. zu einem Frieden bereit. Da der Dänenkönig gleichzeitig Scheinverhandlungen mit Schweden führte, erhielt er sehr gnädige Bedingungen: Im Lübecker Frieden vom 22. Mai 1629 gab ihm die kaiserliche Seite alle besetzten dänischen Gebiete zurück. Christian IV. musste sich dafür aber aus dem Krieg im Reich zurückziehen. Seine Söhne wurden zu nichts verpflichtet und konn-

86 Ernennung zum »Generalissimus«, 21. April 1628: Roeck 1996 (Anm. 10), S. 261–263. – Ernennung zum »General des Ozeanischen und Baltischen Meeres«, 21. April 1628: ebd., S. 263–267.

87 Scharmützel bei Wolgast: 2. September 1628.

ten daher die norddeutsche Stiftspolitik später fortsetzen. Dennoch war der Dänenherrscher ein geschlagener Mann: Der Krieg hatte ihn zwischen sechs und acht Millionen Reichstaler gekostet, ohne irgendeinen Ertrag gebracht zu haben. Sein Charisma des Siegers war gebrochen, Dänemark hoch verschuldet, die Spitzenadministration und die Reichsstände standen dem König skeptisch gegenüber.[88] Die spätere Verehrung in der Geschichtsschreibung und noch im heutigen Nationalgedenken steht in starkem Missverhältnis zu Christians weiterer Regierungszeit nach 1629, die durch wirtschaftlichen Niedergang und große sicherheitspolitische Ängste geprägt war.

Das Restitutionsedikt und die Abdankung Wallensteins

Vor dem Hintergrund des überwältigenden Sieges erließ Kaiser Ferdinand II. am 6. März 1629 das sog. »Restitutionsedikt«.[89] Schon 1627 hatte der kaiserliche Beichtvater, der flämische Jesuit Wilhelm Lamormaini, in geistlichen und selbst kurialen Kreisen sondiert, um die Restitution der alten Kirche mit einer gehobenen Güterausstattung seines Ordens im Reich zu verbinden. Als Grund wurde die in Trient vorgeschriebene verbesserte Priesterausbildung vorgeschoben, die niemand eher gewährleisten könne als die Jesuiten.

Der Form nach verrechtlichte das Restitutionsedikt die katholische Interpretation des Augsburger Religionsfrie-

88 Kurzfassung des Friedens: Roeck 1996 (Anm. 10), S. 276–279.
89 Gekürzter Abdruck des Restitutionsedikts vom 6. März 1629 in: ebd., S. 267–276.

dens von 1555. Wichtigster Grundgedanke war die Rückgabe allen Kirchengutes, welches nach 1552 von katholischen Händen in protestantische Hände gelangt war, an die früheren Besitzer. Dies betraf die Erzbistümer Bremen und Magdeburg sowie sieben weitere Bistümer und 500 Klöster in den Territorien.[90] Die geistlichen Fürsten sollten hinsichtlich des Religionsbannes den weltlichen gleichgestellt werden, das heißt, die *Declaratio Ferdinandea* wurde offiziell aufgehoben. Allen Reichsständen und ihren Untertanen, die weder katholisch noch lutherisch waren, und damit besonders den Calvinisten, drohte das Edikt die Reichsacht an, ebenso denjenigen, die sich gegen das Restitutionsedikt auflehnen würden. Darüber hinaus sollte das Edikt, daran zweifelten weder Katholiken noch Protestanten, als Hebel wirken, um eine weitergehende Rekatholisierung des Reiches voranzutreiben. Der Beichtvater Maximilians von Bayern, der Jesuit Adam Contzen, brachte diese Perspektive auf den Punkt: »Diese Restitution sei der Zweck und die Frucht des Krieges«.[91]

Innerhalb des kaiserlichen und ligistischen Machtbereichs schwärmten die kaiserlichen Kommissare aus, um den fraglichen Besitz zu inventarisieren und die derzeitigen Inhaber zu vertreiben. Die Soldaten der Liga übergaben zunächst die Bistümer Osnabrück, Bremen, Verden und Hildesheim altgläubigen Administratoren, wobei die nachgeborenen katholischen Fürstensöhne sich prominent als Kandidaten in Szene zu setzen versuchten. Überall im

90 Die Bistümer waren Halberstadt, Minden, Lübeck, Verden, Kammin, Ratzeburg und Schwerin.
91 Zitat: Ritter 1889–1908 (Anm. 77), Bd. 3, S. 425.

Reich hatten protestantische Fürsten Grund, sich große Sorgen zu machen. Den Herzog von Württemberg traf es am härtesten: Hier wurden 14 Mönchs- und 36 Nonnenklöster restituiert, und er verlor fast die Hälfte seines Territoriums an die geistlichen Einrichtungen. Wie es weitergehen sollte, zeigte sich bereits im Fürstbistum und in der Reichsstadt Augsburg: Dort wurde nicht nur das alte Kirchengut restituiert, sondern Bischof Heinrich von Knöringen restituierte auch gleich die geistliche Jurisdiktion, die seinen Vorgängern seit den 1520er Jahren abhandengekommen war. Am 8. August 1629 vertrieb er alle lutherischen Pfarrer aus der Stadt. Im Folgenden unternahm die kaiserliche Seite alle Anstrengungen, die Stadt mit ihren 90 % lutherischen Einwohnern zu rekatholisieren.[92] Wer vor dem Ende aller Rechtssicherheit für Nichtkatholiken im Reich warnen wollte, dem wurden hier die Argumente geliefert.

In der Stunde des vermeintlichen großen Triumphes vertiefte sich der Riss im katholischen Lager. Der Aufstieg Wallensteins zum Herzog war unter den katholischen Reichsfürsten mit großem Argwohn betrachtet worden. Der Kaiser war nicht in der Lage, ihn für seine Leistungen mit Geld zu bezahlen. So bediente sich der Friedländer in feindlichen ebenso wie in befreundeten Territorien. Wallenstein aber brauchte zudem etwas, was er auf dem internationalen Kapitalmarkt beleihen konnte. Glücklicherweise wussten seine Geldgeber nichts über die tatsächliche Bonität Mecklenburgs. Das große Vermögen hätten die

92 Herbert Immenkötter / Wolfgang Wüst, »Augsburg. Freie Reichsstadt und Hochstift«, in: Schindling/Ziegler 1989–97 (Anm. 49), Bd. 6, 1996, S. 8–35, bes. S. 30 f.

Reichsfürsten ihm möglicherweise zugestanden, aber nicht den kometenhaften sozialen Aufstieg. Die frühmoderne Gesellschaft war eine ständische Gesellschaft, das heißt, jedem Menschen war seine soziale Position durch Geburt zugewiesen. Im Laufe der Zeit hatte man sich daran gewöhnt, dass es in beschränktem Maße Mobilität geben konnte. Der Übertritt von einer bürgerlichen zu einer soldatischen Existenz war ein solcher Fall. Auch der Aufstieg vom gelehrten Rat in den Briefadelsstand konnte hingenommen werden. Selbst ein Ritter, der zum Freiherrn, oder ein Graf, der zum Fürsten erhoben wurde, war akzeptabel, wenn der Aufstieg durch erkennbare Verdienste für Kaiser und Reich gerechtfertigt war und wenn er nur einmal im Leben eines Menschen erfolgte. Völlig unannehmbar hingegen war es, wenn dieselbe Person mehrfach standeserhöht wurde. Dies war nun gerade bei Wallenstein der Fall, der vom Ritter zum Fürsten (1623), vom Fürsten zum Herzog (1625) und schließlich zum regierenden Herzog von Mecklenburg (1628) aufgestiegen war.

Die katholischen Kurfürsten rechneten mit einer noch weitergehenden wallensteinschen Karriere. Die nächste Stufe wäre die »Beförderung« zum Kurfürsten gewesen. Da man befürchtete, dass sich Ferdinand II. bereits in Abhängigkeit vom Friedländer befand, traute man ihm diesen Schritt auch noch zu. Für Maximilian von Bayern kam ein weiterer Aspekt erschwerend hinzu: Falls Wallensteins Karriere eine hochadlige Sozialkrise auslösen würde, mit einer heftigen Restitutionsforderung auf den Vorkriegszustand, dann könnte am Ende sein eigener, neugewonnener kurfürstlicher Rang wieder zur Disposition gestellt werden.

Beim Kurfürstentag 1630 in Regensburg wurden diese Bedenken eingehend diskutiert. Der Kurfürstentag war die wichtigste reichsverfassungsmäßige Versammlung während der ersten Hälfte des Dreißigjährigen Krieges. Zwar war die Teilnehmerzahl an Reichsständen überschaubar: Außer dem Kaiser waren nur die drei geistlichen Kurfürsten und Maximilian von Bayern als einziger weltlicher Kurfürst anwesend. Kursachsen und Kurbrandenburg hatten sich wegen des Restitutionsedikts entschuldigt. Der Kurfürstentag hatte aber auch eine internationale Dimension: Neben einem päpstlichen Nuntius fanden sich diplomatische Vertreter für Frankreich, Spanien, England, Venedig und die Toskana ein.

Ferdinand II. hatte den Tag einberufen, um seinen Sohn gleichen Vornamens zum Römischen König wählen zu lassen. Die Kurfürsten lehnten das Vorhaben ab und stellten ihre Forderung nach Abdankung der wallensteinschen Riesenarmee in den Vordergrund. Ferdinand ließ sich von seinen geistlichen und weltlichen Beratern dazu bringen, den Kurfürsten nachzugeben. Der Kaiser verfügte, dass Wallenstein entlassen und seine Armee mit der Liga-Armee vereinigt wurde. Natürlich sollte Tilly anschließend eine beträchtliche Heeresverkleinerung durchführen, denn bewaffnete Feinde gab es zu dieser Zeit im Reich immer noch keine. Für Ferdinand stellte diese Tagung eine schwere Niederlage dar, bemerkenswerterweise nur ein Jahr nach dem Triumph des Restitutionsediktes. An Unterstützung seitens der Liga für die spanischen Habsburger in Brüssel war erst recht nicht zu denken. Diese Niederlage Ferdinands und Wallensteins hat seit jeher Rätsel aufgegeben. Wallenstein setzte seine Machtmittel nicht für einen

Putsch ein, sondern gab von seinem Memminger Hauptquartier aus sein Generalat verloren und zog sich nach Böhmen ins »Privatleben« zurück. Sein Kredit brach augenblicklich zusammen: Sein Bankier Hans de Witte beging Selbstmord.

Der »Mantuaner Erbfolgekrieg«: Frankreich und die Habsburger in Oberitalien

Der »Mantuaner Erbfolgekrieg« 1628–31 gehört zu den lokalen Konflikten, die erst durch die Einmischung der Großmächte zu einem europäischen Thema geworden sind. Zwischen 1620 und 1626 war das Veltlin umkämpft gewesen, als Frankreich durch mehrere militärische Manöver den spanischen Nachschub unterbrechen wollte. Schließlich siegte Spanien und vertrieb die meisten französischen Truppen aus Norditalien, ein Umstand, der im Mai 1626 zum Frieden von Monzón führte.

Im Fall des Streits um Mantua handelte es sich um das Aussterben der Hauptlinie des Fürstenhauses Gonzaga mit Herzog Vincenzo II. im Dezember 1627. Damit waren Mantua und das Montferrat (mit der strategisch wichtigen Festung Casale) »frei« für die Erbanwärter. Diese waren Karl von Gonzaga-Nevers, Ferrante II. Gonzaga, Herzog von Guastalla, und Herzog Karl Emmanuel von Savoyen. Bis 1628 hatten sich die italienischen Angelegenheiten für die Weltmacht Spanien vorteilhaft entwickelt, dieser Konflikt hingegen leitete den Umschwung und den anschließenden langen Niedergang ein.

Es gehört zu den Paradoxien, dass eigentlich keine Großmacht an einem Kräftemessen in Italien interessiert war, weder der Kaiser oder Spanien noch Frankreich. Es war vielmehr die Logik des internationalen Bündnissystems, dass eine Großmacht vielfach auch in einen lokalen Konflikt von begrenztem Schadenspotential eingreifen musste, wenn sie um Hilfe ersucht wurde und wenn der Gegner des eigenen Verbündeten Hilfe durch die jeweils konkurrierende Großmacht erhielt. Karl von Nevers sicherte sich die französische Unterstützung, Herzog Karl Emmanuel von Savoyen die spanische. Der Herzog von Guastalla wandte sich an Kaiser Ferdinand II. Frankreich war noch in den Konflikt um die Hugenottenfestung La Rochelle verwickelt und schickte nur eine kleine Streitmacht nach Italien. Dadurch wurde verhindert, dass Savoyen das Montferrat einnehmen konnte. Eine französische Garnison rückte in die Festung Casale ein. Herzog Karl Emmanuel musste vertraglich von seinen Ansprüchen Abstand nehmen. Die spanische Seite war hierüber verärgert und beschloss, ihrerseits Casale zu erobern. Zudem wurde Wallenstein beauftragt, maßgebliche Teile seiner Armee nach Oberitalien zu schicken, um Mantua für den Kaiser zu besetzen. Die wallensteinischen Truppen eroberten die Stadt am 18. Juli 1630 mit bewaffneter Hand, Mantua wurde schrecklich geplündert. Frankreich sah sich durch die starke habsburgische Präsenz in Oberitalien zu einer zweiten Truppenaktion gezwungen. Da inzwischen La Rochelle gefallen war, standen nun Regimenter zur Verfügung, die allerdings einmal quer durchs Land an den Kriegsschauplatz geschafft werden mussten. Richelieu war bereit, Casale aufzugeben, und ordnete den Angriff auf die starke savoyische Festung Pinerolo am Ausgang der Alpen zur Poebene hin an. Ihr Besitz, so stand ihm vor Augen, würde für künftige französische Interventionen in Italien eine Schlüsselrolle spielen.

Bis Mitte 1630 deutete aber alles darauf hin, dass Frankreich mit seinen Plänen nicht durchdringen würde. Dann verhinderte die Änderung der internationalen Lage in den Niederlanden und an der Ostsee den habsburgischen Triumph in Italien. Während des Regensburger Kurfürstentages fanden Verhandlungen zwischen dem Kaiser und Frankreich statt, die zwar am 13. Oktober zu einem Vertrag führten, der den Abzug der Truppen beider Seiten aus Italien vorsah, aber anschließend von König Ludwig XIII. nicht ratifiziert wurde.[93] Ab November 1630 leiteten Frankreich und Spanien direkte Verhandlungen ein, die zu den beiden Friedensverträgen von Cherasco vom 6. April und 19. Juni 1631 führten. Unverhofftermaßen profitierte Frankreich vom Status quo: Casale, das noch nicht gefallen war, blieb im französischen Besitz. Pinerolo, das die französische Armee den Savoyern entrissen hatte, kam als Beute hinzu. Der neue Herzog Viktor Amadeus von Savoyen wurde mit Teilen des Montferrats abgefunden. In Mantua blieb Herzog Karl von Nevers im Besitz eines Teils der Erbschaft und wurde dafür von Kaiser Ferdinand II. belehnt, auch wenn der Fürst sich bis zuletzt dagegen sträubte, nicht den ungeschmälerten Territorialkomplex zu erhalten. Der Herzog von Guastalla hingegen ging leer aus. Dieses Ergebnis wurde von spanischer und kaiserlicher Seite als Prestigeverlust eingestuft.

93 Kardinal Richelieu wäre wegen der Fehlschläge in Italien an der »Journée des Dupes« (11. November 1630) beinahe gestürzt worden, konnte diesem Schicksal aber knapp entgehen.

Gustav Adolf von Schweden und die Internationalisierung des Krieges

Der schwedisch-polnische Krieg 1621–1629

König Gustav II. Adolf von Schweden (1594–1632) gehört zu den Persönlichkeiten der Weltgeschichte, die auch mehr als 400 Jahre nach ihrer Geburt noch einer größeren Öffentlichkeit bekannt sind. Dass seine aktive Beteiligung zwischen der Landung in Pommern im Juni 1630 und seinem Tod bei Lützen im November 1632 keine dreißig Monate eines dreißig Jahre dauernden Krieges ausmacht, dürfte allerdings weniger bekannt sein. Die Gustav Adolf zugemessene Bedeutung reicht weit: Für die Schweden selbst ist er der Begründer der Großmachtstellung, die im Dreißigjährigen Krieg errungen und bis zum Tod König Karls XII. 1718 behauptet werden konnte. Für die Protestanten ist er der Schützer ihres Glaubens, womit er eine Rolle einnimmt, die in der Flugschriftenpublizistik der damaligen Zeit aufgebaut wurde und die besonders die lutherische Kirchengeschichtsschreibung seit dem 19. Jahrhundert prägte.[94] Für die Anhänger einer »ständisch-libertären« Staatsauffassung ist er der Verfech-

94 Zur Geschichtsschreibung: Sverker Oredsson, *Geschichtsschreibung und Kult. Gustav Adolf und der Dreißigjährige Krieg*, in der Übers. von Klaus R. Böhme, Berlin 1994. Zur Flugschriftenpropaganda: Hellmut Zschoch, »Größe und Grenzen des ›Löwen von Mitternacht‹. Das Bild Gustav Adolfs in der populären protestantischen Publizistik als Beispiel religiöser Situationswahrnehmung im Dreißigjährigen Krieg«, in: *Zeitschrift für Theologie und Kirche* 91 (1994), S. 25–50.

ter einer partizipatorischen Entwicklungsvariante, die sich gegen den »Absolutismus« konstruieren ließ.[95]

Nachdem die Konsolidierung Schwedens nach dem verlustreichen Kalmarkrieg abgeschlossen war, eroberte Gustav Adolf 1621 die livländische Stadt und Festung Riga samt Umland. Nach mehreren Waffenstillständen intensivierte Schweden den Krieg in Polen ab dem Winter 1625/26.[96] Erst wurde Kurland schwedisch besetzt, dann marschierte die Armee Gustav Adolfs in Ostpreußen ein. Der König siegte im Januar 1626 bei Wallhof, im Oktober desselben Jahres bei Meve. Gustav Adolf plante, Königsberg, Pillau und Danzig so weit zu kontrollieren, dass er dort Zölle erheben konnte. Im folgenden Jahr wandelte sich das Kriegsglück. Gustav Adolf konnte im Juli 1627 die polnische Reiterarmee unter Führung des Kron-Großhetman Stanislaw Koniecpolski bei Dirschau nicht besiegen. Er wurde durch einen Schuss in den Hals verwundet; sein rechter Arm war fortan gelähmt. Ende November 1627 unterlag die schwedische Flotte einem polnischen Verband vor Oliva. Der Krieg geriet in eine Patt-Situation, die sich durch die schwedische Niederlage bei Stuhm im Juni 1629

95 Vgl. Günter Barudio, *Der Teutsche Krieg 1618–1648*, Frankfurt a. M. 1985; im europäischen Kontext: ders., *Das Zeitalter der Aufklärung und des Absolutismus 1648–1770*, Frankfurt a. M. 1986.

96 Überblick über den Krieg aus polnischer Sicht: Robert Frost, »Polen-Litauen und der Dreißigjährige Krieg«, in: Bußmann/Schilling 1998 (Anm. 27), Textbd. 1, S. 197–206. – Aus schwedischer Sicht: Ahasver von Brandt, »Die nordischen Länder von 1448–1654«, in: *Handbuch der Europäischen Geschichte*, Bd. 3, hrsg. von Theodor Schieder, Stuttgart 1971, S. 961–1002.

nicht auflösen ließ.[97] Die Polen stellten sich zwar in Feldschlachten immer besser auf den Feind aus dem Norden ein, allerdings fehlte es ihnen an Kraft, die Schweden aus dem Land zu vertreiben. Da Gustav Adolf angesichts der Erwartungen des Reichsrats und der aggressiven Stimmung seiner hoch besteuerten und hart durch Rekrutierungen betroffenen Bevölkerung einen überzeugenden Sieg nötig hatte, um als Triumphator nach Stockholm zurückzukehren, schleppte sich der Krieg ohne konkrete Perspektive hin. Es war Kardinal Richelieu, der im September 1629 den Waffenstillstand von Altmark vermitteln ließ. Schweden trat seine Landeroberungen in Preußen an den Kurfürsten von Brandenburg ab. Dafür erhielt der Schwedenkönig die Kontrolle über die Ostseeküste zwischen Pillau und Memel sowie die Zolleinnahmen aus den kurländischen Häfen Libau und Windau. Vom Danziger Zoll fiel der größere Teil ebenfalls an Schweden. Wie wertvoll diese Zugeständnisse waren, zeigte sich schnell: Schweden hatte 1628 noch 329 000 Reichstaler aus Zöllen eingenommen, 1632 waren es rund 660 000 Reichstaler.

Gleichzeitig betrieb Gustav Adolf die moralisch-religiöse Aufrüstung in seinem eigenen Land als Vorbereitung auf den Feldzug ins Reich. In der schwedischen Forschung wird infrage gestellt, dass der König sich vom Primat des Glaubens hat leiten lassen. Ingun Montgomery hat 1982 darauf verwiesen, dass die häufigen religiösen Argumente Gustav Adolfs eine verfassungsrechtliche Grundlage besaßen: Jeder schwedische König sei verpflichtet gewesen, so

97 Die polnische Armee wurde dabei von Truppenteilen Wallensteins unterstützt.

schreibt sie, als »Verteidiger des evangelischen Glaubens« aufzutreten. Die religiöse Einheit sei die Voraussetzung für die politische Ordnung im Land. Diese Integrationsfigur richtete sich gegen Sigismund III. von Polen. Der polnische Wasakönig habe wegen seiner katholischen Konfession niemals legitime Kronrechte in Schweden besessen.[98] Der König glaubte, die dergestalt konstruierte Einheit der Nation im Glauben könne dazu dienen, große allgemeine Anstrengungen materieller Art zu fördern, wie sie bei längeren Kriegen unverzichtbar seien. So ordnete er an, dass seine Pastoren den Untertanen während der 1620er Jahre bei jeder Gelegenheit das Schicksal der glaubensverfolgten Lutheraner in anderen europäischen Ländern vor Augen stellen sollten. Vertieft wurde dieses Gedenken an besonderen Bettagen. Dabei wurde stets darauf hingewiesen, dass Schweden selbst bedroht sei, wenn die Ausbreitung der Gegenreformation in Norddeutschland fortschreite. Die jahrelange religiöse Kampagne für die Glaubensverfolgten ging einher mit einer schärferen Kirchenzucht.

Gustav Adolfs Landung in Pommern und der Vormarsch nach Breitenfeld 1630/31

Die Niederlage Christians IV., dokumentiert im Lübecker Frieden von 1629, bot für Schweden die Gelegenheit zur Intervention im Reich: Der Hauptrivale war geschlagen

98 Zur Argumentation: Ingun Montgomery, »Gustav Adolf och religionen«, in: *Gustav II. Adolf – 350 år efter Lützen*, hrsg. von Gudrun Ekstrand und Katarina af Sillén, Stockholm 1982, S. 61–77.

und bankrott, sodass mit einer Störung aus Kopenhagen für einige Jahre nicht zu rechnen war. Der Stockholmer Reichsrat hatte sich bereits 1628 entschlossen, den kaiserlichen Feind nicht erst ins Land kommen zu lassen, sondern nach einer Gelegenheit zu suchen, ihn bereits auf deutschem Boden anzugreifen. Nachdem 1629 die Kriegsvorbereitungen vorangetrieben worden waren, verabschiedete sich der Schwedenkönig mit einer Rede am 29. Mai 1630 vor dem Reichstag, in der er die Grundzüge seiner weiteren bewaffneten Politik darlegte.[99] Im Juli wurden die Kriegsgründe in einem mehrsprachigen Manifest der europäischen Öffentlichkeit vorgestellt. Darin betonte der König, er sei durch die katholischen Mächte angegriffen und zur Selbstverteidigung gezwungen worden. Schwedische Kaufleute seien durch Wallensteins Armee ausgeplündert und die mit Schweden verbündete Stadt Stralsund 1628 belagert worden. Zudem habe der Kaiser ein Generalat über das Baltische Meer vergeben, was Schwedens Küste bedrohe. Daher sehe sich Gustav Adolf gezwungen, die Waffen zu ergreifen.[100]

Da ein großer Teil der kaiserlichen Armee nach Italien kommandiert worden war und zudem in Regensburg die Ablösung Wallensteins verhandelt wurde, konnte sich

99 Rede vom 19./29. Mai 1630: Jörg-Peter Findeisen, *Schweden. Von den Anfängen bis zur Gegenwart*, Regensburg 1997, S. 117.

100 Heinz Schilling, »Das schwedische Kriegsmanifest vom Juli 1630 und die Frage nach dem Charakter des Dreißigjährigen Krieges«, in: *Europa und die Europäer. Quellen und Essays zur modernen europäischen Geschichte. Festschrift für Hartmut Kälble zum 65. Geburtstag*, hrsg. von Rüdiger Hohls [u. a.], Stuttgart 2005, S. 370–378.

Gustav Adolf mit seinem Expeditionskorps im Juli 1630 ungestört in Pommern festsetzen. Der dortige Herzog Bogislaw XIV. wurde am 20. Juli 1630 zu einem Unterstützungsvertrag genötigt. Die großen protestantischen Fürsten, vor allem die Kurfürsten von Sachsen und Brandenburg, verhandelten in diesen Tagen auf Schloss Zabeltitz über einen Ausgleich mit dem Kaiser, wobei der Landgraf von Hessen-Darmstadt vermitteln sollte. Als diese Initiative erfolglos blieb, verabredeten die Protestanten im Februar 1631 auf dem Leipziger Konvent, eine Defensionsarmee von 40 000 Mann Stärke aufzustellen. Unabhängigkeit gegenüber beiden Seiten, gegenüber dem Kaiser und gegenüber Schweden, war das Ziel.

Gustav Adolf stellte sich in seiner Rolle als »Befreier« dar, indem er die geächteten Herzöge von Mecklenburg wieder in ihre Ämter und Würden einsetzte.[101] Die kaiserlich-ligistische Streitmacht, seit Wallensteins Abberufung unter Tilly vereint, hielt sich an der Oder auf, um einen befürchteten schwedischen Vormarsch nach Schlesien zu blockieren. Die Armee unternahm Anfang 1631 einige Rachezüge, z. B. am 9. März 1631 nach Neubrandenburg. Die Schweden antworteten mit eigenen Gewalttaten, etwa im April in Frankfurt a. d. Oder, wo 2000 Einwohner und Garnisonssoldaten erschlagen wurden.

Gustav Adolfs Bemühungen um weitere Verbündete in Deutschland verliefen zäh und langwierig. Vor allem die Stadt Magdeburg sowie der Magdeburger Administrator,

101 Inbesitznahme Mecklenburgs und Manifest: Herbert Langer, »Der ›Königlich Schwedische in Deutschland geführte Krieg‹«, in: Bußmann/Schilling 1998 (Anm. 27), Textbd. 1, S. 187–196, hier S. 188 f.

der vertriebene Markgraf Christian Wilhelm von Brandenburg, schlossen Abkommen mit dem Schwedenkönig. Dieser musste daher weiterhin auf die Sicherung seiner rückwärtigen Verbindungen bedacht sein und konnte nicht zu raumgreifenden Aktionen ausholen. Im Mai 1631 unternahm Tilly die Probe auf Gustav Adolfs Bündnistreue, indem er die Stadt Magdeburg angriff und einschloss. Die Stadt besaß für die Reformation und den erfolgreichen Widerstand gegen rekatholisierende Maßnahmen einen hohen Symbolwert im Hl. Römischen Reich. Schon 1550 hatte Magdeburg erfolgreich der verordneten Einführung des Augsburger Interims getrotzt und dabei eine kaiserliche Belagerung überstanden. Nun erwies sich die Parteinahme der Stadt als voreilig, denn als die Truppen Tillys Magdeburg im Frühjahr 1631 einschlossen, erschien der Schwedenkönig nicht zum Entsatz, weil er seine Einheiten dazu für unzureichend hielt. Die Stadt war baulich und logistisch nicht auf längere Kampfhandlungen eingestellt. In der aufgeladenen Atmosphäre des konfessionalisierten Krieges konnte sie aber auch keine günstigen Übergabebedingungen aushandeln. Am 10./20. Mai 1631 brachen die Belagerer in die Stadt ein und richteten ein Massaker an. Anschließend entstand unter nicht rekonstruierbaren Umständen ein Großfeuer, das den größten Teil der Magdeburger Altstadt zerstörte. Insgesamt fielen dem Sturm und dem Feuer etwa 20 000 Menschen zum Opfer. Während die Sieger enttäuscht und ohne die erhoffte reiche Beute abrückten, zog die obdachlose Bevölkerung, soweit sie am Leben geblieben war, in großen Trecks nach Braunschweig.

Gustav Adolf hatte in seinen Quartieren keineswegs abgewartet, sondern den Winter 1630/31 zu Verhandlungen mit Frankreich genutzt. In Bärwalde gelang ihm am 13./23. Januar 1631 ein Subsidienvertrag, durch den er jährlich 400 000 Reichstaler erhalten sollte, wenn er mit einer Armee von 30 000 Fußsoldaten und 6000 Reitern kampftüchtig im Reich bleiben würde. Diese Summen, die bis 1636 gezahlt wurden, versetzten Schweden in die Lage, seine Kerntruppen auskömmlich zu finanzieren. Weitere Soldaten ließ der König in Deutschland anwerben, um sie allerdings durch deutsche Einnahmen zu versorgen.

In den folgenden Monaten schloss der Schwedenkönig zunächst ein Bündnis mit Kurfürst Georg Wilhelm von Brandenburg, dann verhandelte er Anfang September 1631 mit dem Kurfürsten Johann Georg I. von Sachsen über eine militärische Zusammenarbeit. Der Kurfürst versuchte, die Gespräche in die Länge zu ziehen, doch nach dem Einmarsch der Liga-Truppen in sein Territorium blieb ihm keine andere Wahl, als sich im Vertrag von Coswig mit Schweden zu verbinden. Am 17. September 1631 trafen die schwedische Armee und das Liga-Heer bei Breitenfeld (nahe Leipzig) aufeinander, und die Schweden erzielten einen überzeugenden Sieg.[102]

Nicht nur die ligistische Seite musste ihre Truppen einsammeln. Auch die kursächsische Armee fand sich erst in den folgenden Tagen wieder zusammen. Sie rückte anschließend in die Nordgebiete Böhmens und Schlesiens ein, um sich auf Kosten des Kriegsgegners zu versorgen.

102 Parker gibt die Stärke der protestantischen Armee mit 41 000 Mann an (23 000 Schweden und 18 000 Sachsen); die Liga-Armee bestand aus zusammen 31 000 Mann: Parker 1987 (Anm. 15), S. 205.

Am 15. November 1631 lieferte sich Prag den Sachsen aus. Die volle militärische Kontrolle Böhmens war damit allerdings nicht verbunden. Die schwedische Armee zog, nachdem sie den Sieg ausgekostet hatte, nach Thüringen weiter.

Der schwedische Marsch durch Oberdeutschland bis zur Schlacht bei Lützen 1632

Nach dem Erfolg in Sachsen bescherte Gustav Adolf dem Gegner keine Atempause. Nachdem er im Oktober 1631 Erfurt und Würzburg besetzt hatte, lag der Weg zur sog. »Pfaffengasse« offen vor ihm: Hierunter verstanden die Zeitgenossen die reichen Bistümer und Abteien, die sich besonders am Oberrhein und am Main aufreihten. Waren ursprünglich die Flüsse die Wege gewesen, auf denen man sich von Stift zu Stift bewegte, so wurden nun die Heerstraßen zu deren Parallelen. Die Schweden fühlten sich in Feindesland: Den Plünderungen der schwedischen Fronttruppen folgten die Kriegskommissare, die in Zusammenwirkung mit protestantischen Fürsten und Adligen strittige Ansprüche auf Kirchenland regulierten und auf offene Säkularisierungen hinarbeiteten. Kleriker und katholische Untertanen flohen vor einer Kulturrevolution, die in ihrem Ausmaß über die Reformation hinauszugehen drohte. Die katholischen Kurfürsten versuchten erfolglos, sich der französischen »Protektion« zu unterstellen, ohne zu realisieren, dass Schweden sie mit französischem Geld bekriegte.[103]

103 Kampmann 2008 (Anm. 14), S. 81–84.

Ende November 1631 nahm Gustav Adolf Frankfurt a. M. kampflos ein. Vier Wochen später hatte er auch das kurmainzische Territorium besetzt, wo er mit der Gustavsburg einen zentralen Stützpunkt für seine Streitkräfte anlegte. Im schwedischen Winterlager trafen fürstliche Bittsteller ein, darunter auch der geächtete Kurfürst Friedrich V. von der Pfalz. Einige nachgeborene Fürstensöhne, die sich militärisch besonders verdient gemacht hatten, bekamen große Besitzungen. Auch zahlreiche schwedische Generäle erhielten sog. »Donationen«, das heißt Geschenke, die in der Regel aus Grundbesitz bestanden. Nach den sozialen Umwälzungen in Böhmen nach 1620 drohte nun die Gegenentwicklung in Franken und im Mittelrheingebiet. Alle Beschenkten wurden verpflichtet, dem König nicht nur direkt zu dienen, sondern durch ihre Kontakte auch behilflich zu sein, die erheblichen Mengen an Waffen und Versorgungsgütern zu beschaffen, die die Royal-Armee benötigte.

Die schwedische Frühjahrskampagne 1632 richtete sich direkt gegen das Kurfürstentum Bayern. Bei Rain am Lech schlugen die Schweden Tillys Armee am 15. April 1632 zum zweiten Mal. Der flämische Graf wurde dabei so schwer verwundet, dass er wenige Tage später starb. Gustav Adolf erzwang den Lechübergang und zog am 20. April 1632 unter großem Jubel der lutherischen Augsburger in die schwäbische Metropole ein. Dort stellte er am folgenden Tag den alleinigen protestantischen Bekenntnisstand wieder her und ernannte einen Magistrat, der nur aus Lutheranern bestand. Allerdings wurde die Stadt als Eroberung behandelt: Gustav Adolf erklärte die Reichsbindungen Augsburgs für erloschen und belehnte den neuen Rat als König von Schweden. Welche Konsequenzen dieser Schritt für die Verfassungsordnung im Reich haben würde, war nicht abzusehen.

Nachdem die Belagerung des stark befestigten Ingolstadt gescheitert war, zog der König in München ein. Während sich die Residenzstadt und andere bayerische Städte freikauften, ließ Gustav Adolf die Landbevölkerung gnadenlos ausplündern und viele Siedlungen niederbrennen. Eine Kriegführung der verbrannten Erde wurde gegen das Land eines der katholischen Anführer unternommen. Kurfürst Maximilian I. reagierte auf diese Barbarei mit der Anordnung, seine Untertanen sollten jeden schwedischen Soldaten, den sie fangen konnten, umgehend erschlagen.

Der Siegeszug Gustav Adolfs endete dadurch, dass Kaiser Ferdinand II. Albrecht von Wallenstein aus dem Privatiersdasein zurückrief und ihm das zweite Generalat andiente. Der Friedländer stellte in Rekordzeit eine neue Armee auf und zog mit ihr aus Böhmen nach Franken, wo er Gustav Adolf in einem befestigten Lager bei Zirndorf (nahe Nürnberg) wochenlang gegenüberstand. Beide Seiten verloren viel Personal durch Hunger und Krankheiten. Am 31. August begannen die Schweden den Sturm, den sie vier weitere Tage lang fortsetzten. Sie konnten das Lager jedoch nicht erobern. Wallensteins Truppen blieben vor Ort und damit nach den Regeln der Zeit siegreich. Am 18. September brach Gustav Adolf den Stellungskrieg ab und zog mit seiner Armee in die Gegend von Windsheim, wo er seine Soldaten besser versorgen konnte. Anschließend wollte Gustav Adolf nach Österreich marschieren, wurde jedoch durch die Nachricht, Wallenstein falle in Sachsen ein, zurückgerufen. Von Donauwörth aus rückten die Schweden der kaiserlichen Armee nach, während Maximilians Armee sich wieder der Sicherung Bayerns widmen konnte.

Im Oktober detachierte Gustav Adolf das Armeekorps des Grafen Gustav Horn, die Oberrheinebene zu kontrollieren und Kontakt zu den protestantischen Schweizer Kantonen herzustellen. Die kursächsische Armee, seit Breitenfeld reorganisiert, hatte inzwischen unter Führung von Hans von Arnim das nördliche Schlesien unter Kontrolle gebracht. Das sächsische Armeekorps des Herzogs Bernhard von Sachsen-Weimar schloss sich dem Schwedenkönig an.

In dieser Situation der ersten Novembertage 1632 glaubte Wallenstein, die Kampagne sei für dieses Jahr zu Ende, und begann, seine Kontingente in die Winterquartiere zu zerstreuen. Gustav Adolf nutzte die Gelegenheit, um den Friedländer noch einmal anzugreifen. Am 15. November wurde Wallenstein bewusst, dass ein Zusammenstoß mit den Schweden am folgenden Tag unvermeidlich sein würde. Die Schlacht bei Lützen (nahe Leipzig) endete mit schwedischen Flügelerfolgen, aber mit intakten kaiserlichen Infanteriepositionen im Zentrum.[104] Wallenstein zog sich im Schutze der Dunkelheit in Richtung Leipzig zurück, die Schweden behaupteten das Schlachtfeld. Allerdings hatten sie ihren König zu betrauern, der im Pulvernebel in die feindlichen Reihen geraten war und durch drei Pistolenschüsse ums Leben kam.

104 Beide Armeen waren etwa 19 000 Mann stark: ebd., S. 211. Vergleichbare Zahlen nennt auch Günter Barudio, *Gustav Adolf der Große. Eine politische Biographie*, Frankfurt a. M. 1985 (Erstausg. 1982), S. 606–608.

Der Heilbronner Bund 1633–34

Nach dem Tod Gustav Adolfs übernahm sein Reichskanzler Axel Oxenstierna die Regierung und die Leitung des schwedischen Krieges im Reich als Vormund für die minderjährige Kronerbin Christina. Die finanziellen Probleme der Kriegführung, vor allem die Erschöpfung der schwedischen Kernlande sowie die Zerstörung weiter Teile Deutschlands führten zu einer akuten Versorgungskrise der schwedischen Armee mit anschließenden Soldatenunruhen. Oxenstierna musste große finanzielle Zugeständnisse machen und an die Offiziere, insbesondere die Generäle, weitere Dotationen ausgeben. Am meisten bekam Bernhard von Weimar, dem im Juni 1633 das gesamte »Herzogtum Franken« mit seinen würzburgischen und bambergischen Territorialteilen zufiel.

Kurz vor seinem Tod hatte Gustav Adolf die protestantischen Reichsstände aus den vier oberdeutschen Reichskreisen für den 12. Dezember 1632 zu einer Tagung nach Ulm eingeladen, um mit ihnen über die sichere Finanzierung der schwedischen Armee zu verhandeln. Nach längeren Vorverhandlungen erfolgte ein Zusammentreffen der Ständevertreter erst im März 1633. Das Ergebnis war der »Heilbronner Bund«, den Oxenstierna am 23. April 1633 gründete. Lenkungsorgan wurde neben Oxenstiernas Direktorium ein »Bundesrat«, in dem Schweden drei von zehn Stimmen führte. Verfassungsrechtlich trat an die Stelle der Kaiserherrschaft das schwedische Patronat über die protestantischen Reichsterritorien. Hätte der Bund länger bestanden, wäre das alte Mischverfassungssystem aus Kaiser und Reichsständen zerstört worden.[105] Die Bundesmitglieder sollten eine Armee von 78 000 Mann unterhalten, das heißt die Hälfte der Soldaten, die Schweden inzwischen angeworben hatte. Der finanzielle Aufwand betrug die enorme Summe von 10 Millionen Reichstalern jährlich. Oxenstierna wollte die Subsidien aus Frankreich und den Niederlanden ebenfalls in die Bundeskasse leiten – diese Gelder deckten allerdings nicht die Hälfte des Bedarfes.

Der Zusammenhalt zwischen den Bündnispartnern wurde schnell getrübt durch die Forderung Schwedens, das Herzogtum Pommern dauerhaft übernehmen zu wollen. Kurbrandenburg als rechtmäßiger Erbanwärter widersprach dem entschieden und wirkte am Bund nicht mit, ebenso Kursachsen. Die sächsische Seite warf Oxenstierna vor, die protestantische Seite im Reich spalten zu wollen und damit der Gegenseite zuzuarbeiten. Verhandlungen mit Wallenstein kamen ebenfalls nicht zustande. Allerdings gab es auch kein Vorrücken gegen den Feind: Die Schweden hielten ihre verschiedenen Armeekorps in Schwaben, Nordbayern und Franken, während Wallenstein lange in Böhmen lagerte, um im Sommer 1633 nach Schlesien einzurücken. Dort wollte er die Gebiete zurückgewinnen, die die sächsische Armee unter ihre Kontrolle genommen hatte, musste sich aber im Herbst wieder nach Böhmen zurückziehen.

Für Schweden entstand keine Atempause, denn im Sommer 1634 erschienen die Spanier mit einer starken Armee aus Italien in Süddeutschland. Die spanischen Streit-

105 Zu diesem Ergebnis kommt Herbert Langer, »Der Heilbronner Bund (1633–1635)«, in: Press 1995 (Anm. 31), S. 113–123.

kräfte, geleitet durch den Kardinalinfanten Fernando von Spanien, sollten die Spanische Straße wieder freikämpfen. Die kaiserliche Armee, nun unter Führung von König Ferdinand von Ungarn (später Kaiser Ferdinand III.), vereinigte sich mit der spanischen Armee. In der Schlacht bei Nördlingen wurden die schwedischen Truppen unter Bernhard von Weimar und Gustav Horn schwer geschlagen. Die Schlacht beendete die schwedische Dominanz in Oberdeutschland.[106] Das Bündnis- und Klientelsystem der schwedischen Krone zerfiel, die meisten Fürsten und Städte versuchten, schnell ihren Frieden mit Kaiser Ferdinand II. zu machen, bevor Strafmaßnahmen begannen. In den Folgejahren gab es nur noch bilaterale Beziehungen Schwedens zu einigen deutschen Verbündeten, am intensivsten zu Landgraf Wilhelm V. von Hessen-Kassel, der aus seinen Stammlanden vertrieben worden war und als Herrscher ohne Land seine Armee in Nordwestdeutschland führte.

Wallensteins zweites Generalat, seine Ächtung und Ermordung 1632–34

Hatten sich schon im Sieg die Spannungen und Widersprüche des katholischen Lagers deutlich aufgetan, so zeigten sie sich erst recht nach der Niederlage von Breitenfeld. Kaiser Ferdinand II. fürchtete nach den ersten Meldungen, er müsse sich nach Graz oder gar nach Italien zurückziehen, um Gustav Adolfs Zugriff zu entgehen. Nach kurzer

106 Die Kaiserlichen hatten 33 000 Mann, die Schweden rund 25 000.

Zeit überwog aber wieder die Zuversicht. Die kaiserliche Umgebung entschloss sich, den Schwedenkönig ebenso wie zuvor den dänischen Standesgenossen aus dem Reich zu vertreiben. Im Bemühen, die dazu nötigen Mittel zu sammeln, wandte sich die kaiserliche Regierung auch an Papst Urban VIII., der jedoch frankreichfreundlich war und der Wiener Regierung kaum beistehen wollte. Beteuerungen des Kaisers, er habe durch das Restitutionsedikt Bahnbrechendes für die Alte Kirche geleistet, wurden vom Papst zurückgewiesen: Das Restitutionsedikt baue auf dem Augsburger Religionsfrieden auf, den der Papst als Ganzes ablehnte. Der Bezug auf 1552 und 1555 sei viel zu wenig, Deutschland müsse komplett rekatholisiert werden. Vielleicht, so fügte das geistliche Oberhaupt gegenüber dem kaiserlichen Botschafter hinzu, sei die Niederlage gegen Schweden die göttliche Strafe für die Mängel des Edikts von 1629.[107]

So musste sich Ferdinand II. auf seine eigenen Kräfte zurückbesinnen. Nach dem Debakel der Liga-Armee brachten die Wiener Berater des Kaisers schnell die Idee in Umlauf, die alte Armee Wallensteins müsse reaktiviert werden, um die kaiserlichen Interessen zu sichern. Der »Generalissimus« a. D. hatte sich seit 1630 in Böhmen aufgehalten, seine heimische Ökonomie weiter ausgebaut und seinen Prager Palast (Waldstein-Palais) ausgestaltet. Erstaunlicherweise war Wallenstein bereit, als der Kaiser ihn zunächst mit der Anwerbung der neuen Armee beauftragte und ihm schließlich den Oberbefehl erteilte. Allein die Nachricht, dass Wallenstein selbst wieder oberster

107 Ritter 1889–1908 (Anm. 77), Bd. 3, S. 523 f.

Kommandeur war, ließ einen »Ruck« durch die Streitkräfte gehen. Zu Tausenden strebten wehrfähige Männer wieder zu Wallensteins Fahnen, und zahlreiche Offiziere wollten in seinen Stäben und an der Spitze seiner Regimenter und Kompanien dienen. Neben Legitimität und Geld sollte das Charisma eines Heerführers nicht unterschätzt werden: Wallenstein wurde nicht nur für die Nachwelt zu einem interessanten Charakter, sondern er war es schon zu Lebzeiten in den Augen seiner Soldaten.

Als »General-Oberst-Feldhauptmann« der kaiserlichen Armee war er Herr der operativen Führung. Er bestimmte die Ziele der jährlichen Kampagnen, entschied über Musterungen und Abdankungen, und die Obristen wurden vom Kaiser nur noch nach seinem Vorschlag ernannt. Wallenstein selbst erhielt die Zusage, als Kompensation für sein an Schweden verlorenes Herzogtum Mecklenburg ein anderes Territorium vergleichbarer Größe zu bekommen, gegebenenfalls in Schlesien. Es blieb nicht beim militärischen Kommando. Ferdinand II. ging weiter und legte damit den Keim für spätere Missverständnisse. Wallenstein wurde nämlich außerdem bevollmächtigt, geheime Unterhandlungen mit Sachsen anzubahnen, um den schwedischen Bundesgenossen abzuwerben und wieder ins Reichslager zurückzuführen, was nicht ohne konfessionelle Zugeständnisse denkbar war.[108]

Nach der Schlacht bei Lützen führte Wallenstein die Kampagne 1633 aus der Defensive heraus. In Nordböhmen und Schlesien konnte er die schwedischen und sächsischen

108 Die geheimen Verhandlungsaufträge des Kaisers an Wallenstein ergingen am 14. Oktober 1631 und 20. April 1632.

Truppen spalten. Mit den Sachsen schloss er zwei befristete Waffenstillstände. Der Sieg über das schwedische Kontingent des Grafen Thurn bei Steinau im Oktober 1633 brachte keinen Durchbruch. Im November unternahm Wallenstein noch einen Scheinangriff auf die Oberpfalz, um die Schweden zum Rückzug aus Regensburg zu veranlassen, was allerdings nicht geschah. Anschließend zog er den Kern seiner Armee um ein befestigtes Lager bei Pilsen zurück.

Der Sinn der wallensteinischen Kriegführung wurde für die kaiserliche Regierung immer weniger durchschaubar. Bald häuften sich wieder, wie 1630, Gerüchte über hochverräterische Konspirationen des Friedländers mit den Feinden des Kaisers. Wieder schenkte Ferdinand II. ihnen Glauben und verfügte das Ächtungsdekret vom 24. Januar 1634.[109] Versuche des Feldherrn, seine Generäle zu persönlicher Loyalität zu verpflichten, und Sondierungen, zur schwedischen Armee zu fliehen, wurden nur als Bestätigung seiner sinistren Neigungen gedeutet. In seiner Residenz Eger wurden Wallensteins engste Vertraute am 25. Februar 1634 bei einem Bankett ermordet. Der Generalissimus, der sich schon zum Schlafen begeben hatte, wurde durch ein Kommando unter Hauptmann Walter Deveroux geweckt und mit einer Partisane erstochen.[110]

109 Kaiserliches Ächtungsdekret gegen Wallenstein, 24. Januar 1634: Lorenz 1987 (Anm. 84), S. 378 f. – Zum Verfahren: Christoph Kampmann, *Reichsrebellion und kaiserliche Acht. Politische Strafjustiz im Dreißigjährigen Krieg und das Verfahren gegen Wallenstein*, Münster 1992.

110 Die letzten Stunden Wallensteins: Bericht des Obristen John Gordon über die Ermordung Wallensteins am 25. Februar 1634 (gekürzter Abdruck): Roeck 1996 (Anm 10), S. 333–338.

Die Ermordung Wallensteins gehört zu den Ereignissen des Dreißigjährigen Krieges, die ein breites Echo in den Medien fanden. Tausende von Gedichten, Theaterstücken, Flugschriften und Büchern wurden direkt anschließend oder später verfasst. Dabei sind zahlreiche Details bis heute ungeklärt: Nicht nur die zentrale Frage nach dem tatsächlichen oder vorgeblichen Hochverrat, sondern auch andere Angelegenheiten wurden – allem Anschein nach mit voller Absicht der Betreiber – in der Schwebe gelassen und auf eine Weise überliefert, die eine exakte Rekonstruktion erschwert.

Sicher ist hingegen die kaiserliche Urheberschaft: Ein politischer Mord war im Verständnis der Zeit dann möglich, wenn ein Herrscher eine Person eliminieren ließ, die seiner Jurisdiktion unterstand und die er auch durch ein Gericht hätte aburteilen lassen können. Bezeichnend war zudem, dass der Kaiser durch seinen Beichtvater die Jesuiten überall in der Welt darum beten ließ, dass der Plan gelänge. Deren Ordensgeneral ließ tausend zusätzliche Messen »für den Schutz des Kaisers und das Glück des Reiches« lesen.[111] Wie effektiv der kaiserliche Plan umgesetzt wurde, wie wirkungsvoll seine Macht selbst im Fall der Anstiftung zum Mord war, zeigte der Umstand, dass es keinerlei Unruhe in der Armee gab und alle Offiziere schnell zur Tagesordnung übergingen.[112] Die Täter und die Überbringer der Todes-Nachricht an den Kaiser wurden reich beschenkt. Der Kaiser konnte dazu auf das große

111 Parker 1987 (Anm. 15), S. 221.

112 Die einzige Erhebung unter dem Grafen Hans Ulrich von Schaffgotsch in Schlesien wurde schnell unterdrückt und Schaffgotsch hingerichtet.

Vermögen zurückgreifen, das der Friedländer hinterließ. Erstaunlicherweise haftete sein Besitz nämlich nicht für die gewaltigen Kredite, die in seinem Namen für die Kriegführung aufgenommen worden waren.[113] König Ferdinand von Ungarn konnte bruchlos das Oberkommando übernehmen, unterstützt durch Matthias Gallas als Generalleutnant, und die Kampagne für 1634 mit seinem spanischen Cousin vorbereiten.

Die Fortführung des Krieges in den Niederlanden 1626–35

Es überraschte ganz Europa, dass die niederländische Republik nur vier Jahre nach dem Verlust Bredas und dem Tod des Prinzen Moritz von Oranien als strahlende Großmacht vor aller Augen stand. Auf der personellen Ebene verantwortlich für diese Entwicklung war Prinz Friedrich Heinrich von Oranien, der Halbbruder von Prinz Moritz und jüngste Sohn Wilhelms von Oranien. Horst Lademacher charakterisiert ihn als ausgewiesenen Militär mit ausgeprägtem dynastischem Grundverständnis, formell ein Angestellter der Republik, im praktischen Zeremoniell aber eher ihr Souverän.[114] Der Prinz neigte dazu, seine dienende Rolle gegenüber dem Gemeinwesen im Allgemeinen und gegenüber den Generalstaaten im Besonderen zu betonen. Dies hatte den günstigen Effekt, dass nur wenige

113 Allerdings wurde ein Teil der Mittel für die Abwicklung des Bankrotts Hans de Wittes verwendet, dessen Regulierung zehn Jahre in Anspruch nahm.

114 Horst Lademacher, *Die Niederlande. Politische Kultur zwischen Individualität und Anpassung*, Berlin 1993, S. 166–170.

von ihm befürchteten, er würde die überkommene ausbalancierte Verfassungsordnung der Republik zwischen souveränen Provinzen und einem eben nicht souveränen Statthalter grundsätzlich in Frage stellen oder gar Maßnahmen zu deren Umsturz erwägen.

Die schon erwähnte Konferenz von Den Haag mit England und Dänemark im Dezember 1625 hatte vor allem den Zweck, die niederländische Republik zu schützen. Die Teilnehmer sagten König Christian IV. die finanzielle Unterstützung für seine Unternehmungen in Norddeutschland zu. Auch wenn der König dabei wenig erfolgreich war, so verschaffte er den Niederländern die nötige Entlastung.

Ein spanischer Plan von 1624/25 enthielt ein katholisches Flottenprojekt auf Nord- und Ostsee. Olivares trug es dem kaiserlichen Gesandten Georg Ludwig Graf von Schwarzenberg vor, dieser versuchte, den Kaiser und den bayerischen Kurfürsten dafür zu gewinnen. Da die Kosten in Deutschland aufgebracht werden sollten, Spanien aber den eventuellen Gewinn reklamierte, gelang die Konkretisierung nicht. Pläne Spaniens, mit Dänemark ein Abkommen zu schließen, scheiterten ebenfalls. Trotz aller Skepsis wurden immer wieder Friedensinitiativen zwischen Spanien und den Generalstaaten unternommen, so etwa 1626 und 1632, die jedoch zu keiner Annäherung der Standpunkte führten.

Zu dieser Zeit hatte Prinz Friedrich Heinrich von Oranien bereits vollendete Tatsachen geschaffen. Während der zunehmende Einfluss des Prinzen auf die innerniederländischen politischen Verhältnisse in den späten 1620er Jahren von außen schwer erkennbar war, meldete sich die Republik mit einem kuriosen Paukenschlag auf der internationalen Bühne zurück: Dieser Akt fand nicht in Europa, sondern vor der Insel Kuba statt. Hier hatte sich eine merkwürdige Inversion ergeben: Waren es im Nordatlantik und in der Nordsee die Spanier und Südniederländer, die den vorherrschenden Seehandel der Republik durch Kaperei zu stören versuchten, so spielten die Kriegsschiffe der Republik dieselbe Rolle in der Karibik. Während die *Westindische Compagnie* (WIC) stets nur ein kleines Abbild der großen und ertragreichen *Verenigde Oostindische Compagnie* (VOC) darstellte, waren die Piraten unter niederländischer Flagge umso erfolgreicher. Die Niederländer hatten ein Auge auf die spanischen Silberflotten geworfen, um auf diese Weise den Gegner zu schwächen, im günstigen Fall aber die Beute selbst nach Hause zu schaffen. Im Oktober 1628 brachte der niederländische Admiral Piet Heyn tatsächlich eine große spanische Silberflotte in der Bucht von Matanzas auf, und es gelang ihm, die Schiffe mit ihrer Ladung heil nach Amsterdam zu führen. Der Jubel war grenzenlos. Nicht nur war dem Feind ein schwerer Prestigeverlust beigebracht worden, sondern auch der Gewinn war gewaltig: 11,5 Millionen Gulden war das Edelmetall wert, das die Niederlande erreichte. Dies stellte beinahe das Doppelte des Steuerjahresetats der niederländischen Generalstaaten dar. In der Praxis bedeutete das, dass die Kriegskampagnen für acht Kriegsmonate, das heißt beinahe zwei Jahre, finanziell abgesichert waren, ohne dass auf eigene Steuern oder neue Kredite zurückgegriffen werden musste.[115]

115 Zu den Auswirkungen auf die Militärkosten: Israel 1982 (Anm. 76), S. 197f.

Die Republik nutzte das Geld, um 1629 die Stadt 's-Hertogenbosch zu belagern und einzunehmen. Im selben Jahr gelang auch der Handstreich gegen Wesel, sodass Spanien zwei Eckpfeiler seiner Position im Norden verlor. Zwar führten innenpolitische Schwierigkeiten dazu, dass die Republik 1630 und 1631 keine Kampagnen unternehmen konnte, doch 1632 gewann Prinz Friedrich Heinrich Venlo, Roermond und Maastricht und schützte sich gegen künftige spanische Vormärsche entlang der Flussläufe von Maas und Rhein. Zudem gewährte der Prinz den katholischen Einwohnern in den neu gewonnenen Gebieten die Religionsfreiheit, was die Kriegführung erleichterte und nach dem Sieg große Migrationen vermied. Neue Friedensverhandlungen, von Spanien angeboten, scheiterten allerdings erneut an der calvinistisch-reformierten Städtemehrheit in der Republik – daran konnte auch die Mission des Malers und spanischen Diplomaten Peter Paul Rubens nichts ändern.[116]

Frankreich, Schweden und die Niederlande gegen die Habsburger

Der Prager Frieden 1635 und der Reichstag 1640/41

Nach der Schlacht von Nördlingen schien die Zeit der schwedischen Dominanz vorüber. Auch das Problem Wallenstein war durch kaiserliche Initiative gelöst worden,

116 Das Angebot aus Brüssel war eine Angelegenheit der Erzherzogin. Der spanischen Zentralregierung fehlte zu dieser Zeit ebenso wie der Utrechter Union der ernsthafte Wille zu einem Kompromiss.

ohne dass großer diplomatischer oder militärischer Schaden entstanden war. In Nordwestdeutschland, mehr noch aber in den Kurfürstentümern Sachsen und Brandenburg musste sich nun entscheiden, ob die schwedische Macht überhaupt auf dem Kriegsschauplatz präsent bleiben würde oder ob nun ein wie auch immer gearteter Friede vereinbart werden würde.

Aus der Siegerposition heraus strebte Ferdinand II. nun zwei Ziele auf einmal an: Er wollte die ausländischen Mächte aus den Verhandlungen heraushalten, und er wollte sich mit der protestantischen Hauptmacht im Reich verständigen, von der er am ehesten Entgegenkommen erwartete. Daher wurde sogleich eine Strategie erprobt, die deutschen Mitglieder des »Heilbronner Bundes« zu spalten in konzessionsbereite Stände wie Kursachsen und Hessen-Darmstadt und überzeugte Kaiserfeinde, vor allem Hessen-Kassel. Kursachsen hatte bereits vor der Schlacht von Nördlingen Kontakt zum Kaiser aufgenommen, um einen Frieden zu schließen. Zunächst fanden Gespräche in Leitmeritz, anschließend in Pirna statt. Das Ergebnis, die sog. »Pirnaer Noteln«, wurde als Präliminarpunkte in die Schlussgespräche übernommen, auf deren Grundlage der Prager Frieden vom 30. Mai 1635 geschlossen wurde.[117]

117 Quellenedition zur Vorgeschichte des Prager Friedens: Kathrin Bierther (Hrsg.), *Der Prager Frieden von 1635*, München 1997 (*Die Politik Maximilians I. von Bayern und seiner Verbündeten 1618–1651*, Serie 2, Bd. 10, Teilbde. 1–4). Vgl. zur Edition des Vertrags und der dazugehörigen Texte: Michael Kaiser, »Der Prager Frieden von 1635. Anmerkung zu einer Aktenedition«, in: *Zeitschrift für historische Forschung* 28 (2001), S. 277–297.

Die wirklichen Absichten auf beiden Seiten waren naheliegenderweise weniger ehrenwert als der hehre Wortlaut. Kursachsen ging es in erster Linie darum, dass die gegenreformatorischen Konfessionsbestimmungen im eigenen Territorium keine Geltung gewännen. Dies gelang, und zudem erhielt der Kurfürst die Markgrafschaften Ober- und Niederlausitz nun als erbliche Lehen.[118] Der Kaiser erhoffte sich die Rückgewinnung der politischen Gestaltungschancen im Reich und die Sicherung aller territorialen Errungenschaften seines Hauses. Dafür musste er allerdings das Restitutionsedikt vorübergehend aussetzen – auf 40 Jahre. Stichtag für den geistlichen Güterbesitz wurde der 12. November 1627. Die theologischen Berater des Kaisers hielten so die Möglichkeit offen, in Zukunft einen neuen Anlauf zur Gegenreformation und zum Rückgewinn der verlorenen Kirchengüter nehmen zu können. Die Liga-Armee wurde dem Kaiser direkt unterstellt, die Sonderbündnisse der Reichsstände wurden aufgelöst. In der Realität ließen sich die Fürsten ihre Truppen allerdings nicht entwinden, am wenigsten Kurfürst Maximilian von Bayern. Die Reichsstände bewilligten zudem 120 Römermonate an Militärsteuern für die kaiserliche Armee.

Ungeachtet der Unvollkommenheit der Bestimmungen erfüllte der Prager Friede zunächst seinen Zweck: Immer mehr Reichsstände traten dem Vertragswerk bei, an dessen Entstehen sie keinen Anteil gehabt hatten. Diesen Beitretenden wurden auch die Amnestieregelungen zuteil.

118 Zu den Lausitzen Karlheinz Blaschke, »Lausitzen«, in: Schindling/Ziegler 1989–97 (Anm. 49), Bd. 6, 1996, S. 92–113, hier S. 111.

Nur bestimmte Reichsstände, vor allem die calvinistischen Bekenntnisverwandten Kurpfalz, Hessen-Kassel sowie mehrere Wetterauer Grafen, blieben ausgegrenzt. Natürlich galt der Ausschluss auch den böhmischen Aufständischen. In gesonderter Resolution schloss der Kaiser den Herzog Eberhard von Württemberg und den Markgrafen Friedrich von Baden aus, da diese in feindlichen Bündnissen oder Diensten standen.

Da die ausländischen Mächte in den Frieden nicht eingeschlossen waren, setzte sich der Krieg über den Tod Ferdinands II. im Februar 1637 hinaus fort. Der neue Kaiser, Ferdinand III., war weniger von jesuitischen Ratgebern abhängig als sein Vater und sah die Notwendigkeit eines Kompromissfriedens klarer vor Augen. Er setzte die Strategie fort, zuerst die Reichsstände zu einen, um dann die fremden Heere aus dem Reich zu vertreiben. Nach einem ergebnislosen Kurfürstentag in Nürnberg 1640 trat im September der Regensburger Reichstag zusammen, der erste seiner Art seit 1613. Er dauerte bis Oktober 1641. Die Reichsversammlung entfaltete eine breite Integrationskraft, auch wenn Ferdinand immer noch nicht bereit war, alle Geächteten zu amnestieren oder die protestantischen Administratoren geistlicher Stifte zum Reichstag zuzulassen. Trotz andauernden Misstrauens bewilligten die Stände zweimal 120 Römermonate für die kaiserliche Armee. Der Stichtag für die Normaljahresregelung wurde vom 12. November 1627 auf den 1. Januar 1627 verschoben. Auch wurden manchenorts erstmals seit mehreren Jahrzehnten Kreisversammlungen einberufen. Es stellte sich heraus, dass man zwei Anstrengungen für einen Frieden benötigte: Einen weiteren Reichstag und einen internationalen Kongress.

Krisen und Konsolidierung:
Schweden und Frankreich 1635–41

Nach der Schlacht bei Nördlingen drängte die gemeinsame Reichsarmee die Schweden bis weit nach Norddeutschland zurück. Die Stockholmer Herrschaftseliten begannen sich zu fragen, für welche Kriegsziele sie überhaupt noch kämpften. Als der Reichsrat in Erwägung zog, sich ohne Abfindungsgelder aus dem Krieg zurückzuziehen, wurde Oxenstierna im August 1635 bei Magdeburg kurzzeitig von meuternden Soldaten gefangen genommen, ehe er sich durch das Versprechen freikaufen konnte, eine reguläre Abfindung der Soldaten solle ein fester Punkt jedes Friedensabkommens werden.[119] Einen Monat später wurde der schwedisch-polnische Waffenstillstand durch den Vertrag von Stuhmsdorf verlängert.

Bevor es jedoch zum schwedischen Kollaps kam, griff Frankreich ein. Kardinal Richelieu hatte, wie schon gezeigt, seit seinem Antritt der Stellung als Premierminister der Konfrontation mit Spanien-Habsburg den Vorrang gegeben gegenüber dem Kampf für die Rekatholisierung Europas. Bald bekamen beinahe alle antihabsburgischen Potentaten französische Subsidien. Richelieu kämpfte in dieser Frontstellung zugleich gegen seine ultrakonfessionellen Gegner am französischen Hof und in Abgrenzung zur Politik der römischen Kurie. Damit war der Krieg vollends ein internationaler Krieg und der alte, konfessionelle

119 Eine weitere Meuterei der schwedischen Armee in Mecklenburg wurde im April 1636 durch General Johann Banér erfolgreich unterdrückt.

Charakter des Krieges obsolet geworden: Das katholische Frankreich, an seiner Spitze der »Allerchristlichste König«, war mit einigen protestantischen Hauptmächten verbündet, dagegen stand Kursachsen als lutherisches Musterterritorium im Bündnis mit dem Kaiser. Während es Frankreich um die Gewinnung der Vormacht in Europa an Spaniens Stelle ging, erstrebte Kursachsen die Wiederherstellung der Verfassungsordnung von Kaiser und Reich, Katholiken und Protestanten in Deutschland, so wie die Verhältnisse bis 1618 gewesen waren.[120]

Der zentrale europäische Gegensatz zwischen Frankreich und den Habsburgern trat nun deutlicher hervor als früher. Die Spanier versuchten, nach ihrer erfolgreichen Teilnahme an der Schlacht bei Nördlingen im September 1634 ein neues Bündnis mit dem Kaiser zu schließen, wodurch der Südteil des Burgundischen Reichskreises in den Schutz des Reiches gestellt und dessen Hilfe gegen Frankreich mobilisiert werden sollte. Ein dahingehendes Bündnis zwischen Madrid und Wien vom 31. Oktober 1634 wurde von der niederländischen Republik am 8. Februar 1635 durch eine Kriegskonvention mit Frankreich beantwortet, die beide Staaten verpflichtete, keinen Separatfrieden abzuschließen. Nach dem Sieg wollten beide die südlichen Niederlande aufteilen. Spanien lieferte Frankreich einen formellen Kriegsgrund, als der Trierer Erzbischof und Kurfürst Philipp Christoph von Sötern (1567–1652), ein französischer Parteigänger, im März 1635 bei der Einnahme der Stadt Trier durch spanische Truppen gefangen genommen

120 Zur Internationalisierung des Krieges und zur Abstraktion vom Religionskrieg: Parker 1987 (Anm 15), S. 237.

wurde. Die Spanier lieferten ihn an den Kaiser aus, der ihn zehn Jahre lang in österreichischer Haft hielt.[121] Das Trierer Domkapitel verwaltete fortan das Stift, französischer Einfluss konnte nur mit Gewalt durchgesetzt werden.

Die Hoffnung der Madrider Regierung, die Spanische Straße wieder offen halten zu können, erfüllte sich nicht, der große Konvoi von 1634/35 war der letzte, der die südlichen Niederlande erreichte. Das französische militärische Engagement blieb allerdings nicht ohne anfängliche Rückschläge. Da die strukturelle Zerrüttung der spanischen Ökonomie, Demographie und auch Staatsfinanzwirtschaft fortschritt, konnte Kardinal Richelieu dennoch sehr zu Recht darauf vertrauen, mittelfristig einen überzeugenden Siegfrieden gegen Spanien zu erreichen. Diese Absicht war keineswegs dasselbe wie das Streben nach einer französischen »Universalmonarchie«, wie Johannes Burkhardt angenommen hat. Richelieu begnügte sich in seinem Schriftwechsel damit, sein Ziel eines multipolaren europäischen Systems vorzustellen, in dem Frankreich eine Hauptrolle spielen sollte – nicht mehr, aber auch nicht weniger.

Nach der französischen Kriegserklärung vom 19. Mai 1635[122] rückte eine Armee Ludwigs XIII. in die südlichen Niederlande vor, eine weitere marschierte in Südwestdeutschland ein, wo sie das Herzogtum Württemberg ver-

121 Frankreich berief sich auf sein Schutzverhältnis zu Sötern und forderte fortan seine Freilassung, konnte sich damit aber erst 1645 durchsetzen. – Zu Sötern und seiner Politik: Karlies Abmeier, *Der Trierer Kurfürst Philipp Christoph von Sötern und der Westfälische Friede*, Münster 1986.

122 Zu Kriegsbegründungen und -erklärung: Kampmann 2008 (Anm. 14), S. 103–109.

heerte. Hier hatten die Kaiserlichen bereits zwei Wochen nach der Schlacht von Nördlingen begonnen, die schwedischen Reformationsmaßnahmen zurückzunehmen und das Restitutionsedikt zum zweiten Mal durchzusetzen. Der junge Herzog Eberhard floh nach Straßburg. Der französische Einmarsch machte das Herzogtum zu einem der Hauptschauplätze der zweiten Kriegshälfte. 1648 gehörte es zu den am stärksten zerstörten und entvölkerten Gebieten im Reich. Frankreich warb den schwedischen General Bernhard von Weimar ab und ernannte ihn zum französischen Oberbefehlshaber am Oberrhein. Für die 18 000 Mann, die Weimar unterhalten und gegen den Kaiser führen sollte, erhielt er jährlich 1,6 Millionen Reichstaler zugesagt. Dies führte keineswegs zum Bruch zwischen Frankreich und Schweden: Nachdem der Subsidienvertrag von Bärwalde aus dem Jahre 1631 abgelaufen war, einigten sich Richelieu und Oxenstierna in Compiègne und später in Wismar und Hamburg darauf, ein neues Militärbündnis zu schließen (30. März 1636, verlängert 1638).

Das Jahr 1636 stellte den Tiefpunkt der französischen Landkriegführung während des Dreißigjährigen Krieges dar. Der Feldzug Bernhards von Weimar ins Elsass wurde abgeblockt. Prinz Heinrich II. von Condé scheiterte mit dem Versuch, die Stadt Dôle in der Freigrafschaft Burgund zu belagern. Er wurde durch das Erscheinen der kaiserlichen Armee unter Matthias Graf Gallas zum Rückzug gezwungen. An der Nordgrenze gegenüber den Spanischen Niederlanden verloren die Franzosen wichtige Festungen. Geoffrey Parker vermutet, dass Frankreich zum Frieden gezwungen gewesen wäre, falls Spanien in diesem Herbst den geplanten Angriff aus dem Roussillon ins Languedoc realisiert hätte. Die Madrider Regierung verschob das Vorhaben jedoch auf das Folgejahr, und Frankreich konnte seine Schwäche überwinden.[123] Der einzige wichtige Sieg Frankreichs in den ersten vier Kriegskampagnen war die Eroberung von Breisach am 19. Dezember 1638, doch Bernhard von Weimar, der diesen Erfolg errungen hatte, starb bereits im folgenden Jahr. Mehr und mehr, so hatte es den Anschein, verlegte sich Frankreich auf die Strategie, mit der schon Prinz Moritz von Oranien gegen die Spanier erfolgreich gewesen war: Man sicherte sich so viele feste Plätze wie möglich und ging ansonsten Feldschlachten aus dem Weg.[124]

Dafür konnten die Schweden durch den Sieg in der Schlacht bei Wittstock (Oktober 1636) eine Wende auf dem norddeutschen Kriegsschauplatz erringen, auch wenn der folgende Vorstoß nach Sachsen zurückgeschlagen wurde. 1637 starb Herzog Bogislaw XIV. von Pommern ohne sukzessionsberechtigten Leibeserben. Oxenstierna war entschlossen, den kurbrandenburgischen Erbanspruch zu übergehen. Für das Herzogtum änderte sich wenig, übten die Schweden doch schon seit 1630 faktisch die Macht aus. Auch der junge Kurfürst Friedrich Wilhelm von Brandenburg musste nach seinem Regierungsantritt 1640 die schwedische Truppenpräsenz in seinem Land dulden und erreicht nur eine Neutralitätszusage.

Für Schweden besserte sich die Finanzlage durch den Hamburger Vertrag von 1638 mit Frankreich. Im April des

123 Parker 1987 (Anm. 15), S. 235.

124 Die in dieser Hinsicht wichtigsten Festungen am Rhein waren Breisach, Philippsburg und Ehrenbreitstein.

folgenden Jahres konnte die schwedische Armee zunächst die kaiserliche Armee bei Chemnitz schlagen, um anschließend Nordböhmen auszuplündern. Dennoch blieben die drängenden Finanznöte der Riesenarmee in den kontrollierten Festungen weiterhin lähmend für jede Politik. 1641 erwog die schwedische Reichsregierung, sich von Frankreich zu trennen und einen eigenen Ausgleich mit dem Kaiser zu vereinbaren. Eine neuerliche Meuterei der Hauptarmee nach dem Tod Johann Banérs im Mai machte die finanzielle Abhängigkeit in verschärfter Form deutlich: Schweden musste sich am 30. Juni 1641 verpflichten, gegen weitere Subsidien bis zum Friedensschluss im Bündnis mit Frankreich zu bleiben.[125]

Die Fortsetzung des spanisch-niederländischen Krieges nach 1635

Die französisch-niederländische Kriegsallianz wurde in der Sommerkampagne 1635 erstmals durch beiderseitige Truppenbewegungen in den Spanischen Niederlanden bekräftigt. Dabei mussten die Franzosen hohe personelle Verluste hinnehmen: Von 26 000 Soldaten, die in den spanischen Machtbereich einmarschiert waren, kehrten im Herbst nur noch 8000 nach Frankreich zurück.[126] Wechselseitige Vorwürfe der Franzosen und Niederländer waren die Folge. 1636 unternahmen die Spanier einen Feld-

125 Zu den Details der Subsidienabhängigkeit Schwedens von Frankreich: Kampmann 2008 (Anm. 14), S. 123–127.

126 Zahlen nach Richard Bonney, *The King's Depts. Finance and Politics in France, 1589–1661*, Oxford 1981, S. 173, Anm. 3; zit. nach Parker 1987 (Anm. 15), S. 230.

zug nach Nordfrankreich und rückten bis Pontoise (34 km nördlich von Paris) vor, ohne dass die Armee der niederländischen Republik ihrerseits für Entlastung gesorgt hätte. Dies bewirkte in Paris weitere Verstimmung.

Auch in den nächsten Jahren setzte Prinz Friedrich Heinrich von Oranien die Strategie der ausgewählten Belagerungen und der Vermeidung einer unbedachten, risikoreichen Feldschlacht fort. Im Bündnis mit der aufstrebenden Großmacht Frankreich musste allerdings nicht nur die spanische Armee, sondern auch der französische Ehrgeiz beachtet werden. Den verantwortlichen Politikern in der Republik stand schnell das Problem vor Augen, dass am Ende des Krieges nicht das starke Frankreich anstelle des schwachen Spanien der neue Nachbar im Süden werden würde. Einige Pläne, die auf eine Teilung des Südens hinausliefen, hätten genau das zur Folge gehabt. Das Schlagwort lautete: »Frankreich als Freund, aber nicht als Nachbar«. Da es aber noch nicht so weit war, stimmten beide Bündnispartner künftig ihre Militäraktionen miteinander ab. Für jedes Jahr wurde sowohl eine niederländische Kampagne im Norden und eine französische im Süden vorbereitet und koordiniert. Im Winter 1635/36 eroberten die Niederländer die Festung Schenkenschanz (bei Kleve) und 1637 die Festungsstadt Breda.

Rückschläge blieben allerdings nicht aus, denn im selben Jahr gingen Roermond und Venlo wieder an die Spanier verloren. Auch die Kampagnen von 1638 bis 1640 blieben erfolglos. Es wurde immer deutlicher, dass der Krieg für die Republik in ein Patt einmündete. Die günstigen Ziele für Belagerungsangriffe gingen aus, zum großen Wurf gegen Antwerpen konnte man sich nicht entschließen, weil namhafte Kräfte in den Generalstaaten die Schelde-Metropole gar nicht erobert sehen wollten. Antwerpen, so dachten vor allem Amsterdamer Politiker, würde beim Anschluss an die Republik wieder die alte Rolle als Zentrum des europäischen Fernhandels in Anspruch nehmen, dies könne nur auf Kosten der neuen Großstadt an der Amstel gehen. Immerhin gab es noch einen bedeutenden Seesieg über die spanische Flotte: In der Seeschlacht bei den Duins am 21. Oktober 1639 sicherte die Flotte der Republik die freie Fahrt auf der Nordsee und zu den Kolonien. Mit Sas van Gent 1644 und Hulst 1645 errangen die Truppen der Republik ihre letzten Belagerungserfolge des Achtzigjährigen Krieges.

Die Aufstände in Portugal und Katalonien und der Niedergang Spaniens

Wer sich die chronische Finanzschwäche der spanischen Monarchie und die wirtschaftliche Auszehrung aufgrund der jahrzehntelangen Dauerkriege vor Augen hält, ist immer noch erstaunt, weshalb die Krise dieser Weltmacht erst so spät ausbrach. Schuld am Niedergang wird zum einen König Philipp IV. zugeschrieben, der sich zwar von hohen moralischen und kirchlichen Maßstäben leiten ließ, dann aber die Staatsführung weitgehend in die Hände seines Favoriten Gaspar de Guzmán, Conde-Duque de Olivares legte. Dem Premierminister wird der andere Teil der Schuld angelastet.[127] Olivares überstand den Staatsbankrott

127 Zum König: Carlos Collado Seidel, »Philipp IV. (1621–1665)«, in: *Die spanischen Könige. 18 historische Porträts vom Mittelalter*

von 1627 und schaffte es, aus dem niedergehenden Land immer höhere Steuern für die spanischen Streitkräfte in Norditalien und den Niederlanden herauszupressen. Dies ging allerdings einher mit einer immer stärkeren Stellung des Favoriten am Hof: Nach und nach wurden die 13 obersten Ratsgremien (*consejos*) mit Olivares' Günstlingen besetzt, die politische Leitmetapher »Reform« wurde durch die der »Obödienz« ersetzt.

Bei diesem Grad der Zentralisierung konnte es nicht ausbleiben, dass die Niederlagen im Mantuaner Erbfolgekrieg und das Verfehlen eines militärischen Durchbruchs gegen Frankreich nach 1635 dem Favoriten angelastet wurden. 1640 begann dann der Zusammenbruch. Kurz hintereinander brachen auf der Iberischen Halbinsel mehrere Adelsrevolten aus, die wie Buschfeuer mit großer Geschwindigkeit um sich griffen. Den Anfang machte Katalonien: Hier revoltierten die Stände, als Olivares versuchte, zusätzliche königliche Truppen für den Krieg in den östlichen Pyrenäen und im Roussillon zu stationieren. Der Vizekönig, der Graf von Santa Coloma, kam dabei gewaltsam ums Leben. Olivares versuchte, die Revolte niederzuschlagen, scheiterte aber Anfang 1641 mit seiner Militäraktion. Nachdem die Zentralregierung Gewalt angewandt hatte, fiel die gesamte Provinz ab und rief 1642 Frankreich als Schutzmacht an. Französische Truppen rückten ins Land ein und besetzten die Schlüsselpositionen. Die spanische Krone hatte stark vermehrte Militärkosten, musste

bis zur Gegenwart, hrsg. von Walther L. Bernecker [u. a.], München 1997, S. 97–114. – Zum »Valido«: John H. Elliott, *The Conde-Duque of Olivares. The Statesman in an Age of Decline*, New Haven / London 1986.

gleichzeitig aber auf die Steuereinnahmen aus Katalonien verzichten.

Im Dezember 1640 erhoben sich die Stände in Portugal, das nach dem Aussterben der Avis-Dynastie 1580 per Personalunion mit Spanien verbunden worden war. Nachdem Philipp II. eine vorsichtige Politik betrieben hatte, um die Eigenständigkeit der Portugiesen nicht zu beleidigen, wurde das Land unter den beiden folgenden Habsburgerkönigen ebenfalls dem politischen Prozess der spanischen Staatszentralisierung unterworfen. Handelssperren gegen England und die Niederlande beeinträchtigten das Wirtschaftsleben und wurden von den Eliten als bloße Repressalie der Krone betrachtet, um Portugal in Schwäche und Abhängigkeit zu halten. 1638 versuchte Philipp IV., den Rat von Portugal als höchstes Organ abzuschaffen, um das Königreich von Kastilien aus direkt zu lenken.

Der Herzog von Braganza, der eigene Erbrechte auf die portugiesische Krone besaß, nutzte die Konzentration der Madrider Regierung auf Katalonien, um 1640 seinen Aufstand vorzubereiten. Schnell wurde er von den Ständen und den anderen Untertanen als König Johann IV. von Portugal anerkannt. Versuche, Portugal für die spanische Krone zurückzugewinnen, scheiterten in den folgenden Jahren (besonders 1657 und 1665). Schutzmacht der Portugiesen wurde England, das diese Stellung bis ins 19. Jahrhundert bewahrte.[128]

Als Olivares das Scheitern seiner Außenpolitik durch wachsende Repression im Innern kompensieren wollte, sammelte sich 1642 die Opposition im kastilischen Adel

128 Spanien erkannte Portugals Unabhängigkeit 1668 an.

und in der hohen Zentralverwaltung gegen seine Person. Das Unvermögen der spanischen Armee, die Stadt Lérida in den Pyrenäen von Frankreich zurückzuerobern, bot Ende 1642 das Signal für Olivares' Sturz. Der König wurde mit dahingehenden Forderungen überhäuft und musste sich am 22. Januar 1643 von seinem Favoriten trennen. Olivares wurde aus allen Staatsämtern entlassen, vom Hof verbannt und auf seine Latifundien geschickt.

Die Dominanz der Kronen: Französische und schwedische Kriegführung in den Jahren 1641–48

Frankreich profitierte von Spaniens Niedergang unmittelbar. Richelieu konnte es sich 1630 leisten, ein Angebot Maximilians von Bayern abzulehnen, der überlaufen wollte. Allerdings blieb es nicht aus, dass auch Frankreich nach Jahren der intensiven Kriegführung Finanzprobleme und innere Unruhen erlebte.[129] Als Richelieu (Dezember 1642) und König Ludwig XIII. (Mai 1643) kurz hintereinander starben, zeigte sich der französische Staat gefestigt: der Herrschaftsübergang an Kardinal Jules Mazarin vollzog sich ohne nennenswerte Verzögerungen. Es war ein Zufall, dass der wichtigste französische Schlachtenerfolg im Dreißigjährigen Krieg wenige Tage nach dem Tod des Königs

129 1641 organisierte der Graf von Soissons, ein Cousin des Königs, eine Revolte, die nur durch seinen vorzeitigen Tod zusammenbrach. 1642 war es der Marquis de Cinq-Mars, der eigenmächtige Verhandlungen mit Spanien aufnahm, um nach dem von ihm betriebenen Sturz Richelieus zügig Frieden zu schließen. Der Markgraf verlor seinen Kopf, als das Komplott entdeckt wurde: Parker 1987 (Anm. 15), S. 257.

errungen wurde: Am 19. Mai 1643 konnte Herzog Ludwig II. von Enghien, später der »Große Condé« genannt, erstmals die Flandrische Armee der Spanier bei Rocroi in einer Hauptschlacht besiegen. Da die Spanier in dieser Schlacht einen großen Teil ihrer kriegserfahrenen Berufssoldaten verloren, zementierte das Ereignis die französische Dominanz auf dem belgischen Kriegsschauplatz.

Zur selben Zeit stießen die französischen Truppen in Südwestdeutschland auf starken Widerstand durch das bayerische Korps der Reichsarmee. Kurfürst Maximilian sah sich einer erneuten Heimsuchung gegenüber, diesmal durch einen Feind gleicher Konfession. Allerdings hatte er sich der Dienste eines herausragenden Generals versichert: Franz Freiherr von Mercy, aus lothringischem Adel, hatte schon 1631 bei Breitenfeld als Obrist-Wachtmeister für Tilly gekämpft. Später wirkte er in der kaiserlichen und der bayerischen Armee und wurde im Mai 1643 Oberkommandierender der bayerischen Truppen. Er hatte Elemente der oranischen Heeresreform bei den Schweden gelernt und wandte sie in seinen katholischen Streitkräften erfolgreich an, z. B. den Einsatz kleinerer, beweglicher Einheiten anstelle der großen Karrees. In der Schlacht bei Tuttlingen errang Mercy am 24. November 1643 seinen ersten großen Sieg über die Franzosen. Im folgenden Jahr nahm Mercy die befestigten Städte Überlingen (11. Mai) und Freiburg i. Br. (27. Juli) ein. Auch die Schlacht bei Freiburg vom 5. August 1644 ging für Mercy siegreich aus, obwohl Turenne und Enghien/Condé auf der Gegenseite kommandierten. Den letzten großen Sieg errang Mercy am 5. Mai 1645 in der Schlacht von Herbsthausen nahe Mergentheim. Was der Bourbonenmonarchie an Feldherrenkunst noch fehlte, glich sie durch überlegene Ressourcen aus. Die französischen Generäle erhielten weitere Regimenter zugesandt, gewannen zudem ein hessisches Korps als Bundesgenossen und konnten am 3. August 1645 zur Schlacht von Alerheim antreten und dort Mercys Armee stoppen. Der bayerische Feldherr fiel. Frankreich sicherte sich die Kontrolle über Schwaben und drängte den bayerischen Kurfürsten in die Defensive.[130]

Nach Alerheim entschlossen sich Frankreich und Schweden zu der Strategie, von Westen und Norden her das Reich zu besetzen, um anschließend in konzertierter Aktion nach Böhmen und Österreich einzumarschieren. Bis man in Wien sei, werde sich der Kaiser wohl zu einem akzeptablen Frieden bequemen, ansonsten könne man sich das nehmen, auf das man Anspruch zu haben glaubt. Frankreich begann 1646 mit dem Einmarsch in Bayern, woraufhin Kurfürst Maximilian am 14. März 1647 einen Waffenstillstand mit Paris vereinbarte. Der Wittelsbacher brach diesen Vertrag allerdings schon im September 1647 wieder, worauf 1648 ein weiterer französischer Einmarsch nach Bayern folgte.

In derselben Zeit eroberten die Franzosen die Städte Gravelingen (1644) und Dünkirchen (1646) und sicherten dadurch ihren nördlichen Kanalzugang ab. Ein weiterer spanischer Staatsbankrott sowie der Aufstand des Masaniello in Neapel hemmten 1647 größere Militäraktionen

130 Zwar verloren die Franzosen mehr Soldaten als die bayerische Seite, dennoch nutzte das Kampfergebnis ihnen mehr als dem Gegner: Karlheinz Scheible, *Die Schlacht von Alerheim, 3. August 1645. Ein Beitrag zur Geschichte des Dreißigjährigen Krieges*, Alerheim 2004.

der Spanier in den südlichen Niederlanden. Im Folgejahr kam es zwar zur spanischen Einnahme von Cambrai und zur Schlacht bei Lens (20. August 1648) mit siegreichem Ausgang für die Franzosen, doch änderte sich die strategische Lage nicht. Frankreich konnte sich ansonsten in der Kampagne 1648 auf den Feldzug in Süddeutschland konzentrieren. Zusammen mit schwedischen Einheiten schlugen die Franzosen bei Zusmarshausen nahe Augsburg am 17. Mai 1648 die kaiserliche Rumpfarmee. Bayern konnte nicht mehr verteidigt werden und wurde einmal mehr von den Franzosen ausgeplündert.

Schweden unternahm während derselben Zeit einen neuerlichen Vormarsch im Reich, der mit dem Gustav Adolfs vergleichbar war. Schon Moriz Ritter stellte mit Bewunderung fest, dass die schwedische Armee in der letzten Kriegsphase ein großes Reservoir bedeutender Generäle hervorbrachte, die einer Rekrutentruppe in kurzer Zeit Disziplin und eine enorme Marschgeschwindigkeit beibringen konnten. Von Gustav Horn reichte dieser Bogen über Johann Banér und anschließend Lennart Torstensson bis hin zu Gustav Wrangel. Demgegenüber habe der Mangel an Heerführern nach der Ermordung Wallensteins auf der kaiserlichen Regierung wie ein Fluch gelastet: Die besten, Ottavio Piccolomini und Erzherzog Leopold Wilhelm von Österreich, seien – so Ritter – »achtungswerte Mittelmäßigkeiten« gewesen, während Gallas von Ritter als »Heerverderber« bezeichnet wurde.[131]

Schweden konnte seine Stellung in diesen Jahren immer mehr ausbauen. Dies geschah ungeachtet der Tatsa-

131 Zitate: Ritter 1889–1908 (Anm. 77), Bd. 3, S. 609.

che, dass die schwedische Krone wegen der Minderjährigkeit Christinas nur eingeschränkt handlungsfähig war und die Finanzen des Landes keineswegs für eine Offensivstrategie ausreichten. Die Armee hatte sich ohnehin darauf eingerichtet, ihren täglichen Bedarf in Deutschland zu decken, was zwar jedes Jahr schwieriger wurde, aber den Schweden immer noch besser gelang als den Kaiserlichen. Die Armeen aller Seiten waren nun in ständiger Bewegung, da kein langer Aufenthalt in den hauptbetroffenen Gebieten mehr möglich war.

Nach dem vorzeitigen Tod von Johann Banér im Mai 1641 übertrug der Reichsrat das Oberkommando in Deutschland auf Lennart Torstensson. Er hatte sich bereits im Kampf gegen Wallenstein ausgezeichnet und errang Anfang November 1642 den Sieg in der zweiten Schlacht bei Breitenfeld über die kaiserliche Armee. Die vorübergehende Handlungsunfähigkeit der Kaiserlichen verschaffte Schweden die Gelegenheit zu einer militärischen Intervention in Dänemark. Im Sommer 1643 wurde Jütland besetzt, die dänische Kriegsflotte konnte im Herbst bei Fehmarn geschlagen werden. König Christian IV. von Dänemark musste am 23. August 1645 den Frieden von Brömsebro schließen. Dänemark verlor die Inseln Ösel und Gotland. Die norwegischen Provinzen Härjedalen und Jämtland wurden dauerhaft an Schweden abgetreten, die südschwedische Provinz Halland für 30 Jahre. Der Dänenkönig konnte dadurch die angestrebte Rolle als Friedensvermittler nicht spielen.

Im Januar 1645 unternahm Torstensson einen erneuten Angriff auf die kaiserlichen Erblande. Ferdinand III. hatte unter Aufbietung aller organisatorischen und finanziellen Kräfte im Winter 1644/45 eine neue Armee aufstellen lassen. Nachdem die schwedische Armee bereits einige Zeit in Niederösterreich im Winterquartier gelegen hatte, schlug Torstensson die Kaiserlichen in der Schlacht bei Jankau in Böhmen am 6. März 1645 schwer. Nach Jankau stand Böhmen den Schweden offen, keine kaiserliche Armee hinderte sie mehr. Es war wesentlich auf Torstenssons Siege zurückzuführen, dass sich im Beraterkreis Ferdinands III. diejenigen durchsetzten, die einen Frieden auch unter konfessionellen Opfern befürworteten. Kursachsen war klug genug, sich schnell mit Schweden zu verständigen, um nicht in der Phase der kaiserlichen Ohnmacht Opfer eines skandinavischen Strafgerichts zu werden. Am 6. September 1645 beendete der Waffenstillstand von Kötzschenbroda die Kampfhandlungen zwischen den beiden lutherischen Mächten. Damit waren den kaiserlichen Bemühungen die Grundlagen entzogen, zusammen mit den protestantischen Kurfürsten einen Frieden zu erreichen, der die europäischen Großmächte überging.

Im Sommer 1647 sicherte sich Schweden unter General Carl Gustav Wrangel die Aufmarschbasis für die Besetzung Böhmens. Im Juli 1647 fiel das Fürstentum Eger in schwedische Hand und konnte von den Kaiserlichen auch nicht zurückgewonnen werden. Dabei kam es den Schweden zugute, dass Bayern vorübergehend einen Waffenstillstand mit Frankreich geschlossen hatte, der den Kaiser belastete. Im Herbst des Jahres rückten die wiedervereinten Streitkräfte des Kaisers und des bayerischen Kurfürsten in Böhmen erneut nach Norden vor, woraufhin die Schweden sich zurückbewegen mussten.

Nach Operationen in Schlesien und in Süddeutschland marschierten die Schweden im Sommer 1648 unter Hans

Christoph Graf Königsmarck (1605–1663) in die westlichen Stadtteile Prags ein, plünderten die Kleinseite und brachten viele Kunstschätze aus den rudolfinischen Sammlungen ins Drei-Kronen-Reich, wo sie noch heute ausgestellt werden. Als sich die inzwischen koordiniert agierenden Franzosen und Schweden anschickten, nach Österreich einzumarschieren, schloss der Kaiser Frieden. Angesichts der strategischen Lage konnte Ferdinand III. davon ausgehen, noch einen günstigen Frieden erreicht zu haben.

Der mühevolle Weg zum Westfälischen Frieden

Der spanisch-niederländische Friede von Münster

Angesichts der Aufstände in Katalonien und Portugal entschloss sich König Philipp IV. zu einem Frieden mit den Niederlanden unter weitreichenden Zugeständnissen. Die militärischen Fortschritte der Franzosen ließen befürchten, dass Spanien am Ende die südlichen Niederlande abtreten musste, um Katalonien zurückzuerlangen. Der Preis, den Spanien der niederländischen Republik zu zahlen hatte, würde niedriger ausfallen. Der spanische Verhandlungsführer in Münster, Graf Peñaranda, fasste diese Konstellation in vier Thesen zusammen:

1. Die Niederländer seien zuverlässiger als die Franzosen.
2. Die Niederländer seien weniger mächtig als die Franzosen und daher eher bereit, einen Frieden zu halten.
3. Die Niederlande grenzten nicht an Spanien, was den Frieden sicherer mache.

4. Falls man mit Frankreich Frieden schlösse, müsse man einen Teil der südlichen Niederlande abtreten. Die Franzosen würden dadurch noch mächtiger und sich später die übrigen Provinzen ebenfalls aneignen. Bei einem Frieden mit der Republik dagegen, selbst wenn er durch Abtretungen erkauft würde, bestehe die Hoffnung, dass die Generalstaaten sich der französischen Expansion entgegenstellen würden und Spanien in seinem restlichen Besitz verbleiben könne. Daher sei diese zweite Lösung anzustreben.[132]

In der spanischen Forschung gilt der Westfälische Friede bis heute als ein »Markstein des Niedergangs«.[133] Die spanische Nation verstand sich als Schützerin und Verbreiterin des katholischen Glaubens. Spanien hatte sich während des Spätmittelalters im erfolgreichen Kampf gegen die Mauren integriert, hatte anschließend im 16. Jahrhundert das Christentum nach Südamerika gebracht und kämpfte in allen erreichbaren europäischen Ländern gegen die Türken und die Feinde Roms. Diese politisch-konfessionelle Aufgabe musste nun fallengelassen werden, wenn man einen Frieden mit der ketzerischen niederländischen Republik schloss. Die Legitimation als Großmacht war infrage gestellt. Hier mussten daher nicht nur pragmatische Probleme der Abwicklung eines Krieges gelöst, sondern erhebliche ideologische Barrieren übersprungen werden, bevor ein Abkommen in den Bereich des Denkbaren rücken konnte.

132 Israel 1982 (Anm. 76), S. 359.
133 Fernando Sánchez Marcos, *Der Westfälische Friede, die spanische Diskussion und Europa*, Münster 1995, S. 7.

Versuche der spanischen Delegation, für die Akzeptierung der herrschenden Machtverteilung noch Kompensationen zu erlangen, blieben ohne Erfolg, obwohl Spanien schon früh den Ausgleich auf Grundlage des territorialen Status quo sowie die Anerkennung der Souveränität der Republik angeboten hatte. Weder gestanden die Vereinigten Provinzen etwas in der Handelsfrage zu, noch wollten sie auf irgendwelche Kolonien verzichten. Wie schon 1609 blieb es Spanien versagt, eine öffentlich-rechtliche Besserstellung für die starke Minderheit der nordniederländischen Katholiken zu erlangen.

Die militärische Überlegenheit der Vereinigten Niederlande im Bündnis mit Frankreich verführte Prinz Friedrich Heinrich von Oranien nicht, das Hauptziel aus dem Auge zu verlieren: ein Friede mit Spanien unter Bewahrung aller territorialen Gewinne und die Erringung der vollen Souveränität. Dazu musste der Prinz aber innenpolitische Widerstände ausräumen, die sich schon seit den späten 1620er Jahren einem Ausgleich entgegengestellt hatten. Die drückenden Militärkosten spielten dem Prinzen dabei in die Hände, besonders die Provinz Holland, Hauptnettozahlerin des niederländischen Steueraufkommens, wollte sich von diesen Lasten befreien. Seit dem Jahr 1643 war ein innenpolitischer Streit entstanden, der sich in den politischen Gremien, aber auch in der Flugschriftenpublizistik niederschlug. Die Auseinandersetzung wurde von den Zeitgenossen mit drei Schlagworten umschrieben: *Unie, Religie, Militie* – Union, Religion, Militär.[134]

134 Der komplizierte Diskussionsprozess innerhalb der niederländischen Provinzen und Städte ist von Jan Joseph Poelhekke und

Der niederländische Terminus technicus für diese Begriffstrias hieß *Praeliminaire punten* – Einleitungspunkte. Dabei umschrieb das Wort *Unie* sowohl die damalige Union der sieben Provinzen als auch die historische Union von Utrecht aus dem Jahre 1579. Betroffen war hier die gesamte politische Verfassungsordnung der niederländischen Republik, das komplizierte Verhältnis zwischen den Generalstaaten, den sieben Einzelprovinzen sowie den Adligen und Städten innerhalb der Provinzen. Insbesondere das große Übergewicht, das die Provinz Holland durch ihre Wirtschaftskraft und ihre Steuerleistung von fast 60 % für die Union besaß, versetzte die übrigen Provinzen in die Defensive. Letztere neigten nicht selten dazu, sich in Konflikten mit Holland mit dem Oranierhaus zu verbünden. Mit dem Schwinden der Körperkräfte bei Prinz Friedrich Heinrich von Oranien im Laufe der 1640er Jahre stand überdies eine Verschiebung der innenpolitischen Kräfte bevor.

Religie bezog sich auf die Konstruktion der calvinistischen »Öffentlichkeitskirche«. Seit den 1570er Jahren hatten die Geusen in den von ihnen kontrollierten Städten über kurz oder lang die öffentliche Ausübung des katholi-

Simon Groenveld in mehreren Studien erhellt worden: Simon Groenveld, »Unie, Religie en Militie. Binnenlandse verhoudingen in de Republiek voor en na de Munsterse Vrede«, in: *1648. De Vrede van Munster*, hrsg. von Hugo de Schepper [u. a.], Hilversum 1997, S. 67–87; Simon Groenveld, »Der Friede von Münster als Abschluss einer progressiven Revolution in den Niederlanden«, in: Bußmann/Schilling 1998 (Anm. 27), Textbd. 1, S. 123–132. Als umfassende Studie zum Ablauf der Verhandlungen immer noch unverzichtbar: Jan Joseph Poelhekke, *De vrede van Munster*, Den Haag 1948.

schen Kultes unterbunden. Nur Calvinisten genossen das Vorrecht, öffentlich ihr Bekenntnis zur Schau zu stellen, während Lutheraner und Täufer bald komfortable Bedingungen für ihren Gottesdienst im Stillen erreichten. Katholiken dagegen, stets im Verdacht, dem Papst und dem spanischen König mehr Loyalität entgegenzubringen als der eigenen Republik, wurden mit verschiedenen Verboten konfrontiert, mit Sonderabgaben belegt und von öffentlichen Spitzenämtern weitgehend ausgeschlossen. Dennoch blieb ihre Zahl in den sieben Nordprovinzen hoch: Zwischen 1620 und 1650 stellten Calvinisten und Katholiken beide rund 37 % der Bevölkerung.

Der dritte Punkt, die Militärangelegenheiten (*Militie*) betreffend, stützte sich auf die Regelung der Utrechter Union, die Kriegführung und Organisation der Streitkräfte den Generalstaaten als Gemeinschaftsaufgabe zu übertragen. Die höchste Ständeversammlung der Republik entschied über die militärischen Ziele, die in jedem Frühjahrsfeldzug angestrebt werden sollten, und beschloss den Militäretat auf der Grundlage eines Haushaltsentwurfs des *Raad van State*. Das Geld für die Verteidigung des Landes stammte aus Eigenmitteln der Generalität (Steuern aus den Generalitätslanden und ausländischen Subsidien) sowie aus Beiträgen der Provinzen, die zumeist über Anleihen finanziert worden waren. Die steigenden Aufwendungen für die Soldaten hatten einen wachsenden Schuldenstand der politischen Körperschaften zur Folge, was besonders seit den 1630er Jahren eine Reduzierung des militärischen Aufwandes immer dringender erscheinen ließ. Das militärische Oberkommando lag beim Generalstatthalter, der es mit Rat seiner Generäle ausübte. Fiskalisch war jede militärische Besatzung oder Einheit der Feldarmee einer öffentlichen Kassenstelle (den Generalstaaten, einer Provinz oder einer Stadt) zugewiesen.

Schon in den Jahren zwischen 1643 und 1646, die die Provinzen benötigten, um sich auf die Entsendung einer Delegation nach Münster und deren Vollmachten zu verständigen, hatte sich herausgestellt, wie unterschiedlich die Vorstellungen über die künftige Außenpolitik waren. Die Friedenspartei, bestehend aus der holländischen Städtemehrheit sowie den Provinzen Geldern, Friesland, Groningen und Overijssel, fand ihren Widerpart in den Provinzen Seeland und Utrecht sowie in einigen streng calvinistisch dominierten Städten Hollands.[135]

Nachdem die Verhandlungen mit Spanien in Münster nur von Januar 1646 (Einzug der Delegation) bis Januar 1647 (Paraphierung des Vertrags) gedauert hatten, benötigte der Prozess der Meinungsbildung über den Friedensschluss in den Provinzialversammlungen ebenfalls ein Jahr, bis endlich am 30. Januar 1648 die Vertragsurkunden mit der spanischen Gesandtschaft ausgetauscht werden konnten.[136] Prinz Friedrich Heinrich von Oranien war im März 1647 gestorben. Die Gegner des Friedensschlusses

135 Vor allem opponierten die holländischen Tuchhändlerstädte Leiden und Haarlem, die sich an die Einbußen erinnerten, die sie früher in der Waffenstillstandszeit durch den offenen Handel mit Flandern erlitten hatten: Israel 1982 (Anm. 76), S. 53–65.

136 Die faksimilierte Ausgabe des Friedensvertrags wurde ediert von Groenveld 1998 (Anm. 134). Vgl. auch die mehrsprachige Quellenausgabe auf der Grundlage zeitgenössischer Druckexemplare: Gerd Dethlefs (Hrsg.), *Der Frieden von Münster. De Vrede van Munster 1648*, Münster 1998.

fanden im neuen Statthalter Prinz Wilhelm II. von Oranien einen machtvollen Fürsprecher: Im calvinistisch-reformierten Sinn erzogen, erstrebte der jugendliche Prinz nicht nur die Fortsetzung des Krieges, sondern auch die völlige Ausrottung aller katholischen Restpositionen in den Vereinigten Provinzen.[137] Die friedenswilligen Provinzen setzten sich jedoch über die Ansichten des Prinzen hinweg. Zwar flammten auch in den Jahren 1649 und 1650 innere Verfassungskonflikte wieder auf. Der frühe Tod Wilhelms II. im Herbst 1650 bedeutete jedoch den Sieg für die republikanische Staatsform und damit für die Einhaltung des Friedensvertrags mit Spanien.

Mit dem Vertrag vom 30. Januar 1648 war die niederländische Republik in jeder Hinsicht am Ziel ihrer Wünsche.[138] Der wichtigste Punkt des Friedens war die Anerkennung der Republik als souveräner Staat. Der spanische König sicherte zu, den Kaiser um die Entlassung der Vereinigten Provinzen aus dem Verband des Heiligen Römischen Reiches zu ersuchen, und hielt dieses Versprechen

137 Der Prinz wäre am liebsten persönlich in den Krieg gegen Spanien gezogen und war darin vom französischen Botschafter unterstützt worden. Sein Vater hatte es jedoch nicht zugelassen, dass der Nachfolger sein Leben aufs Spiel setzte.

138 Vertrag zwischen Spanien und den Niederlanden vom 30. Januar 1648 (samt einigen Nebendokumenten): Jean Dumont (Hrsg.), *Corps Universel Diplomatique du Droit des Gens; contenant un recueil des traitez d'alliance, de paix, de trêve, de neutralité, de commerce, d'échange, de Protection et de Garantie [...]*, 8 Bde., Amsterdam / Den Haag 1726–31, Bd. 6.1, S. 429–435; Clive Parry (Hrsg.), *The Consolidated Treaty Series*, 231 Bde., New York / London 1969–86, Bd. 1, S. 3–69 (lat. Fassung), S. 70–118 (franz. Fassung).

auch ein.[139] Neben den üblichen völkerrechtlichen Formalien wurde der bestehende Grenzverlauf festgeschrieben, was die wechselseitige Anerkennung der Kolonialbesitzungen einschloss. Beide Seiten öffneten ihre europäischen Häfen für die Schiffe der jeweils anderen, die Kolonialhäfen hingegen sollten von der Gegenseite nicht angefahren werden. Für Untertanen jeder Seite galt im anderen Land Gewissensfreiheit, aber nicht das Recht auf öffentliche Ausübung der eigenen Religion. Streitigkeiten aus Wirtschaftsgeschäften sollten vor einem paritätischen Schiedsgericht verhandelt werden. Daneben stand jedem Untertanen im Ausland die Beschreitung des dortigen regulären Rechtswegs offen.

Das Bekanntwerden des Friedensschlusses löste unter der Münsteraner Bevölkerung eine solche Begeisterung aus, dass der päpstliche Nuntius Fabio Chigi befürchtete, der gesamte Niederrheinisch-Westfälische Kreis würde sich am liebsten den Generalstaaten unterstellen, um am Handel der Republik nebst den damit verbundenen Gewinnen teilzuhaben.[140] Der Nuntius hatte allen Grund, die Situation dramatisch darzustellen, bedeutete der Frieden doch eine schwere Niederlage für die Interessen der Kurie. Papst Innozenz X. protestierte gegen den Vertrag – ließ den Protest aber nur den Spaniern mitteilen, nicht aber den Niederländern, um keine Repressalien gegen katholische Untertanen in den Nordprovinzen zu provozieren.

139 Die das Reich betreffende Passage steht im Friedensvertrag in Artikel 53.

140 Äußerung Chigis vom 25. Mai 1648: Franz Petri, »Der Friede von Münster und die Selbständigkeit der Niederlande«, in: *Westfalen* 37 (1959), S. 17–28, hier S. 17.

Der Weg zum Frieden im Reich

Die Präliminarien des Westfälischen Friedenskongresses begannen kurz vor dem Prager Frieden.[141] Es war Papst Urban VIII., der sich 1634 als Vermittler zwischen den Großmächten anbot. Der Papst wollte nicht mit den lutherischen Schweden verhandeln, so wurde die Republik Venedig als zweite Mediationsmacht gewonnen und vermittelte künftig zwischen den konfessionsverschiedenen Parteien. Der erste Versuch, ab Herbst 1636 in Köln zu verhandeln, scheiterte am Fernbleiben der französischen Delegation. Die Schweden weigerten sich, 1638 Verhandlungen mit der kaiserlichen Delegation in Lübeck oder Hamburg zu beginnen. Erst auf dem sog. Hamburger Präliminarkongress im Dezember 1641 wurde die Frage der Legitimationen und Pässe gelöst, und Münster und Osnabrück wurden als Kongressstädte benannt.[142]

Beide Städte wurden für die Verhandlungsdauer neutralisiert: Alle Garnisonen der Mächte waren abzuziehen und eine eigene Stadtmiliz einzurichten. Zudem erhielten die Städte jeweils schriftliche Garantien der verhandelnden Parteien, dass sie nicht angegriffen oder unter einem Vorwand militärisch besetzt würden. Dies war umso wichtiger, als es während der gesamten Verhandlungsdauer nicht gelang, einen Waffenstillstand zu schließen.

141 Grundlegend: Fritz Dickmann, *Der Westfälische Frieden*, Münster 1959 (⁷1997); vorzüglicher Überblick: Konrad Repgen, »Die westfälischen Friedensverhandlungen. Überblick und Hauptprobleme«, in: Bußmann/Schilling 1998 (Anm. 27), S. 355–372.
142 Der Hamburger Präliminarvertrag vom 25. Dezember 1641, gekürzter Abdruck in: Roeck 1996 (Anm. 10), S. 365–367.

Der Westfälische Friedenskongress begann *via facti*, indem zwischen 1643 und 1646 immer mehr Teilnehmer anreisten. Die Abreise gestaltete sich übrigens genauso: Zwischen 1647 und 1649 verließen diplomatische Einzelpersonen oder Gruppen den Kongress nach und nach. Eine Vollversammlung hat es dabei nicht gegeben, und sie war auch gar nicht beabsichtigt. Frankreich und Schweden hatten durchgesetzt, dass es nicht nur einen Staatenkongress gab, sondern dass es gleichzeitig durch die Einladung der Reichsstände zu einer Art Reichstag kam und beides sich vermischte. Kaiser Ferdinand III. wurde durch die Niederlage von Jankau im März 1645 gefügig gemacht, dieser Lösung zuzustimmen.

Stets verhandelten einzelne Gruppen oder Einzelpersonen miteinander, die im Auftrag bestimmter Staaten oder Territorialherren standen. Insgesamt waren 109 Delegationen in Münster und Osnabrück akkreditiert. Jede Delegation konnte nicht nur ihren Hauptentsender, sondern auch per Vollmacht andere Mächte vertreten. Insbesondere die Reichsstände teilten sich zu mehreren denselben Kongressbevollmächtigten. So führten 66 Gesandte und 27 andere Interessenvertreter die Stimmen für 140 Reichsstände und 38 andere Parteien.[143]

Die Vermittlungsarbeit wurde vom päpstlichen Nuntius Fabio Chigi und vom venezianischen Diplomaten Alvise Contarini übernommen. Die Vermittler sollten immer abwechselnd die Parteien aufsuchen. Dort sollten sie Schriftsätze fertigen oder fertigen lassen und sie anschließend zur jeweils anderen Seite expedieren. Zwischen den französi-

143 Repgen 1998 (Anm. 6), S. 356.

schen Diplomaten und denen des Kaisers und des spanischen Königs wurde dies in der Folge auch beachtet. Die Verhandlungen zwischen Schweden und dem Kaiser sowie mit den Reichsständen verliefen ohne Vermittlung, ebenso die zwischen Spanien und den Niederlanden. Die Reichsstände waren untereinander ohnehin die Gepflogenheiten der Reichstage gewohnt und bedurften keiner Vermittlung. Dennoch gab es direkte offizielle Kontakte zwischen den verfeindeten Parteien, allerdings auf privater Basis. In der Terminologie der Zeit hießen sie *Discursus*, während die offiziellen Verhandlungen per Vermittlung als *Congressus* bezeichnet wurden.

Zur Neugestaltung der Reichsverfassung entschloss sich Kaiser Ferdinand III. 1645, seinen erfahrensten politischen Berater, Obristhofmeister Maximilian Graf Trauttmansdorff, nach Münster zu entsenden. Trauttmansdorffs Einzug in Münster am 25. November 1645 bedeutete den Beginn der wichtigsten Verhandlungsphase: 18 Monate später lagen alle Punkte vor, die später in die Friedensverträge eingehen sollten, auch wenn der allgemeine Konsens noch einige Zeit länger auf sich warten ließ.[144]

Das Schwergewicht der Arbeit an der Erneuerung der Reichsverfassung lastete auf den reichsständischen Vertretern. Nur sie waren – als Juristen, die das *Ius Publicum* und das *Ius Ecclesiasticum* beherrschten – in der Lage, die komplizierten Verfassungsregularien zu überblicken. Die Friedensverhandlungen waren zum einen der »Kampf um das Recht«, zum anderen aber auch der Kampf um die

144 Vgl. zum chronologischen Ablauf der Verhandlungen: Kampmann 2008 (Anm. 14), S. 158–170.

Geschichtsdeutungen, da sich zahlreiche Ansprüche auf historisches »Herkommen« gründeten. Die Reichsstände traten in gewohnter Weise in Kurien zusammen: Die Kurfürsten tagten in Münster, die Reichsstädte fast ausschließlich unter Osnabrücker Leitung in Osnabrück. Der Reichsfürstenrat zerfiel in eine protestantische Bank, die in Osnabrück beheimatet war, während die katholischen Reichsfürsten in Münster wohnten und ihre Diskurse durchführten. Die Verfahrensordnung wurde reaktiviert: Ein »Bedenken« der Reichsstände benötigte, um gültig zu sein, die Zustimmung wenigstens der Kurfürsten und der Reichsfürsten. Erst dann konnte es dem Kaiser mit Anspruch auf Geltung übergeben werden. Die Reichsstädte wurden an der wirklichen Willensbildung nicht beteiligt, sondern erst zum Ende aufgefordert, dem Entschluss der höheren Stände zustimmend beizutreten.

Quer zur Ständeordnung gab es die Konfessionsordnung: Während des Kongresses bildeten sich die Konfessionsparteien als Corpora, das *Corpus Evangelicorum* und das *Corpus Catholicorum*. Was vor dem Krieg informell betrieben worden war, was als Sonderbünde (Schmalkaldischer Bund, protestantische Union, katholische Liga) entweder militärisch niedergeschlagen oder im Prager Frieden aufgelöst worden war, das bildete sich nun neu auf diplomatischer Bühne.[145] Am stärksten ausgeprägt war das *Corpus Evangelicorum* als Versammlungsstätte und Lobby aller Protestanten. Da Lutheraner und Calvinisten im

145 Konrad Repgen weist zu Recht darauf hin, dass Sonderbünde eine lange Tradition hatten und in dieser Orientierung bereits vor 1555 im Reich Praxis waren: Repgen 1998 (Anm. 6), S. 359.

Reich die Minderheit darstellten und überdies noch untereinander politisch gespalten waren, grenzt es an ein Wunder, dass auf dem Friedenskongress dennoch eine gemeinschaftliche Politik betrieben werden konnte. Es war allerdings auch dem schwedischen Einfluss zuzuschreiben, dass immer wieder dem Zwang zur Einheit, der Zurückstellung interner Differenzen, das Wort geredet wurde. Das *Corpus Evangelicorum* tagte in Osnabrück, das *Corpus Catholicorum* in Münster. Der katholische Zusammenschluss stand formell unter der Leitung des Mainzer Kurfürsten und betrieb im Wesentlichen eine kaisernahe Politik. Immer wieder mussten Meinungsverschiedenheiten austariert werden zwischen den konfessionspolitischen Hardlinern (Franz Wilhelm von Wartenberg, Adam Adami, Abt zu Murrhardt, Johann Leuxelring u. a.) und den Pragmatikern, zu denen sich am Schluss die bedeutenden katholischen Fürsten rechneten.

Eine zentrale Rolle spielt in der Rezeptionsgeschichte die Frage nach der »Souveränität der Reichsstände«. In der Populärhistorie und in vielen Schulbüchern ist dieser Topos nicht auszurotten, doch in der Forschung wird heute betont, dass von einer Zuerkennung der Souveränität an die Reichsstände keine Rede sein kann.[146] Das Bündnisrecht, das ihnen der Frieden im Innern wie nach außen zubilligte, war im Wesentlichen die Bekräftigung der herrschenden Praxis von vor 1618, als zahlreiche Fürsten Bünd-

146 Johannes Burkhardt, »Der Westfälische Friede und die Legende von der landesherrlichen Souveränität«, in: Landes- und Reichsgeschichte. Festschrift für Hansgeorg Molitor zum 65. Geburtstag, hrsg. von Jörg Engelbrecht und Stephan Laux, Bielefeld 2004, S. 199–220.

nisse mit Nachbarstaaten des Reiches geschlossen hatten. Dies war früher strittig gewesen, nun wurde es erlaubt. Allerdings galt der »Reichsvorbehalt«: Da Bündnisse der Sicherheit dienen sollten, waren nur derartige Pakte zulässig, die sich nicht gegen den Kaiser oder die Reichsordnung richteten. Eine freie Assoziation von Reichsständen mit auswärtigen Feinden des Habsburgerhauses wurde damit weiterhin kriminalisiert.

Hinsichtlich der Reichsorganisation ist zu beobachten, dass die Reichsstände mit breiter Mehrheit die Wiederherstellung des Zusammenspiels von Kaiser und Reichstag in der Form befürworteten, wie es bis in die 1590er Jahre hinein gegolten hatte. Experimente wie ein Fürstenbund, zeitweilig von Schweden und Hessen-Kassel befürwortet, hatten keinerlei Realisierungschancen, nicht einmal bei den meisten protestantischen Ständen. Der Kaiser sollte nur so weit gebunden werden, dass er sich an die überkommene Ordnung hielt. Wenn Frankreich anstrebte, dass nicht zwei Kaiser aus derselben Dynastie hintereinander regieren sollten oder dass kein Römischer König zu Lebzeiten des Kaisers gewählt werden durfte, drang man damit bei den Reichsständen nicht durch.

Mit dieser Regelung trafen sich beide Seiten, Kaiser und Reichsstände, genau in ihren Wünschen. Dies hatte zur Folge, dass die renovierte Reichsverfassung für weitere 150 Jahre Gültigkeit und breite Akzeptanz gewann. Nicht nur die Herrschaftseliten waren davon überzeugt, sondern auch die entstehenden Medien und die akademischen Lehrpersonen: Traktate mit Diskursen innerhalb dieses politischen Rahmenwerks waren weiterhin die Regel, fundamentale Kritik vor 1750 die absolute Ausnahme. Einhellig wurden ausländische Politiksysteme für schlechter gehalten als die heimischen Verhältnisse.

Die Ergebnisse des Friedens für die Verhandlungsgruppen

Kaiser Ferdinand III. war nicht nur Reichsoberhaupt und damit ranghöchster weltlicher Herrscher, sondern auch Senior der habsburgischen Dynastie und Territorialherr des österreichisch-böhmisch-ungarischen Herrschaftskomplexes. Volker Press hat in diesem Zusammenhang von einer »Dreifachrolle« der habsburgischen Kaiser im Konfessionellen Zeitalter gesprochen.[147] Eine vierte Rolle könnte noch hinzugefügt werden, die des Schützers des katholischen Glaubens, was er jeweils bei Amtsantritt in seinem Krönungseid zu geloben hatte.[148] Die Rollen ließen sich nicht zu einer bruchlosen Politik zusammenfügen, meistens hatten es Ferdinand und seine Vorgänger mit widerstreitenden Interessen zu tun, die sich in ihren Beratergremien nicht selten personalisierten.

Die Ausgangslage des Kaisers zu Beginn der Verhandlungen war ungünstig, hatte er doch sein Prager Friedens-

147 Press 1991 (Anm. 54), S. 86–93.

148 Der Kaiser sollte dabei Schutz stiften sowohl gegen äußere Feinde der Kirche (z. B. Osmanisches Reich) als auch gegen die inneren (Ketzer): Albrecht P. Luttenberger, »Kirchenadvokatie und Religionsfriede. Kaiseridee und kaiserliche Reichspolitik im 16. und 17. Jahrhundert«, in: *Legitimation und Funktion des Herrschers. Vom ägyptischen Pharao zum neuzeitlichen Diktator*, hrsg. von Rolf Gundlach und Hermann Weber, Stuttgart 1992, S. 185–232.

konzept weder am Reichstag 1640/41 noch gegenüber den Regierungen in Paris und Stockholm durchsetzen können. Bei den gleichzeitig stattfindenden Kampfhandlungen erfuhren die kaiserlichen Truppen immer wieder Niederlagen, was den Kompromissdruck erhöhte. Bei den Protestanten genoss der Kaiser kein Vertrauen, während er vielen katholischen Ständen gegenüber nicht entschlossen genug für die Rechte der alten Universalmächte eintrat.

Die kaiserlichen Berater mussten nun die Prioritäten klären, mussten festlegen, welche Interessen unbedingt zu verteidigen waren und bei welchen Fragen Zugeständnisse um des Friedens willen gemacht werden konnten. Daraus entstand folgende Rangfolge von Friedenszielen:

1. Vor allen anderen Zielen sollten die österreichischen und böhmischen Erblande gesichert werden. Für die Territorien, die die Machtbasis der Habsburger darstellten, sollten sowohl die fürstlich-absolutistische Herrschaftsform als auch das ausschließliche katholische Bekenntnis gelten.
2. Das Reich sollte als hierarchischer Herrschaftsverbund unter habsburgischem Kaisertum bestehen bleiben. Versuchen, das Reich in einen Bund souveräner Staaten zu verwandeln oder die Sukzession von zwei Kaisern aus demselben Hause zu verbieten, wurde entschieden entgegengetreten. Zur Wiederherstellung früherer Zustände gehörten die Beibehaltung der kaiserlichen Gerichtshoheit und der katholischen Kurfürstenmehrheit.
3. Die Konfessionsverhältnisse im Reich sollten im Sinne der Normaljahrsregelung von 1627 fortbestehen, wie im Prager Frieden vereinbart. Nur bei hartnäckigstem Wi-

derstand durfte Trauttmansdorff hier zugestehen, dass ein früheres Stichdatum vereinbart wurde, äußerstenfalls der Vorkriegszustand.

4. Die Gebiete, die an die ausländischen Kronen Frankreich und Schweden abgetreten werden mussten, sollten möglichst von anderen Fürsten, aber nicht aus kaiserlichem Besitz stammen. Als Betroffene zeichneten sich die Tiroler Linie des Hauses Habsburg wegen des Elsass, das Kurfürstentum Brandenburg wegen Pommern sowie die Reichskirche ab, die Kompensationen an weltliche Fürsten leisten mussten.
5. Falls es unumgänglich sein würde, der schwedischen Armee Ablösungszahlungen zu leisten, so sollten diese durch die Reichsstände getragen werden.[149]

Verhandlungstaktisch wollte die kaiserliche Diplomatie zuerst mit den Kronen einen Ausgleich finden, um dann auf einem anschließenden Reichstag die Verfassungsreform mit den Reichsständen allein aushandeln zu können. Auch wenn Frankreich und Schweden durchsetzten, dass der Friedenskongress internationaler Gesandtenkongress und Reichstag in einem wurde, auf dem sich jeder Reichsstand vertreten lassen konnte, so verliefen die Verhandlungen tatsächlich in der gewünschten Reihenfolge.

Bemerkenswerterweise wurden alle fünf Ziele erreicht, wenn auch das dritte Ziel mit Abstrichen. Nur in dynastischer Hinsicht wurde Ferdinand III. ein Zugeständnis ab-

149 Vgl. zur Entwicklung der kaiserlichen Kongresspolitik: Karsten Ruppert, *Die kaiserliche Politik auf dem Westfälischen Friedenskongreß 1643–1648*, Münster 1979.

verlangt, gegen das er sich bis kurz vor Friedensschluss wehrte: Die französische Forderung, dass der Kaiser seine spanischen Verwandten in Zukunft nicht militärisch oder finanziell unterstützen durfte. Im Sprachgebrauch des Kongresses hieß der Fachbegriff »spanische Assistenz«. Der Kaiser gestand dies am Ende zu, schrieb aber seinem spanischen Vetter im September 1648 zur Entschuldigung, dass er zurzeit gar nicht helfen könne, selbst wenn er das wolle. Wenn er weiter zögere, so meinte Ferdinand, würden die Reichsstände mit den Siegermächten ohne ihn Frieden schließen.[150] Später leistete der Kaiser dennoch Hilfe an Spanien, wenn auch in kleinen Dosierungen, ohne dass diese Überschreitung von Frankreich als neuerlicher Kriegsgrund betrachtet wurde.

Schweden und Frankreich traten mit dem Anspruch auf, dass ihnen der Krieg aufgenötigt worden sei und sie daher ein Recht auf Entschädigung für Verluste und Aufwendungen besäßen. Da sie während der Verhandlungsdauer militärisch dominierten, fiel es ihnen nicht schwer, diesen Anspruch auch durchzusetzen. Konrad Repgen zeigt zwei Begriffspaare auf, in denen sich die Ansprüche der Kronen ausdrückten: »Amnestie« und »Restitution« zum einen, zum anderen »Satisfaktion« und »Rekompens«.[151] Die ersten beiden Begriffe gehörten zum üblichen Instrumentarium des Frieden-Schließens. Der Friede war schließlich ein göttliches Gebot, der Unfriede war die Ausnahme, die der Begründung bedurfte und anschlie-

150 Vgl. Brief Ferdinands III. an Philipp IV. vom 14. September 1648: Karl Otmar Freiherr von Aretin, *Das Reich. Friedensordnung und europäisches Gleichgewicht 1648–1806*, Stuttgart 1992, S. 175.

151 Repgen 1998 (Anm. 6), S. 362.

ßend der korrekten Abwicklung. Dies war kein quantitatives Problem – die Großmächte führten im 17. Jahrhundert jeweils mehr als 60 Jahre Krieg, nur der kleine Rest war Friedenszeit –, sondern ein normatives. Diese Anschauung hatte zur Folge, dass ein allgemeines »Vergessen und Vergeben« (*oblivio et amnestia*), eine gleiche Grundlage für das künftige friedliche Zusammenleben, vereinbart werden musste. Ein jahrelanges Prozessieren um politische und zivilrechtliche Erstattungsforderungen hätte den Frieden nur belastet, darüber waren sich alle Verhandelnden einig. Alles, was seit 1618 geschehen war, fiel darunter, keine Ausnahmen für Mord und Völkermord, keine »Aufarbeitung« der Taten in intellektuellen Zirkeln. Die Restitution war die logische Folge aus diesem Gedanken: Wenn durch einen juristischen Kunstgriff die Schuld gelöscht und auf den Stand von 1618 zurückgeführt werden sollte, dann sollte das auch für die territorialen Verhältnisse gelten. Was sich seitdem verändert hatte, wurde restituiert. Das war der Normalfall, Änderungen davon bedurften einer gesonderten Vereinbarung, und nur diese Abweichungen findet man im Friedensschluss.

Die Vergleichungen mit Frankreich und Schweden gehörten zu den Veränderungen, die sich als »Satisfaktion« und »Rekompens« fassen lassen. Im Verhältnis zwischen dem Reich und den Kronen handelte es sich dabei um politische Semantik: Das Reich leistete den Siegern nicht etwas Geschuldetes, wie im eigentlichen zivilrechtlichen Sprachgebrauch, sondern trat ihnen in deren Eigenschaft als Mächtigere etwas ab.[152] Die Krone Schweden hatte

152 Vgl. die Argumentation ebd., S. 363.

schon 1634 angemeldet, Pommern als Entschädigung für ihre Kriegsaufwendungen zu bekommen. Die schwedische Diplomatie setzte dies gegen Kurbrandenburgs Erbanspruch durch, allerdings unter Abtretung von Teilen Hinterpommerns. Sinn war der Erwerb von Flussmündungen, an denen Zölle erhoben werden konnten, wie Schweden dies bereits im Krieg gegen Polen in den 1620er Jahren in Danzig und Pillau unternommen hatte. Zusätzlich erhielt Schweden 5 Millionen Reichstaler Abfindung für die 60 000 Mann starke Armee im Reich (Militär-Satisfaktion) zugesagt, eine gewaltige Summe, die sich allerdings relativiert, wenn man bedenkt, dass Schweden vom Heilbronner Bund 10 Millionen Reichstaler jährliche Abgaben gefordert hatte und bei den Friedensverhandlungen ursprünglich 20 Millionen Reichstaler haben wollte.

Die Krone Frankreich hatte neben der schon erwähnten Spaltung des Kaisers vom spanischen König das Interesse, die habsburgischen Besitzungen im Elsass sowie einige Rheinfestungen zu gewinnen. Zwischen März und September 1646 wurden die elsässischen Rechte definiert, die an den französischen König übergingen. Im Gegensatz zu Schweden, das für seine norddeutschen Erwerbungen Reichslehnsträger wurde, erhielt Frankreich souveräne Besitzrechte. Eine alte Frage wurde zusätzlich reguliert: Seitdem Kurfürst Moritz von Sachsen 1552 seine reichsvikariatlichen Rechte an den drei Reichsstädten Metz, Toul und Verdun an die französische Krone abgetreten hatte, war der Status nicht nur dieser Städte, sondern auch der gleichnamigen lothringischen Bistümer ungeklärt gewesen. Damals hatte König Heinrich II. nämlich so gehandelt, als ob die vollen Herrschafts- und Besitzrechte mit übertragen worden seien. Stets fehlte den Kaisern die Macht, die französischen Regierungen zu zwingen, diese Gebiete wieder herauszugeben. Nun musste der Kaiser passen: Er trat die Stifte und die Städte mit vollen souveränen Rechten an Frankreich ab. Die Frage, ob die Hochstifte oder die gesamten Diözesen übertragen worden waren, blieb noch weiter strittig und wurde in den folgenden Jahrzehnten zu Gunsten Frankreichs gelöst.

Der vollkommene Triumph blieb der französischen Diplomatie allerdings versagt. Obwohl große Anstrengungen unternommen wurden, einen Frieden mit Spanien zu schließen, und obwohl die Positionen am Ende nicht mehr sehr weit auseinanderlagen, gelang der Durchbruch dennoch nicht. Beiden Mächten standen elf weitere Jahre Krieg bevor, ehe der Pyrenäenfrieden von 1659 auch diesen Konflikt abschloss.[153]

Klassischerweise werden die großen Territorialherren als die eigentlichen Sieger des Dreißigjährigen Krieges betrachtet. Unter dem Dach des Reichsrechts erhielten sie ihre Landesherrschaft (lat. *superioritas territorialis*) bekräftigt. Dies beinhaltete die Herrschafts- und Jurisdiktionsberechtigung bei gleichzeitiger Lehnstreue und Respekt vor Kaiser und Reich und grundsätzliche Überprüfbarkeit des Herrschaftshandelns durch die Reichsgerichte. Die Fürsten wollten in ihrer überwältigenden Mehrheit

153 Zu den Verhandlungen: Michael Rohrschneider, *Der gescheiterte Frieden von Münster. Spaniens Ringen mit Frankreich auf dem Westfälischen Friedenskongress (1643–1649)*, Münster 2007. – Zum Pyrenäenfrieden 1659: Daniel Séré, *La paix des Pyrénées. Vingt-quatre ans de négotiations entre la France et l'Espagne*, Paris 2007.

das Reich erhalten, allerdings unter zwei übergreifenden Rahmenbedingungen: Zum einen Schutz vor Zentralisierungsbestrebungen des Kaisers und zum anderen deutliche Abgrenzung gegenüber rangniedrigeren Ständen. Der erste Aspekt, das Schutzbedürfnis, ist allgemein anerkannt, der zweite, das Distinktionsbestreben, wird dagegen in den meisten Studien nicht oder nur am Rande erwähnt.

Zum Schutzbedürfnis gehörten verfassungsrechtliche Schranken, die verhinderten, dass wie unter Ferdinand II. der Reichstag über Jahrzehnte ausgeschlossen wurde und durch kaiserlichen Machtspruch Fürsten geächtet und außer Landes vertrieben werden konnten. Das Distinktionsbestreben artikulierte sich darin, dass eine große Mehrheit der Reichsstände eine stabile Adelshierarchie bevorzugte. Dazu gehörte die Beibehaltung des Vorrangs der Kurfürsten vor den Reichsfürsten, aber auch die Verhinderung von eigenmächtigen Standeserhöhungen des Kaisers und anschließendem Einzug der Promovierten in das nächsthöhere Reichsgremium. Ständische Vorrechte blieben nur wertvoll, wenn andere sie nicht bekommen konnten.

Von den Kurfürsten hatten drei den gesamten Krieg im Amt überlebt: Kurfürst Ferdinand von Köln, Kurfürst Johann Georg von Sachsen und Kurfürst Maximilian von Bayern. Kurfürst Johann Philipp von Mainz hatte mit Bayern und dem Kaiser den wichtigsten Anteil daran, dass der Religionsausgleich mit Schweden und den protestantischen Fürsten gelang, obwohl der Papst und sein Gesandter-Vermittler strikt dagegen waren. Kurfürst Philipp Christoph von Trier war nach langer Haft ein doppelter Außenseiter: Im eigenen Land schlecht gelitten, zudem als

Franzosenfreund beargwöhnt, konnte der Erzbischof auf die Verhandlungen keinen nachhaltigen Einfluss ausüben. Kurfürst Friedrich Wilhelm von Brandenburg schließlich erreichte eines seiner Kriegsziele, die Anerkennung des calvinistischen Bekenntnisses. Seine Erbfolge in Pommern blieb ihm allerdings verwehrt. Er wurde dafür mit den geistlichen Fürstentümern Minden und Halberstadt sowie mit der Anwartschaft auf das frühere Erzbistum Magdeburg entschädigt.[154]

Eines der schwierigsten politischen Probleme des gesamten Friedenskongresses war die Frage, auf welche Weise die Kurpfalz bzw. die vertriebene Kurfürstenfamilie wieder ins Reichsgefüge einbezogen werden sollte. Nach komplizierten Verhandlungen beschlossen Kaiser und Reich, dass der Pfälzer wieder Kurfürst werden sollte, aber für ihn eine neue, achte Kurwürde zu schaffen war. In den Vorstellungen der Zeit besaß dieser Umstand erhebliche Bedeutung: Nicht die Rückgabe der alten fünften Kur kam zustande – die blieb bei Bayern –, sondern die neue achte Kur gewann Karl Ludwig, und damit war er in der Rangfolge aller Kurfürsten der Letzte. Die Oberpfalz blieb bei Kurbayern, die rückgeführte Pfandschaft der Bergstraße bei Kurmainz. Der Pfälzer hatte keine Wahl: Er musste akzeptieren, die rangmäßige Zurücksetzung ebenso wie die Gebietsabtretungen. 1650 konnte er sich die übrig gebliebenen Reichslehen seiner Vorfahren durch den Kaiser übertragen lassen.

154 Die Anwartschaft auf das frühere Erzbistum Magdeburg realisierte sich erst 1680 mit dem Tod des letzten sächsischen Administrators.

Die weltlichen Reichsstände, die 1635 noch ausgeschlossen geblieben waren, wurden nun restituiert, darunter auch Hessen-Kassel, das am stärksten unter der kaiserlichen Ausgrenzung gelitten und daher die radikalsten Vorstellungen hinsichtlich einer Umgestaltung des Reiches in einen Staatenbund gehegt hatte. Auch Württemberg, Baden, Mecklenburg und die Wetterauer Grafenterritorien wurden wiederhergestellt, ebenso die calvinistischen Grafen aus dem Hause Nassau zurückgeführt. Der Herzog von Braunschweig-Lüneburg erlangte zwar weder Osnabrück noch Hildesheim als säkularisierte Herzogtümer, durfte sich aber immerhin über die sog. »Osnabrücker Alternation« freuen: Künftig folgte dort auf einen gewählten katholischen Bischof ein lutherischer Prinz aus dem Welfenhause, der sein Amt nach Ende seines Lebens allerdings wieder einem Kandidaten des Domkapitels mit kanonischen Eigenschaften hinterlassen musste.[155]

Alle Fürsten, die mit Königswahlrecht und die ohne, hatten gemeinsam, dass sie nur zusammen ein Gegengewicht gegen die mächtige Habsburgerdynastie bilden konnten. Daher war es wichtig, dass ihre Rechte nicht nur individuell zugesagt und gehalten wurden, sondern eine institutionelle Verankerung fanden. Hierzu diente herkömmlicherweise der Reichstag. Diese wichtigste Reichsversammlung wurde dadurch aufgewertet, dass der Kaiser

155 Die verfassungsrechtlichen Einzelheiten für das Osnabrücker Hochstift wurden in der »Capitulatio perpetua« vom 28. Juli 1650 geregelt. Vgl. die Textedition bei Gerd Steinwascher (Hrsg.), *Krieg – Frieden – Toleranz. Quellen zum Dreißigjährigen Krieg und Westfälischen Frieden aus dem Fürstbistum Osnabrück*, Melle 1996, S. 117–119.

in allen reichsrechtlichen Handlungen hinsichtlich der Außen-, Verteidigungs- und Finanzpolitik auf dessen Zustimmung angewiesen war. Dass die Reichsstädte das von ihnen angestrebte Entscheidungsrecht (*Votum decisivum*) zugestanden erhielten, war nicht mehr als ein Prestigeerfolg. In der späteren Praxis konnten sie dieses Recht nicht durchsetzen. Dem folgenden Reichstag war aufgetragen, eine beständige Wahlkapitulation zu verabschieden, auf die alle künftigen Kaiser zu vereidigen waren. Dieses Gesetz kam aber erst 1711 zustande. Weitergehende Vereinbarungen über die Kaiserwahl, die Kreisverfassung, das Reichssteuerwesen und die Reichsgerichtsbarkeit wurden ebenfalls auf den nächsten Reichstag verschoben, um dem Zugriff der Siegermächte entzogen zu sein. Auf Betreiben des Kaisers wurden sie dort nur teilweise gelöst.

Hinsichtlich des Reichskammergerichts und des Reichshofrats waren verschiedene Reformmodelle diskutiert worden, die alle auf eine Stärkung der Territorialgewalten und eine Schwächung des Kaisers hinausgelaufen wären. Am Ende setzte sich jedoch konservativer Pragmatismus durch: Man stellte die Gerichte im Wesentlichen mit den Funktionszuweisungen wieder her, wie sie bis 1618 bestanden hatten. In diesem Bereich lagen die wirklichen Interessen der kleinen Reichsstände. Noch weniger als die Fürsten konnten Grafen, Prälaten und Städte darauf hoffen, irgendwelche Vorteile aus dem internationalen Bündnisrecht zu gewinnen. Die Garantie ihrer Existenz durch das Reichssystem und die innere Handlungsfreiheit aus dem Bündel der Rechte, die zur Territorialherrschaft zusammengefasst und nun reichsrechtlich geschützt waren, das interessierte sie und das bekamen sie auch.

Ein Spezialpunkt war die paritätische Besetzung der Stellen in den Reichsgerichten. Dies gewährleistete, dass nicht später wieder katholische Interpretationen von strittigen Rechtsfragen entstehen und den protestantischen Ständen aufgezwungen werden konnten. Das Reichskammergericht sollte künftig 24 katholische und ebenso viele protestantische Assessoren haben, die von den Ständen nominiert wurden. Zwei Stellen besetzte der Kaiser mit Katholiken, doch dieses kleine Ungleichgewicht wurde für unerheblich gehalten. Am Reichshofrat wurde später die Regelung getroffen, dass der Kaiser 6 protestantische Mitglieder (von 18) benannte. Wenn dieser Minderheitenblock einhellig votierte, so konnte er in Konfessionsfragen nicht mehr überstimmt werden. Ansonsten galt das Mehrheitsprinzip.

Der schwierigste Punkt der Friedensverhandlungen für das Reich war die Vermittlung eines neuen Religionsfriedens unter Anerkennung der Tatsache, dass die Theologen der verschiedenen Konfessionen, am wenigsten der Papst und die katholischen Würdenträger, auch nach 30 Jahren Krieg immer noch nicht zu einem Ausgleich auf der Grundlage des Status quo bereit waren. Es verdient daher Beachtung, dass es die Politiker waren, die schließlich diesen Frieden schlossen, während die Theologen zwar stets von Frieden redeten, aber im Grunde den Sieg der eigenen Gottesvorstellung und Weltsicht meinten.

Grundprinzip war die Gleichberechtigung der Konfessionen im Reich. Die Kongressparteien schufen diesmal eine völlige Gleichheit, die zudem dauerhaft gelten sollte. Keine Definition von beschränkten Reservaten der Protestanten, keine zeitliche Befristung des Friedens wurde vereinbart, sondern das absolute Prinzip dominierte im Verhältnis der Bekenntnisse. Die beiden Konfessionsparteien, das *Corpus Catholicorum* und das *Corpus Evangelicorum*, wurden verstetigt. Alle strittigen »Religionssachen« sollten in den beiden Corpora vorverhandelt werden. Um einen Reichsbeschluss herbeizuführen, musste zwischen beiden Seiten eine einvernehmliche Regelung (*amicabilis compositio*) vereinbart werden. Eine »Religionssache« im Sinne des Reichsrechts lag einfachheitshalber dann vor, wenn eines der beiden Corpora dies beantragte. Die Konfessionsparteien schöpften später die Missbrauchsmöglichkeiten, die in diesem Rechtsinstrument lagen, nicht aus, sondern nutzten das Auseinandertreten der Corpora, die sog. *Itio in partes*, mit dem notwendigen Augenmaß und trugen so zur Erhaltung der Reichsverfassung bei.

Für den konfessionellen Zustand eines Territoriums war nicht mehr wie 1555 das Bekenntnis des Landesherrn maßgeblich, sondern der Stichtag 1. Januar 1624 (»Normaljahr«). Jede Konfessionspartei wurde in dem Besitz anerkannt oder restituiert, den sie an diesem Tag besessen hatte und beurkunden konnte. Wenn der Landesherr künftig seine Konfession wechselte, sollte dieser Besitzstand trotzdem erhalten bleiben. Geistliche Würdenträger mussten weiterhin ihre Pfründen aufgeben, wenn sie konvertierten. Ausgenommen von dieser Stichtagsregelung waren allerdings die böhmischen Erblande und die Gebiete der Kurpfalz: Während die Rheinpfalz wieder calvinistisch wurde, behielt die bayerische Oberpfalz ihren katholischen Bekenntnisstand.

Zwar konnten künftig dissentierende Untertanen aus einem Territorium ausgewiesen werden, doch unter Mitnahme ihrer Habe und unter Verkauf ihrer Liegenschaften. Dieser Fall kam aber nur sehr selten vor, das wichtigste Beispiel war die Vertreibung der Lutheraner aus dem Erzbistum Salzburg 1731/32. Normalerweise nutzten Untertanen anderskonfessioneller Landesherren, die sich auf keinen Rechtstitel aus der Normaljahrsregelung berufen konnten, die Möglichkeit der privaten Hausandacht (*Devotio domestica*). Dies stellte die niedrigste Stufe religiöser Freiheit dar. Sie sicherte die Gewissensfreiheit und war mit dem Recht verbunden, nach Belieben und ungehindert Gottesdienste der eigenen Konfession im Ausland, das heißt in einem Nachbarterritorium, besuchen zu dürfen.

Nachdem der Konfessionsstreit im Grundsatz gelöst war, blieb noch die Frage nach der Integration der Calvinisten in den Reichs- und Religionsfrieden. Sie wurden den übrigen Bekenntnissen gleichgestellt, bildeten allerdings keine eigene politische Konfessionspartei, sondern mussten sich – wie schon erwähnt – mit den Lutheranern zu den »Augsburgischen Bekenntnisverwandten« vergesellschaften lassen. Hinsichtlich der Normaljahrsregelung zwischen Calvinisten und Lutheranern wurde in Abweichung zur Abgrenzung gegenüber den Katholiken das Stichjahr 1618 (mit Modifikationen) zugrunde gelegt.

Mit theologischen Überzeugungen war all das nicht vereinbar. Schon die protestantischen Theologen sahen den Frieden als Notrecht an, nur infolge der Zerstörung des Landes überhaupt hinnehmbar. Noch schwieriger war die katholisch-kirchliche Position: Hier musste man sich zum einen mit der Tatsache anfreunden, dauerhaft im selben Reich mit andersgläubigen Zeitgenossen leben zu müssen, die es eigentlich nicht geben durfte, zum anderen war das verlorene Kirchengut nun für immer verloren. Dass sich einige große weltliche katholische Fürsten und im letzten Moment auch zwei der drei geistlichen Kurfürsten für den Frieden entschieden, rettete das Ergebnis. Der päpstliche Nuntius Fabio Chigi war stets gegen den Religionsfrieden, verzichtete aber auf Anwendung kirchlicher Zwangsmittel wie Bann und Interdikt über die Konzessionsbereiten. Papst Innozenz X. protestierte 1650 gegen den Religionsfrieden, wogegen sich die Vertragsparteien in Münster und Osnabrück bereits in den Friedensinstrumenten durch einen Vorbehalt geschützt hatten.[156]

Der Nürnberger Exekutionstag 1649/50

Auch nach der Unterschrift unter die Friedensverträge am 24. Oktober 1648 blieben die Einzelheiten der Truppenrückführungen offen. Um dies auszuhandeln, trafen sich die Delegationen Schwedens, Frankreichs und des Reichs im Mai 1649 in der Reichsstadt Nürnberg.[157] In drei Terminen sollte die Militärsatisfaktion für Schweden in Höhe von 5 Millionen Reichstalern geleistet werden, und zwar 1,8 Millionen in bar und der Rest in Schuldverschreibun-

156 Konrad Repgen, »Die Proteste Chigis und der päpstliche Protest gegen den Westfälischen Frieden (1648/50). Vier Kapitel über das Breve ›Zelo domus Dei‹, in: *Staat, Kirche, Wissenschaft in einer pluralistischen Gesellschaft. Festschrift zum 65. Geburtstag von Paul Mikat*, hrsg. von Dieter Schwab [u. a.], Berlin 1989, S. 623–647.

157 Gesamtdarstellung: Antje Oschmann, *Der Nürnberger Exekutionstag. Das Ende des Dreißigjährigen Kriegs in Deutschland*, Münster 1991.

gen. Die Summe erscheint auf den ersten Blick gewaltig, doch waren die kriegsbedingten Lasten der Territorien noch deutlich höher gewesen. Der weiterhin kriegsbetroffene Burgundische Kreis blieb steuerfrei. Der Kaiser sollte seine Entschädigung dem Österreichischen Kreis entnehmen, Kurbayern dem Bayerischen Kreis. Die übrigen sieben Reichskreise waren vorgesehen, um für die schwedische Satisfaktion aufzukommen.

Nach keineswegs linearem Verhandlungsverlauf endete der Nürnberger Exekutionstag mit den Ausführungsverträgen zwischen dem Kaiser und Schweden vom 26. Juni 1650 und zwischen dem Kaiser und Frankreich vom 2. Juli 1650. Der Truppenabzug wurde, da die Ablösungszahlungen planmäßig voranschritten, für die zweite Jahreshälfte 1650 vereinbart, was mit nur wenigen Verzögerungen durchgeführt wurde. Für die Untertanen im Reich bedeutete erst das tatsächliche Verschwinden der Soldaten das Ende des Krieges, dessen jederzeitige Rückkehr sie bis dahin vor Augen gehabt hatten. Daher war es nicht erstaunlich, dass aus Kursachsen der Begriff »zweiunddreißigjähriger Krieg« überliefert ist, indem man die Jahre 1649 und 1650 noch zu den Kriegsjahren rechnete.

In Nürnberg ging es um Fragen, die den Forschern wenig präsentationswürdig zu sein schienen, nämlich um Zahlungsmodalitäten, Unterhaltskosten, Naturallieferungen, Transportunterstützung, Abzugs- und Abdankungstermine, Umlageverfahren, Haftungspflichten und vieles andere. Stets mussten auf schwedischer Seite politische und militärische Stellen, auf Reichsseite landesherrliche und kommunale Behörden vor Ort miteinander kooperieren, und das unter Umständen, die noch von der feindseligen Konfrontation der Kriegszeit geprägt waren. Misstrauen und Angst spielten weiterhin eine Rolle, wenn zunächst realistische Regularien für das gemeinschaftliche Vorgehen ausgehandelt und vereinbart und anschließend auch eingehalten werden mussten. Es erwies sich im Nachhinein als günstig, dass die Militärs mit am Verhandlungstisch in Nürnberg gesessen hatten. Die dort beschlossenen Rahmenvereinbarungen waren so konzipiert, dass bei der Umsetzung keine unüberwindbaren Probleme, kein Bedarf an Neuverhandlungen im großen diplomatischen Stil entstanden, und von Gewalttätigkeiten in der Region schweigen die Quellen auch. Es waren nicht nur die 60 000 schwedischen Söldner, die abgedankt wurden, sondern auch französische und hessische, kaiserliche und bayerische, spanische und lothringische Soldaten, zusammen mindestens weitere 65 000 Kriegsleute. Während die Schweden an 80 festen Plätzen stationiert waren, besetzten die restlichen Truppen 130 weitere Standorte.

Obwohl das Verfahren Ende 1650 so gut wie abgeschlossen war, blieben doch gegenüber Schweden noch kleinere Zahlungsrückstände offen. Die schwedischen Verhandlungsführer hatten das kommen sehen und sich beizeiten ein Faustpfand einräumen lassen: Die Festung Vechta, damals dem Bischof von Münster gehörig, war in schwedischer Hand geblieben. Da das letzte Geld erst im Frühjahr 1654 in Schweden eintraf, zogen die Soldaten auch erst am 13. Mai desselben Jahres aus Vechta ab, um von dort aus den kurzen Weg ins Herzogtum Bremen zu nehmen, das durch den Frieden schwedisch geworden war.

In bilateralen Verhandlungen des Jahres 1651 erhielt auch Spanien eine Satisfaktion aus dem Reich. Nachdem der spanische Gesandte Lumiares in Wien zunächst 2,5 Millionen Reichstaler gefordert hatte, handelten die kaiserlichen Vertreter die Summe schließlich auf 500 000 Reichstaler herunter, die von den Reichsständen geleistet werden mussten. Dafür gab Spanien die Festung Frankenthal am 3. Mai 1652 an die Kurpfalz heraus.

3 Wahrnehmungen

Die Perspektive der Soldaten: Die »militärische Gesellschaft« und ihr Innenleben

Die militärische Gesellschaft als Wahrnehmungsrahmen

Der Begriff »militärische Gesellschaft« wird verwendet, um zu kennzeichnen, dass sich in Kriegszeiten neben der alten Ständeordnung von Klerus, Adel, Kaufleuten und Handwerkern sowie Bauern ein neues, weiteres gesellschaftliches Subsystem entwickelte. Solange Soldaten aus der Mitte der Adelsgesellschaft stammten und sich nach Kriegsende wieder zivil integrierten, brauchte es keine militärische Gesellschaft zu geben. Als Milizen und seit dem ausgehenden 18. Jahrhundert die Bevölkerung insgesamt zu den Waffen gerufen werden konnte, verblassten die Konturen dieses Subsystems wieder. Die »militärische Gesellschaft« ist unlöslich mit dem Söldnerwesen der Frühen Neuzeit verbunden.[158]

Die Söldner wurden aus allen Volksschichten geworben, vor allem aber aus der wachsenden Zahl derer, die städtischen und ländlichen Unterschichten angehörten. Zunächst dominierten die Angehörigen aus den Städten, später strömten auch viele verarmte und ausgeplünderte Bauern in die Armeen, die allein in dem verheerten

158 Zum Söldnerleben und Söldnerrecht: Hans-Michael Möller, *Das Regiment der Landsknechte. Untersuchungen zu Verfassung, Recht und Selbstverständnis in deutschen Söldnerheeren des 16. Jahrhunderts*, Wiesbaden 1976; Peter Burschel, *Söldner im Nordwestdeutschland des 16. und 17. Jahrhunderts*, Göttingen 1994.

Deutschland noch Aussicht auf ein Überleben zu bieten schienen. Die Werbung mit der Verheißung auf ein »freies« Leben bei ausreichender Versorgung sowie bei Hoffnung auf Beute und Reichtum fiel daher notwendigerweise auf fruchtbaren Boden. Gewaltsame Werbepraktiken, wie sie aus dem 18. Jahrhundert bekannt sind, dürften im Dreißigjährigen Krieg viel seltener nötig gewesen sein.

Die Werbung war der Prozess, durch den ein junger Mann in die militärische Gesellschaft eintrat. Sie geschah durch einen Werber oder Werbetrupp, der dem Anwärter zunächst ein »Laufgeld« zahlte und den Namen notierte. Der Rekrut musste sich zum »Musterplatz« in einem benachbarten größeren Ort begeben. Die körperliche Tüchtigkeit wurde überprüft, anschließend der Artikelbrief mit seinen Dienstbedingungen verlesen. Der Artikelbrief war einem Arbeitsvertrag vergleichbar: Er regelte die (kleinen) Rechte und (großen) Pflichten des angehenden Soldaten. Wenn der Inhalt bekannt war, wurde die Vereidigung vorgenommen. Die Offiziere stellten die Einheiten (Fähnlein etc.) zusammen und gaben ggf. Waffen aus. Wer es sich leisten konnte, brachte eigene Ausrüstungsgegenstände mit, vor allem ein Pferd, um in die Kavallerie eintreten zu können. Die Vorgesetzten stellten sich vor, und der Profos verlas die Kriegsordnungen, die das Lagerleben regelten, aber das Würfel- und Kartenspielen, das Saufen, Raufen und Fluchen verboten.

Das Grundproblem der großen Armeen des 17. Jahrhunderts war das der Logistik. Der Tross umfasste für gewöhnlich mehr Personen als die Armee. Es war ein bunt gemischter Haufen, der für die Versorgung der Truppen, aber auch zur Unterhaltung sowie für den Verkauf des von den

Soldaten mitgebrachten Beutegutes zuständig war. Während des Krieges stieg sein Umfang an: Führte 1618 jedes Regiment von rund 3000 Mann etwa 4000 Personen im Tross mit sich, so folgte in den 1640er Jahren der kaiserlich-bayerischen Armee von 40 000 Mann ein Tross von über 100 000 Personen. Die Entwurzelung weiter Bevölkerungskreise trug zu dieser Vermehrung beträchtlich bei. Unter dem Begriff »Mutter Courage« ist das Frauenleben im militärischen Tross in die Literaturgeschichte eingegangen.

Die Generäle des Dreißigjährigen Krieges standen dem Schicksal ihrer rückwärtigen Verbindungen verhältnismäßig gleichgültig gegenüber, da sie ohnehin gezwungen waren, ihre Armeen aus dem gerade besetzten Gebiet zu versorgen.[159] Dabei war es unerheblich, ob es sich um feindliche oder befreundete Regionen handelte. Dies erklärt die Grausamkeiten der »Soldateska«. Sicherlich war in vielen Fällen auch persönlicher oder kollektiver Mutwillen dabei, insbesondere bei Gewalt gegen Frauen. Der größere Teil jedoch geht auf das Konto der Notlagenkriminalität. Der Krieg, der als klassischer Landkrieg im Stil des 16. Jahrhunderts begonnen hatte, wurde im Laufe der Zeit zum Raumverteidigungskrieg: Jede Armee besetzte und kontrollierte ein bestimmtes Gebiet, das – manchmal unter Verwendung alter Steuerregister – ausgenutzt und gegen andere Streitkräfte verteidigt wurde. Musste eine Armee weichen, wurde das Land in manchen Fällen unbewohnbar gemacht (Taktik der verbrannten Erde). Auf längere

159 Vgl. zur Nahtstelle zwischen Krieg und Zivilbevölkerung und den sich dort ergebenden Konflikten: Krusenstjern/Medick 1999 (Anm. 19).

Sicht verwandelten sich dann ganze Landstriche in Deutschland in derart »verheerte« Gegenden, in denen sich keine Armee mehr halten konnte und für deren Durchquerung man Proviant mitführen musste. Die Angst vor den Schrecken einer sich selbst versorgenden Armee beförderte die Tendenz, grenzsichernde Maßnahmen zu ergreifen und Überlappungen von Herrschaftsrechten abzubauen. Geographische Kriterien sollten künftig Grundlagen für die Grenzziehung werden.

Das größte Problem der Logistik, noch vor der Bekleidung, Bewaffnung und Besoldung, war die Verpflegung der Soldaten in den Garnisonen, Feldlagern und während der Bewegungen.[160] Jeder Soldat benötigte pro Tag rund 1,5 Pfund Brot. Dies galt in den meisten Armeen unter normalen Umständen als Standardwert, ebenso wie etwa 1 Pfund Fleisch, Käse oder Fisch sowie 3 Liter Bier oder 1,5 Liter Wein. Diese Rationen aufzubringen beschäftigte einen ganzen Logistikstab, denn 3000 Mann Garnison überstiegen in manchen Städten die Zahl der Einwohnerschaft. Eine Feldarmee von 30 000 Mann verbrauchte mehr als große Städte der Zeit: 45 000 Pfund Brot mussten in Form von Getreide besorgt, gemahlen, gebacken und verteilt werden, und für das Fleisch einer solchen Armee mussten täglich 1500 Schafe oder 150 Ochsen ihr Leben lassen. Diese Mengen konnten organisatorisch nur für relativ kurze Zeit vorgehalten werden. So musste sich jede Armee nach einer Kampfhandlung zügig wieder auf wei-

160 Die folgende Passage über logistische Probleme beruht auf dem Kapitel »Logistik« von Geoffrey Parker, *Die militärische Revolution. Die Kriegskunst und der Aufstieg des Westens 1500–1800*, Frankfurt a. M. / New York 1990 (engl. 1988), S. 68–106.

ter auseinanderliegende Quartiere verteilen, um die Versorgung zu dezentralisieren.

Wenn das Requirieren von Lebensmitteln aus der Umgebung nicht reichte, so musste der Feldherr das Notwendige auf dem überregionalen Markt besorgen. Einige Generäle kauften Tuch in England oder Vieh in großen Stückzahlen in den Niederlanden an, um es in ihre Lager bringen resp. treiben zu lassen. Gegen Ende des Dreißigjährigen Krieges gelang es den meisten Armeeführern, ihren Soldaten zwei Drittel der vereinbarten Leistungen in Gestalt von Naturalien zuzuwenden. Nur der Rest wurde ausgezahlt – oder man blieb ihn schuldig. Wenigstens wurden so die Grundbedürfnisse der Armee immer besser gedeckt. Entsprechend dazu nahmen die Notlagenrequirierungen gegenüber der Zivilbevölkerung quantitativ ab, ohne dass damit schon eine Humanisierung der Kriegführung erreicht worden wäre.

In vielen Fällen ging man zeitweise dazu über, neben den Pferden bestimmte Kapazitäten für mitzuführendes Lebendfutter vorzuhalten. So konnte eine Armee von 30 000 Personen etwa 20 000 Pferde, Rinder, Schafe etc. als Lebensmittelreserve halten, die aber mit rund 90 Tonnen Futter täglich versorgt werden mussten. Für die geschlachteten Tiere wurde umgehend Ersatz organisiert. Das Personal für den Fuhrpark und für die Tiere vergrößerte den Tross. Daneben stellten Händler, Wahrsager, Gaukler, Prostituierte, Bedienstete für Offiziere und andere die Versorgungseinheiten für die Soldaten dar. Die Aufsicht führte ein besonderer Offizier, der sog. »Profos«. Die Marketender hatten das Monopol, im Lager Gegenstände des täglichen Bedarfs zu verkaufen. Ansätze einer Verbesserung der Versorgungslage, etwa durch Gustav Adolfs Magazinsystem, wurden zunächst nur zögerlich ergriffen, fanden aber nach Ende des Krieges mehr und mehr Nachahmung. Die Landesherren und Städte sahen ein, dass Magazine nicht nur der Versorgung in Kriegszeiten, sondern auch der Preisstabilisierung bei Missernten dienten.

Bei derartigen Problemen benutzte man am besten feste Heerstraßen, wie die Spanische Straße: Genua, Mailand, Veltlin, Großer Sankt Bernhard, Freigrafschaft Burgund, Elsass, Lothringen, Lüttich, Brüssel. Hier waren es weniger die befestigten Wege, die das Vorankommen erleichterten, als die fest eingerichtete Infrastruktur: Die Nachrichtenübermittlung funktionierte ebenso wie die Beschaffung von Lebensmitteln zu organisierten Bedingungen (und daher zuverlässig). Bei befestigten Straßen konnte man den Lebensmitteltross vergrößern: Nun wurden auch mobile Backöfen (in Gestalt vieler Ziegelsteine, 500 pro Ofen, die man schnell aufeinanderschichten konnte) mitgeführt. Für die besagte 30 000-Mann-Armee waren es 250 Wagen, um alles Erforderliche dabeizuhaben. Oft reichte dies aber auch nicht, wenn zum Beispiel Geräte oder Wagen durch Defekt oder Kampfhandlungen aufgegeben werden mussten. Dann erfolgte wieder die Ernährung aus dem Land, das man gerade durchzog. Besser waren die Landstriche dran, die wie die nördlichen niederländischen Provinzen über Wasserwege verfügten, auf denen der Tross sich schneller und mit größeren Kapazitäten bewegen konnte. Strategisch beobachtete man die Stellung des jeweiligen Gegners zu den Wasserverbindungen und versuchte, ihn von diesen Wegen abzudrängen, um ihn zur Räumung bestimmter Gebiete zu veranlassen.

Neben der Verpflegung musste die Übernachtung für die Soldaten organisiert werden. Im gemäßigten Klima Mitteleuropas war die Zahl der Nächte begrenzt, in denen man sich einfach auf den Boden oder unter eine Hecke legen konnte, für die Epoche der »Kleinen Eiszeit« galt das besonders. Normalerweise war der Aufbau eines Zeltes oder eines Unterstandes (Baracke) erforderlich. Bei längerem Aufenthalt an einem Ort, etwa bei einer Belagerung, wurden festere Schlafgelegenheiten aus Holz errichtet. Wenn es eben ging, wurden die Soldaten in Siedlungen bei Bürgern einquartiert, was mit zahlreichen Unerfreulichkeiten verbunden war. Nur die wenigsten konnten in einer Festungsstadt in der Zitadelle wohnen. Kasernen wurden in größerem Stil erst im Laufe des 18. Jahrhunderts errichtet.

Die Bekleidung der Soldaten hing zunächst von ihnen selbst ab. Uniformen gab es während des 16. und 17. Jahrhunderts noch kaum. Auch wurden mangels zentraler Herstellung keine Kampfbekleidungen, sondern nur Schutzstücke (Harnische, Helme etc.) ausgegeben. Wenn die Kleidung verschlissen war, mussten sich die Soldaten neue Textilien besorgen, teilweise durch Kauf oder Raub, oft aber auch Kleider von gefallenen Kameraden oder getöteten Feinden. Der Zürcher Hans Conrad Lavater empfahl jedem angehenden Söldner, sich mit guten Schuhen und Strümpfen auszurüsten, zwei dicke Hemden, eine lederne Oberbekleidung und einen weiten Mantel sowie einen Filzhut zu besorgen. Diese »Montierung« sollte möglichst wenig Fell und Nähte besitzen, um Ungeziefer keinen Unterschlupf zu gewähren. Die Soldaten symbolisierten durch ihre farbenprächtige Kleidung (Nachtangriffe waren die Ausnahme und Tarnung daher nicht wichtig) ihre Freiheit gegenüber den eher eintönigen Arbeitskitteln der Bauern und Handwerker. Die Strümpfe wurden durch Bänder unter dem Knie gebunden, ebenso wie die Hosenbeine, die weit ausfielen. Ein wallonischer Kragen und Spitzenärmel rundeten das Bild ab. Der breitkrempige Schlapphut wurde mit einer Feder geschmückt, zumeist in der Farbe der eigenen Kriegspartei. Reguläres Erkennungszeichen für die Angehörigen der verschiedenen Armeen waren die farbigen Armbänder oder diagonal über den Oberkörper getragenen Feldbinden: Rot für die Habsburger und Spanier, weiß und blau für die Franzosen, gelb und blau für die Schweden und orange für die Niederländer. Unter den Soldaten konnte eine regelrechte Statuskonkurrenz um gute Kleidung entstehen. Da – wie bei Grimmelshausen erwähnt – der Besitz von Geld und Gütern oft nur von sehr kurzer Dauer war, legte man die gemachte Beute in kriegsnutzbaren Werten an, etwa in Kleidung, Bewaffnung oder in einem guten Pferd.[161] Waren sonst noch Geldwerte vorhanden, tauschte man sie in hochwertige Münzen und nähte sie in die Kleidung ein. In der kaiserlichen Armee wurde der erste große Uniformauftrag 1645 von General Graf Gallas bei österreichischen Tuchhändlern aufgegeben: 600 Uniformen sollten hergestellt werden. Üblicher war es, Patronengurte und Pulverhörner zentral zu bestellen.

161 Zum Beispiel in der Episode vom Fund des Scharlachstoffes und der Ausstaffierung zum »Jäger von Soest«: Johann Jacob Christoffel von Grimmelshausen, *Simplicissimus teutsch (1668/1669)*, hrsg. von Dieter Breuer, Frankfurt a. M. 2005, Buch 2, Kap. 30, S. 227 f.

Soziale Absicherung für verwundete oder erkrankte Soldaten gab es kaum. Der Herzog von Alba hatte in Mecheln 1567 ein Militärhospital einrichten lassen, um die Verletzten der Flandrischen Armee zu versorgen. Das Krankenhaus bestand allerdings nur ein Jahr lang. Dann dauerte es bis 1585, bis ein neues Militärlazarett in der Stadt entstand. Überhaupt war die Wundversorgung der Soldaten schlecht. Bei mehreren Meutereien wiesen die Soldaten darauf hin, dass viele ihrer verstorbenen Kameraden noch leben könnten, wenn sie schneller und besser ärztlich behandelt worden wären. Für Spanien war die Krankenpflege auch eine Kostenfrage: Es »lohnte« sich aus der Sicht der Kriegsfinanzierung vielfach eher, einen Verletzten in den Niederlanden gesund zu pflegen, als einen neuen Rekruten aus Spanien in die Niederlande zu schaffen und dort auszubilden. Später entstand auch ein Heim für verkrüppelte und wehruntaugliche Soldaten (»Garnison Unserer Lieben Frau von Hal«). Hier wohnten 1649 immerhin 349 Invaliden.[162]

Für Schanzarbeiten zogen die Heere benachbarte Bauern heran. Handarbeit war nach dem ständischen Ehrenkodex einem Soldaten eigentlich nicht zuzumuten, er verrichtete sie nur widerwillig, wenn es unbedingt nötig war. Allerdings durfte er auch keinem produzierenden oder handeltreibenden Gewerbe nachgehen. Dafür war er von allen Steuern, Zöllen und Feudallasten frei und erfreute sich des Jagdrechts. Natürlich hatte der Soldat das Recht,

162 Andere Staaten errichteten erst später derartige Krankenhäuser, Frankreich mit der Gründung des *Hôtel des Invalides* 1670 und England mit den Militärhospitalen in Kilmainham (Dublin, 1681) und Chelsea (1684): Parker 1990 (Anm. 160), S. 97f.

Waffen zu tragen – nicht nur im Kampf, sondern ständig. Selbst bei eventuellen Hinrichtungen wurden Soldaten nicht an normale Landgalgen, sondern an »Quartiersgalgen« auf den Marktplätzen von Städten aufgehängt. Die Privilegienstruktur war damit in mancher Hinsicht von den Adelsprivilegien nicht sehr weit entfernt. An dieser Stelle sollte nochmals darauf hingewiesen werden, dass der europäische Adel seiner Herkunft nach ein Kriegeradel war. Soldatische Handarbeit setzte sich allerdings im Laufe des Dreißigjährigen Krieges immer mehr durch, die alten Vorrechte verfielen im Zuge der Sozialdisziplinierung in der militärischen Gesellschaft.

Die Alltagswelt eines Söldners

Eine der wichtigsten Quellen zur Alltagsgeschichte in den Streitkräften ist das Tagebuch eines anonymen Soldaten, das Jan Peters in der Staatsbibliothek Berlin entdeckte und 1993 in einer Edition herausgab.[163] Der Name des Soldaten war, wie Peters aus Kirchenbucheinträgen rekonstruierte, mit großer Wahrscheinlichkeit Peter Hagendorf.[164] Die Schrift behandelt den Zeitraum von 1625 bis 1649. Das Schwergewicht liegt nicht auf den großen strategischen Handlungen oder der logistischen Systematik, sondern der

163 Jan Peters (Hrsg.), *Ein Söldnerleben im Dreißigjährigen Krieg. Eine Quelle zur Sozialgeschichte*, Berlin 1993, zeichengetreue Abschrift: S. 35–127, modernisierte Sprachfassung: S. 129–188. Im Folgenden zit. nach: Peter Burschel, »Himmelreich und Hölle. Ein Söldner, sein Tagebuch und die Ordnungen des Krieges«, in: Krusenstjern/Medick 1999 (Anm. 19), S. 181–194.

164 Zur Rekonstruktion des Namens: ebd., S. 23.

erfahrbaren Welt eines Soldaten, der immer in Bewegung war: Geographische Eindrücke dominieren, ergänzt um Tageserfahrungen. So schreibt der Söldner für 1635: »Den 25. April aufgebrochen mit der ganzen Armee nach Tübingen, die Hauptstadt im Württemberger Land. Hier gibt es eine Hohe Schule [Universität]. Nach Hohenzollern, ein festes Schloss, liegt auf einem hohen Berg. Nach Villingen, hier endet das Württemberger Land, denn Villingen gehört Leopold zu.[165] Darauf nach Rottenburg am Neckar, bei Villingen tut der Neckar entspringen. Nach Löffingen. Hier ist ein großes Gewitter gewesen, jedoch haben 3 Soldaten gespielt und sehr übel geflucht und geschworen. Da sind alle 3 vom Donner erschlagen worden. 2 waren stracks mausetot, der andre hat noch 3 Tage gelebt, danach auch gestorben. Darauf nach Donaueschingen. Hier am Schloss entspringt die Donau. Darauf nach Neustadt im Schwarzwald. Danach ins Himmelreich, danach in die Hölle. Denn es ist ein Wirtshaus, das heißt so, weil man zu gehen hat eine Stunde tief ins Tal. Das wird ›In die Hölle‹ genannt. Hier ist ein wildes Land, lauter Berg und Tal und Wald«.[166]

Einige Strukturelemente der privaten Chronik werden erkennbar: Geographie und Tagesbegebenheiten sind durchsetzt mit populären Deutungsmustern, z. B. dass der Tod der Soldaten durch Blitzschlag die himmlische Strafe für ihr gotteslästerliches Reden zuvor war. Hagendorf war

165 Gemeint ist Erzherzog Leopold V. von Tirol, Landesherr der Österreichischen Vorlande in Schwaben. Obwohl der Erzherzog bereits 1632 gestorben war, hat sich die Zugehörigkeitsbezeichnung im Sprachgebrauch offenbar noch nicht angepasst.

166 Zitat aus dem Tagebuch des anonymen Söldners nach Burschel 1999 (Anm. 163), S. 186.

1625 in Italien angeworben worden, hatte sich zwei Jahre später zur Kaiserlichen Armee gemeldet, wo er als Gefreiter im Regiment des Feldherrn Gottfried Heinrich Graf von Pappenheim diente. An den Belagerungen von Wolfenbüttel 1627 und Stralsund 1628 nahm er teil. 1631 gehörte er zu den Soldaten, die Magdeburg eroberten. Zwei Schussverletzungen überstand er glücklich. Anschließend erlebte er die Niederlage Tillys bei Breitenfeld. Die Armee zog sich nach Bayern zurück, wobei der Söldner zum Korporal und anschließend zum Wachtmeister aufstieg. In München wurde er im Frühjahr 1632 von den Schweden gefangen genommen und zum Wechsel des Dienstherrn zwangsverpflichtet. Zwei Jahre später wurde er nach der Schlacht von Nördlingen erneut gefangen genommen, diesmal von den Kaiserlichen. Wieder wechselte er den Dienst, um eine lange Kriegsgefangenschaft zu umgehen. Die folgenden 14 Jahre diente er als Korporal. Dabei marschierte seine Einheit ins Elsass, nach Lothringen, den Rhein entlang, durch Hessen, die nordwestlichen Territorien des Reiches, später durch Thüringen, die Oberpfalz und Oberschwaben. In Memmingen erreichte ihn Ende 1648 die Nachricht vom Frieden. Am 25. September 1649 wurde sein Regiment abgedankt. Der Söldner-Korporal Hagendorf endete sein Kriegstagebuch mit dem Eintrag: »Ich für meine Person bekam 3 Monate Sold, des Monats 13 Gulden«.[167] Ganze 39 Gulden, das war die Abfindung für 24 Jahre Kriegsdienst.

Die wichtigste Konstante für das Söldnerleben, so schreibt Jan Peters, war das »Prinzip Unbeständigkeit«.[168]

167 Zit. nach ebd., S. 188.
168 Peters 1993 (Anm. 163), S. 223.

Wochen des Hungers und der Entbehrungen wechselten ab mit Zeitabschnitten des Überflusses und der reichen Beute. Das allgegenwärtige Krankheitsrisiko wurde ebenso mit Fatalismus ertragen wie die Gefahr einer Verwundung. Vermutlich war alles dies nur verkraftbar, weil die militärische Gesellschaft eine Gesellschaft der Dienstfähigen war: Wer schwer erkrankte, wurde in irgendeinem Quartier zurückgelassen, wer schwer verwundet wurde, starb normalerweise schnell, und die wenigen, die den Verlust eines Armes oder Beines überlebten, schieden aus der Armee aus und wurden nicht mehr gesehen.

Für den einfachen Soldaten bedeutete dies, dass er sich mit den Umständen arrangierte und manchmal auch eine List anwenden musste, um am Leben zu bleiben. Hagendorf erlebte eine derartige Situation 1633 in Bayern: »Ich für meine Person bin nach Straubing an der Donau. Wie wir hinkommen, sind zwei Regimenter von den Schwedischen schon davor. Die haben uns willkommen geheißen [beschossen]. Da sind von den 300 Mann nicht mehr als 9 von uns hereingekommen, die andern sind alle gefangen und niedergemacht. Ich aber bin in eine Hecke gefallen, und wie es vorüber gewesen ist, bin ich in die Stadt gekommen«.[169] Der Söldner hatte dabei zweifaches Glück: Zum einen wurde sein Versteck in der Hecke nicht entdeckt und er überlebte, zum anderen wurde er später von der eigenen Seite nicht als Feigling zur Rechenschaft gezogen.

Allen Kriegserfahrungen zum Trotz strebte der Söldner familiäre Normalität an. Er heiratete zweimal, 1627 und 1635, aus der ersten Ehe gingen vier, aus der zweiten fünf

169 Zit. nach Burschel 1999 (Anm. 163), S. 188 f.

Kinder hervor. Peter Burschel interpretiert diesen Umstand wie folgt: »Ehe, Familie – unter den Bedingungen eines Lebens im und vom Krieg hieß das in erster Linie Hilfs-, Not-, Versorgungs- und nicht zuletzt auch Beutegemeinschaft«.[170] Der letzte Aspekt wird deutlich in der Schilderung, die der Söldner von der Einnahme Magdeburgs niedergeschrieben hat. Er selbst war nämlich im Zuge der Eroberungsmaßnahmen verwundet worden. Seine Frau ging an seiner Stelle zum Plündern in die Stadt. Ein krankes Kind ließ sie an der Seite des verwundeten Gatten zurück. Obwohl der Söldner davon hörte, dass während des Brandes viele Häuser eingestürzt und die plündernden Kaiserlichen dabei ums Leben gekommen seien, und bereits begann, sich Sorgen zu machen, kam seine Frau nach anderthalb Stunden wohlbehalten ins Lager zurück. Die Beute bestand in einer großen Kanne mit 4 Maß Wein, zwei silbernen Gürteln sowie einer Anzahl gut erhaltener Kleider, für die der Söldner später in Halberstadt 12 Taler einlöste (= 18 Gulden, das heißt mehr als der Monatssold eines Korporals). 1634 stand Hagendorf vorübergehend im schwedischen Sold und eroberte Landshut mit. Er schrieb dazu: »Hier sind wir 8 Tage stillgelegen, haben die Stadt ausgeplündert. Hier habe ich als meine Beute ein hübsches Mädelein bekommen und 12 Taler an Geld, Kleider und Weißzeug genug. Wie wir sind aufgebrochen, habe ich sie wieder nach Landshut geschickt«.[171]

170 Ebd., S. 189. Jan Peters spricht von einem »Beute- und Produktionspaar«, Peters 1993 (Anm. 163), S. 244.

171 Beute in Landshut: Zitat aus dem Tagebuch des anonymen Söldners: Peters 1993 (Anm. 163), S. 145. – Hagendorf war zu dieser Zeit gerade verwitwet.

Das Faszinierendste am Tagebuch des anonymen Söldners ist, dass es kein Werk des literarischen Höhenkamms darstellt wie Grimmelshausens simplizianische Schriften. Lange haben Historiker und Literaturwissenschaftler darüber gestritten, ob Grimmelshausen eine Autobiographie verfasst habe. Das wird heute allgemein verneint. So sind die Unterschiede zwischen der Chronistik des Söldners und der literarischen Strukturierung und Topik beim Dichter deutlich erkennbar. Der christlich-moralische Ruf zur Entscheidung, der als *Basso continuo* alle Werke Grimmelshausens begleitet, ist beim Söldner so nicht feststellbar. Allerdings wird an vielen Stellen deutlich, dass es sich um denselben Krieg handelt, der von beiden beschrieben wird. Klar ist, dass der anonyme Soldat keinesfalls Durchschnittssoldat war: Auch wenn ihm eine höhere Karriere versagt blieb, so konnte er lesen und schreiben. Diese Fertigkeiten diente er vermutlich seinen Offizieren an, die gern darauf zurückgriffen. Welche Vorteile er daraus zog, dass er vermutlich wegen seiner Kompetenzen geschützt wurde, darüber lässt sich nur spekulieren. Die historisch interessierte Nachwelt ist jedenfalls dankbar, dass er gegen alle Wahrscheinlichkeit so lange überlebt hat, um sein Werk abzuschließen, und dass das Geschriebene tatsächlich 350 Jahre nach der Niederschrift gehoben werden konnte und den Weg in den Kulturschatz gefunden hat.

Bemerkenswerterweise gehörte auch zu den Parallelen, dass sowohl Grimmelshausen als auch der Söldner keine scharfe konfessionelle Polemik in ihre Schriften einbringen. Der Söldner war Katholik, Grimmelshausen konvertierte zum römischen Bekenntnis. Beiden ist eine praktische Frömmigkeit eigen, die überkonfessionell ausgelegt ist. Von eifernden Prälaten und dem gegen den Religionsfrieden protestierenden Papst ist hier keine Rede. Es darf vermutet werden, dass beide Verfasser damit die Einstellung der großen Mehrheit der Bevölkerung widerspiegeln, die den Krieg erleben musste und nach Jahrzehnten des Leidens und der Zerstörung nicht mehr einsah, dass wegen dogmatischer Begriffsdifferenzen noch weiter gekämpft werden sollte.

Grimmelshausens Werk ist die Darstellung der festen, transzendentalen Ordnung, die durch die Unvollkommenheit der Menschen schuldhaft gestört wurde. Darum mussten auch Menschen im Krieg leiden. Der Söldner verzichtete auf weitreichende moralische oder theologische Erörterungen. Auch die Nachkriegszeit wurde von beiden verschieden erlebt. Während Grimmelshausen sich schließlich als Amtmann in Renchen (Fürstbistum Straßburg) in der oberrheinischen Kulturlandschaft sesshaft machen konnte, wobei ihm sein inzwischen anerkannter Adelsstand sicherlich geholfen haben dürfte, sah der Söldner den Frieden mit großer Ungewissheit auf sich zukommen. Das Friedensfest in Memmingen kommentierte er mit ironischen Floskeln. Da seine Niederschrift 1649 endete, ist sein weiteres Schicksal ungewiss. Auf einem Esel verließ er Memmingen mit unbekanntem Zielort.

Die Perspektive der Zivilbevölkerung: Klima, Hunger, Seuchen und Gewalt

Die Auswirkungen des Krieges auf Wirtschaft und Gesellschaft

Der Dreißigjährige Krieg ist als die schlimmste von Menschen verursachte Katastrophe vor dem Zweiten Weltkrieg ins kollektive Bewusstsein der Mitteleuropäer eingegangen. »Der Große Krieg«, so hieß er, bis er das Attribut an den Ersten Weltkrieg abtreten musste. Die Erfahrung aktualisierte Berichte, die im Schrifttum über den längsten Krieg im 17. Jahrhundert überliefert waren. Auch wenn ältere Studien von Günther Franz aus der Zwischenkriegszeit des 20. Jahrhunderts durch Sigfried Henry Steinberg 1966 kritisch hinterfragt worden sind, hat sich die alte Anschauung vom verwüsteten Deutschland durch spätere Studien weiter erhärtet.[172]

Einen neuen Aspekt stellt Gerhard Schormann dem »Superlativ des Entsetzens« entgegen: Er zeigt auf, dass die Armeeführungen die Risiken der Gewalt bereits eingesehen hätten und sich daher bemühten, die Schäden durch die Kriegführung einzudämmen. Dem dienten Dienstreglements, Artikelbriefe sowie die Praktiken der Kriegsgerichtsbarkeit. Es konnte keinem Armeeführer egal sein, was seine Soldaten trieben, denn die mittelfristige Zu-

172 Klassische Studie: Günther Franz, *Der Dreißigjährige Krieg und das deutsche Volk. Untersuchungen zur Bevölkerungs- und Agrargeschichte*, Stuttgart [u. a.] ⁴1979; dagegen revisionistisch: Sigfried Henry Steinberg, *Der Dreißigjährige Krieg und der Kampf um die Vorherrschaft in Europa 1600–1660*, Göttingen 1967 (engl. 1966).

kunft seiner Einheiten hing davon ab, ob es auch im nächsten Winter noch Gebiete gab, in denen man Truppen einquartieren konnte.[173] Es ist zwar bekannt, wie unvollkommen diese Absichten umgesetzt werden konnten. Jedoch muss betont werden, dass die Taktik der »verbrannten Erde« die Ausnahme und nicht die Regel war, etwa bei den schwedischen Einmärschen in Bayern 1632 und 1646. Schon aus dem spanisch-niederländischen Krieg ist überliefert, beispielsweise in Studien von Myron Gutmann über das Fürstbistum Lüttich, dass die Übergriffe der Soldaten gegen die Zivilbevölkerung sich in Grenzen hielten, solange die Armeeführungen ihre Söldner auskömmlich bezahlen und ernähren konnten.[174]

Ein Zentralproblem war die Absonderung kleiner Trupps von der Gesamtarmee, sei es, dass sie zum Fouragieren auszogen oder sich auf eigene Faust entfernten (oft nachts), um in der Umgebung zu plündern. Nicht die Einquartierung von tausend Angehörigen regulärer Truppen war das schlimmste Problem für die gequälte Landbevölkerung, sondern der Trupp von 20 bis 30 Reitern. Dieser kleine Trupp, meist anonymisiert, übte normalerweise die Kriegsverbrechen aus, auch auf Bilddarstellungen von Gewaltszenen ist das erkennbar, etwa bei Jacques Callot. Was an Nützlichem transportabel war, wurde entwendet, lebendes Vieh wurde fortgetrieben – wenn die Betroffenen Glück hatten, konnten sie später einen Teil davon im nächsten Marktort zurückkaufen. Oft blieb es aber nicht

173 Schormann ^{3}2004 (Anm. 12), S. 114 f.

174 Myron P. Gutmann, *War and Rural Life in the Early Modern Low Countries*, Assen 1980, S. 163 f., zit. nach: Burschel 1994 (Anm. 158), S. 195–198.

beim Plündern der sichtbaren Güter, sondern die Landbewohner wurden gefoltert, um versteckte Nahrungsmittel oder Wertgegenstände preiszugeben. Zusätzlich bestand die Gefahr, dass Gebäude beschädigt oder gar angezündet wurden. Die Drohung mit Brandstiftung, der sog. »Brandschatzung«, war eine gebräuchliche Methode, die betroffenen Zivilpersonen zahlungs- und abgabewillig zu machen. Daneben existierten die Marodeure, die nicht mehr zu einer regulären Truppe zählten, sondern sich auf eigene Faust versorgten, und gewöhnliche Räuberbanden, wobei die Grenzen zwischen den letzten beiden Kategorien fließend waren.

So verwundert es nicht, dass es zu Gegenmaßnahmen der Bauern kam. Mehrfach wurden die kleinen Soldatentrupps durch bäuerliche Bewaffnete bekämpft und im Erfolgsfall anschließend umgebracht. Die Feindschaft zwischen Bauern und Soldaten wurde in der Literatur und in den Künsten stilisiert. Größere Bauernaufstände, wie in Oberösterreich in der Mitte der 1620er Jahre, waren allerdings die Ausnahme. Hier spielte nicht nur der Kampf der Bauern gegen die Soldaten eine Rolle, sondern auch der Widerstand der einheimischen Bevölkerung gegen die bayerische Fremdherrschaft, denn Oberösterreich war zu dieser Zeit bayerisches Pfandschaftsgebiet und wurde fiskalisch möglichst weitgehend ausgebeutet.

Beim Kampf zwischen Soldaten und Bauern um das Lebensnotwendige ging es nicht nur um Nahrungsmittel, Sach- und Geldwerte. Auch Menschen wurden entführt, um Lösegeld zu erpressen. Kriegsrechtlich beschränkte sich das »Rantzionieren« auf Kriegsgefangene, für deren Herausgabe Geld gefordert werden durfte. Bald griffen sich die Kampfparteien allerdings auch Zivilisten, besonders solche, bei denen die Zahlungsfähigkeit der Angehörigen oder der Dienstherren (von Beamten etc.) vorausgesetzt wurde. 1637 entführten hessische Truppen die obersten Beamten des Herzogtums Westfalen nebst ihren Begleitern bei einem Überfall auf Meschede. Der Landdrost Friedrich von Fürstenberg, der Drost Hermann Rump, der Richter Ludwig Stockhausen, der Trompeter Cordt und die beiden Diener Dirich und Veltin mussten sich in die Haft nach Lippstadt begeben und sollten später nicht ausgelöst, sondern gegen andere prominente Gefangene ausgetauscht werden.[175] Nicht nur Personen konnten »rantzioniert« werden, sondern auch Gegenstände wie Stadtschlüssel oder Archivalien, vorzugsweise städtische Obligationen.

Vielfach ist in der Forschung von einer sog. »Zerstörungs-Diagonale« die Rede, das heißt, auf einer Karte des Reiches lässt sich ein breiter Streifen von Schwaben im Südwesten bis Pommern im Nordosten ziehen, der die Länder durchschneidet, die besonders intensiv von Kriegshandlungen betroffen waren.[176] Wenn von Bevölkerungsverlusten von 20 bis über 50 % die Rede ist, bedeutet das nicht automatisch, das dieser Teil der Bevölkerung ermordet wurde: Viele Untertanen flüchteten sich in Städte, andere wurden zu fahrendem Volk oder schlossen sich den Trossen der Armeen an. Migrationsbewegungen während des Krieges sind quantitativ noch schwerer zu erfassen als Reduktionen von Einwohnerzahlen.

175 Horst Conrad / Gunnar Teske (Hrsg.), *»Sterbzeitten«. Der Dreißigjährige Krieg im Herzogtum Westfalen*, Münster 2000, S. 47.
176 Vgl. dazu Paul Münch, *Das Jahrhundert des Zwiespalts. Deutsche Geschichte 1600–1700*, Stuttgart 1999, S. 37.

Dies bedeutet andererseits, dass die Gebiete im Nordwesten und Südosten weniger kriegsbetroffen waren. Landeshistoriker dieser vermeintlich glücklicheren Gegenden haben allerdings Einschränkungen formuliert. So schreiben Erich Landsteiner und Andreas Weigl für Niederösterreich, die dortigen Kriegseinfälle – 1618–20 Betroffenheit durch den Böhmischen Krieg, 1630er Jahre Einquartierung der kaiserlichen Armee, 1648 Plünderungen durch die Schweden – seien zwar zeitlich kürzer gewesen als in anderen Reichsregionen, hätten dafür aber dennoch eine Bevölkerungsverminderung von 25 % zur Folge gehabt.[177]

In den drei Kriegsphasen erlebte Niederösterreich drei unterschiedliche Formen der Behandlung durch die Streitkräfte. In der ersten Phase versuchten sowohl die böhmischen Ständetruppen als auch die Kaiserlichen, die Untertanen für sich zu gewinnen, und behandelten sie verhältnismäßig glimpflich. Risiken bestanden im Umstand, dass die Gebiete in konfessioneller Gemengelage lagen und dass die Streitkräfte die Untertanen diesbezüglich verschieden behandelten. In der zweiten Phase stand die kaiserliche Armee unter dem Zwang, ihre hohen Kosten aus dem Land zu pressen. Auch wenn die Gewalthandlungen, die mit wechselnden Truppenbesatzungen verbunden waren, unterblieben, so waren die materiellen Verluste und auch die Gewalterfahrungen durch zwangsweise Requirierungen für die Untertanen nicht nur schwer erträglich,

177 Erich Landsteiner / Andreas Weigl, »›Sonsten finden wir die Sachen sehr übel aufm Landt beschaffen‹. Krieg und lokale Gesellschaft in Niederösterreich (1618–1621)«, in: Krusenstjern/Medick 1999 (Anm. 19), S. 229–271, hier S. 229–232.

sondern existenzgefährdend. Die dritte Kriegsphase im letzten Kriegsjahr stellte die schwerste Form der Kriegsbeeinträchtigung dar: Die schwedische Armee plünderte, was sie erbeuten konnte, sowohl um sich selbst zu erhalten, als auch um den Kaiser materiell maximal zu schädigen und friedensgeneigt zu machen.

Die Wahrnehmung des zunehmenden Mangels und der Klimaveränderung

Die unmittelbaren Kriegsauswirkungen müssen allerdings in einem größeren Zusammenhang betrachtet werden. Das 16. Jahrhundert brachte zwar in ökonomischer und kultureller Hinsicht eine Blütezeit in weiten Teilen Mitteleuropas, allerdings wurden im letzten Drittel dieses Jahrhunderts mehrere Krisenphänomene gleichzeitig sichtbar, die dem Dreißigjährigen Krieg vorgelagert waren. Wenn in der Forschung das 17. Jahrhundert als ein »Jahrhundert der Krise« inszeniert wird, so begann diese Krise bereits etwa 30 Jahre vor der Jahrhundertwende.

Die Lebenswelt der Frühmoderne war eine Welt des Mangels, dies galt schon unter »Normalbedingungen«. Pro Jahrzehnt kamen drei unterdurchschnittliche Ernten vor, und wenn diese ungünstigen Jahre aufeinander folgten, waren Mangel und Preisauftrieb gefährlich, nicht selten lebensgefährlich. Die Zeitgenossen hatten sich daran gewöhnt, sie kannten ihre Welt nicht anders. Die existenziellen Bedrohungen hatten ihre symbolische Form in den vier »apokalyptischen Reitern« gefunden, beschrieben in der Offenbarung des Johannes 6, Verse 1–8. Die Pest, der Krieg, der Hunger und der Tod kamen einzeln vor, meistens aber in Gesellschaft miteinander. Die Künstler der Zeit griffen das Thema immer wieder auf, nicht nur Albrecht Dürer, der in einer vergleichsweise begünstigten Zeit im frühen 16. Jahrhundert lebte. Auch im 17. Jahrhundert kam die große Mehrzahl der Opfer nicht durch aktive Kampfhandlungen ums Leben, sondern durch Hunger und Krankheiten. Unter Krankheiten verstand man nicht nur die Pest allein, auch wenn die Beulen- und die Lungenpest allgemein in Symptomatik und Folgen bekannt waren, sondern alle Arten von viralen und bakteriellen Infektionen, denen die Bevölkerung ausgesetzt war, weil man weder ihre naturwissenschaftlichen Ursachen kannte noch über wirkungsvolle Gegenmittel verfügte.[178]

Eines der zusätzlichen Krisenphänomene war die spürbare Abkühlung des Klimas. In der Wahrnehmung stellte sich die »Kleine Eiszeit« anders dar als aus der wissenschaftlichen Längsschnittperspektive. Während wir heute versuchen, Klima-Messreihen aufzustellen, sahen die frühneuzeitlichen Menschen zum einen Ereignisse mit extremen Auswirkungen. Christian Pfister schildert ein derartiges Ereignis mit direkten Folgen: Am 24. Mai 1626 ereignete sich über Schwaben ein Hagelsturm, bei dem walnussgroße Hagelkörner die Feldfrüchte zerstörten. Es folgte eine so kalte Nacht, dass am nächsten Morgen an

178 Zu Seuchen: Jacques Ruffié / Jean-Charles Sournia, *Die Seuchen in der Geschichte der Menschheit*, München 1992; zur Pest im Speziellen: Otto Ulbricht (Hrsg.), *Die leidige Seuche. Pestfälle in der Frühen Neuzeit*, Köln [u. a.] 2004; zur Wahrnehmung von Kranksein: Michael Stolberg, *Homo patiens. Krankheits- und Körpererfahrung in der Frühen Neuzeit*, Köln [u. a.] 2003.

mehreren Orten Flüsse und Seen überfroren waren.[179] Zum anderen konstatierten die Zeitgenossen, dass die extremen Ereignisse häufiger eintraten, als sie es aus eigener Erfahrung oder durch die Überlieferung ihrer Eltern gewohnt waren. Bezeichnend ist, dass es sich bei der klimatischen Abkühlung offenbar nicht um eine alte Menschheitserfahrung handelte: Ein »apokalyptischer Reiter« für die Kälteerfahrung ist nicht überliefert.

Zahlreiche weitere Katastrophen dieser Art sind beschrieben worden. Daneben haben die Zeitgenossen auch die Erklärungsmuster[180] gesammelt, die sie mit den schrecklichen Ereignissen verbanden:

1. Weniger die Abkühlung als langfristiges Phänomen als vielmehr das jeweilige Einzelereignis (überlange Eisperioden, ausbleibender Regen, ausbleibende Wärme im Frühsommer, Blitz- und Hagelschlag, Dürre oder Vergnung) wurden als ein Zeichen von Gott gesehen, meistens als Hinweis auf die verbreiteten Sünden der Menschen, für die sie mit Strafen belegt wurden. Dieser Erklärungszusammenhang wird »Sündenökonomie« genannt: Nach dem Grad der Sündhaftigkeit eines Einzelnen oder einer Gruppe von Menschen kam das Ver-

179 Christian Pfister, »Weeping in the Snow. The Second Period of Little Ice Age-type Impacts, 1570–1630«, in: *Kulturelle Konsequenzen der »Kleinen Eiszeit« / Cultural Consequences of the »Little Ice Age«*, hrsg. von Wolfgang Behringer [u. a.], Göttingen 2005, S. 31–86, hier S. 33.

180 Überblick über die Erklärungsmuster: Wolfgang Behringer, »›Kleine Eiszeit‹ und Frühe Neuzeit«, in: ebd., S. 415–508, hier S. 420–429.

hängnis, das nach dem unerforschlichen göttlichen Ratschluss auch mit zeitlicher Verzögerung eintreten konnte.

2. Die plötzlichen Ereignisse waren in der Deutung mitunter ein Werk des Teufels, der abstrakt wahrgenommen wurde, was auf die göttlichen Strafen zurückverwies. Der Teufel hatte Konjunktur: Zwischen etwa 1560 und 1630 wurde eine Flut von protestantisch inspirierten Druckwerken publiziert, wobei der Teufel in allen sündhaften Lebenslagen erschien, als »Saufteufel« (Trunksucht), »Spielteufel« (Glücksspiel), »Hosenteufel« (Modetorheit), »Fluchteufel« (Gotteslästerung), »Zauberteufel« (Hexerei) und in anderen Varianten. Im Verlag Sigmund Feyerabend in Frankfurt a. M. erschien 1569 ein *Theatrum diabolorum* mit einem Überblick über die Varianten; bis Ende des Jahrhunderts wurden mindestens siebzehn weitere Darstellungen zum Teufel in seiner generellen oder jeweils modifizierten Erscheinungsform publiziert.
3. Die Geschehnisse konnten auch als ein Werk von Schadenszauber durch Hexen gedeutet werden. Dann waren die Verursacher oder Verursacherinnen im Gegensatz zum abstrakten Teufel persönlich greifbar. Vor dem Hintergrund des großen Bedarfs an Erklärungen für die Häufung an negativen Erfahrungen bis hin zu Katastrophen wundert es nicht, dass gerade die Ära der »Kleinen Eiszeit« auch die Zeit der intensivsten Hexenverfolgung war, besonders in Deutschland und der Schweiz. Gleichzeitig »blühte« das Schrifttum zur Hexenproblematik, die sog. »Dämonologie«, an der sich nicht nur Theologen aller Konfessionen beteiligten,

sondern auch Gelehrte aller Richtungen bis hin zu Persönlichkeiten wie Jean Bodin, der gewöhnlich eher als Modernisierer in Erinnerung geblieben ist.[181]

Vor dem Hintergrund der »Kleinen Eiszeit« lässt sich der Dreißigjährige Krieg auch strukturgeschichtlich deuten: Nicht nur der Gegensatz zwischen »Staatsbildungskrieg« oder »Glaubenskrieg« allein ist zu bedenken und abzuwägen, sondern das Konfliktgeschehen kann auch als Ergebnis einer fundamentalen Subsistenzkrise größten Ausmaßes betrachtet werden, die die bisherigen kulturellen und religiösen Deutungsmuster infrage stellte. Die blanke Not verschärfte die Konkurrenz und den Konflikt um die notwendigen Güter zum Überleben, und wenn vor einem solchen Hintergrund die Konfliktregulierungsmechanismen blockiert wurden, dann war der Weg zur Gewalttätigkeit eröffnet.

Die Wahrnehmung des Schreckens: Die Eroberung von Magdeburg 1631

Hans Medick hat die Erfahrung und die publizistische Deutung der gewaltsamen Einnahme der Stadt Magdeburg am 20. Mai 1631 untersucht.[182] Lutherische Traktatautoren hatten Magdeburg bereits 1550 im Interimsstreit als »Unsers Herrgotts Kanzlei« attribuiert, ein widerständiger Ort mit transzendentalem Bezug, der sich der »papistischen

181 Zur Forschungslage: ebd., S. 488–490.

182 Hans Medick, »Historisches Ereignis und zeitgenössische Erfahrung: Die Eroberung und Zerstörung Magdeburgs 1631«, in: Krusenstjern/Medick 1999 (Anm. 19), S. 377–407.

Tyrannei« in geistlicher und weltlicher Erscheinungsweise erfolgreich widersetzt habe.[183] Auch die Belagerung durch Wallenstein 1629 ging für die Stadt günstig aus, da ein Abzugsabkommen gegen Geldzahlung ausgehandelt werden konnte. Dieses zweimalige Glück wurde erst recht für die Propaganda verwendet. So verknüpften Theologen das Schicksal der Stadt mit dem Heilsplan Gottes. Dies bedeutete aber nicht, dass beständige Sicherheit und Erfolgsgarantie zu erwarten war, sondern es meldeten sich auch mahnende Stimmen, die eine Eroberung und Zerstörung der Stadt durch den katholischen »Antichrist« für möglich hielten. Der Magdeburger Domprediger Dr. Reinhard Bake predigte etwa am 1. August 1630 über die Evangelienstelle Lukas 19, Verse 43 f., in der Jesus der Stadt Jerusalem ihren Untergang ankündigt: »Denn es wird die Zeit über dich kommen, daß deine Feinde werden um dich und deine Kinder mit dir eine Wagenburg schlagen, dich belagern und an allen Orten ängsten; und werden dich schleifen und keinen Stein auf dem anderen lassen, darum, daß du nicht erkannt hast die Zeit, darin du heimgesucht bist«. Der Prediger wollte damit nicht den Untergang der Stadt für unausweichlich darstellen, sondern hatte eine politische Intention. Er zwang durch sein Wort den Magistrat, ein Bündnis mit Schweden einzugehen, damit die Stadt dadurch geschützt würde. Der Rat fügte sich dieser Forderung, die in Teilen der Bürgerschaft populär war, widerstrebend.

183 Zu dieser konfessionellen Stilisierung: Thomas Kaufmann, *Das Ende der Reformation. Magdeburgs »Herrgotts Kanzlei« (1548–1551/52)*, Tübingen 2003.

Für die Zeit nach dem schrecklichen Geschehen gibt es vor allem die Kommentare der Außenstehenden. Die protestantische Presse und Publizistik wartete mit dem Bericht über den Fall Magdeburgs einige Tage ab, offen wurden Zweifel geäußert, weil die Niederlage der Stadt als Gottesurteil gedeutet werden konnte. Magdeburg war nicht mehr die »feste Burg«, als die protestantische Propagandisten die Stadt in Anlehnung an das Luther-Lied bezeichnet hatten. Nachdem sich die Nachricht verdichtet hatte und auch protestantische Gewährsleute wie Fürst Christian II. von Anhalt die Niederlage mit Schrecken akzeptieren mussten, begann die theologische Ausdeutung des Geschehenen. Gerade für den eifrigen Tagebuchschreiber aus Bernburg konnte die Niederlage mit ihren apokalyptischen Ausmaßen – man glaubte zunächst, kein Haus habe überdauert und niemand habe überlebt – nur Ausdruck göttlichen Zorns über die Bürger sein.[184] Er zog Vergleiche mit den antiken Eroberungen Jerusalems und Babylons.

Die Sieger zogen dieselben Vergleiche. Pappenheim schrieb einen Tag nach der Eroberung, seit der Zerstörung Jerusalems seien kein greulicheres Werk und keine größere Strafe Gottes mehr gesehen worden. Er schätzte die Zahl der Opfer auf über 20 000. Positiv vermerkte der Ge-

184 Max Dittmar (Hrsg.), »Aus dem Tagebuche des Fürsten Christian des Jüngeren von Anhalt-Bernburg. Aufzeichnungen, die Zerstörung Magdeburgs, die Unterredung des Fürsten Christian mit dem Administrator Christian Wilhelm von Brandenburg und den Entsatz Magdeburgs durch Pappenheim betreffend«, in: *Geschichtsblätter für Stadt und Land Magdeburg* 29 (1894), S. 90–136.

neral allerdings, dass alle seine Soldaten reich geworden seien.[185] Die Sieger betonten den Strafcharakter des Geschehenen: Hätte sich die Magdeburger Einwohnerschaft zur rechten Zeit der alten Kirche und dem Kaiser unterworfen, so sei ihr dieses Schicksal erspart geblieben. Die protestantische Seite als Verlierer bemühte den heldenhaften Widerstand etwa der Stadt Sagunt gegenüber Hannibal: Um der gemeinsamen Sache willen, hier wegen des Bündnisses mit Rom, habe sich die Bürgerschaft Sagunts geopfert. Sinn konnte daher auch im stellvertretenden Opfer für die gerechte und gute Sache bestehen.[186]

Der christliche und der antike Deutungsrahmen wurden erweitert um Erklärungsmuster, die wir heute dem Aberglauben oder der Esoterik zuordnen würden. So bemühten spätere Kommentatoren unterschiedliche Vorzeichen wie herabgefallene Mauersteine, Feuerzeichen am Himmel oder die Beschädigung mehrerer Kirchtürme bei vorangegangenen Stürmen, die vor der Katastrophe gewarnt hätten. Weil man die Vorzeichen falsch gedeutet oder gar ignoriert habe, so lautete der Tenor, sei der Schaden eingetreten. Auch hier wurde das Geschehene nicht als militärgeschichtlicher Sachverhalt allein verstanden, sondern menschlichem Tun oder Unterlassen schuldhaft zugeschrieben.

Hans Medick zitiert drei Augenzeugenberichte aus der Betroffenenperspektive. In allen drei Fällen waren es Fa-

185 Medick 1999 (Anm. 182), S. 386.
186 Ebd., S. 389. – Sagunt wurde 219 v. Chr. durch Hannibals Truppen zerstört. Andere Autoren verglichen die Katastrophe mit dem Untergang von Troja oder von Theben (von Philipp von Mazedonien 335 v. Chr. zerstört).

milienoberhäupter, die die Texte niederschrieben. Sie und ihre Verwandten nutzten angesichts der plündernden Soldaten die letzten Reste an Handlungsspielräumen, die es noch gab. Der erste Bericht stammt von dem Pfarrer Christopherus Thodaenus (Katharinenkirche), der zweite von Daniel Friese, Sohn des Magdeburger Stadtschreibers, der dritte vom Büchsenmacher und Konstabler Simon Printz.[187] Im ersten Bericht half es dem Pfarrer, dass seine Frau einem schießenden Soldaten in den Arm griff und die Kugel, die dem geistlichen Hirten galt, über ihn hinwegflog. Durch Abgabe von silbernen Kleiderhäkchen konnte die Lebensgefahr überwunden werden.

Im Fall des Daniel Friese bettelte ein Kind für das Leben des Vaters: »Indessen kam er [der Soldat] auf den Vater los mit einem Spitzhammer. Die Mutter lief alsbald zu mit Schreyen, und wir Kinder alle um den Soldaten herum, bitten und ruffen: Er solle doch nur den Vater leben lassen. Christian, mein vierdter Bruder, so damahls ein kleines Kind, das nährlich ein wenig lauffen und lallen kunte, spricht in der grossen Angst zu dem Soldaten: ach last doch nur den Vater leben, ich will euch gerne meinen Dreyer, den ich auf den Sonntag bekomme, geben [...]. Welches von diesen unerzogenen damahls einfältigen Kinde dem Soldaten vielleicht durch Gottes gnädige Schickung sein Hertz bewegte, daß er alsobald sich änderte und aus einem grausamen ein freundliches Gemüthe zu uns wendete. Er sahe uns Kinder an, wie wir da um ihn stunden, und sagte: ey das seynd feine Bübel, dann er war ein Nürnberger und sagte hernach zu dem Vater: Wiltu mit denen Kindern her-

187 Nachweise ebd., S. 400.

aus kommen, so gehe alsbald fort, denn die Croaten werden über eine Stunde herein kommen, so wirst du mit deinen Kindern schwerlich leben bleiben«.[188]

Normalerweise rettete nur die rechtzeitige Preisgabe von Geld und Wertgegenständen das Leben der Geplünderten, kommunikative Fähigkeiten im Sinne einer De-Eskalationsstrategie waren ohnehin unumgänglich, denn jedes Signal, das auf Sicherung von Sachwerten oder gar auf Widerstand hinzielte, führte zum Tode. Sowohl Thodaenus als auch im dritten Fall der Büchsenmacher Printz konnten sich nur dadurch retten, dass ihre Frauen gezielt Offiziere aufsuchten, um ihnen größere Beutegaben in Aussicht zu stellen. Dies schützte anschließend gegenüber den gemeinen Soldaten. Das Leben war damit fürs Erste gerettet, doch die Betroffenen waren noch nicht der Gefahrenzone entronnen. Daniel Frieses Mutter wurde im Gegenteil ins Militärlager der Liga-Armee geführt und musste für die Familie »ihres« Eroberers Dienste als Köchin und Kinderfrau leisten. Währenddessen zogen der Söldner und seine Ehefrau erneut in die brennende Stadt, um weitere Beute zu machen.[189]

Wie das Leben derjenigen endete, die weniger Glück hatten als die drei Berichtschreiber, lässt nachfolgendes Zitat erahnen. Daniel Friese schrieb über die Geleitung

188 »Historischer Extract aus einem Manuscripto, welches Herr Daniel Frisius, Cancell. Secret. zu Altenburg von seinen Fatis hinter sich gelassen«, in: Friedrich Friese, *Leichte historische Fragen*, Leipzig 1703, S. 279–327 und 381–425, hier S. 311 f., hier und im Folgenden zit. nach Medick 1999 (Anm. 182), S. 402.

189 Vgl. die Begebenheiten und die Interpretationen dazu: ebd., S. 402 f.

seiner Familie während laufender Plünderungen aus der Stadt: »Als wir nun [...] durch ein paar Gassen gangen waren, sahen wir unterschiedliche Todten an einander liegen, musten offt im grossen Gedräng über die toten Cörper lauffen und schreiten. Unter andern sahen wir auch einen Bauer oben aus einem Giebel herunter werffen, welcher mit heissem Wasser verbrennet war, und gewaltig rauchte. Dieser lag auf der Gasse, weltzte sich und schrie erbärmlich. Ferner lag eine Magd auf der Gasse, welche Fleisch in einem Handkorbe getragen, die war also erschossen worden, und stund ein Hund darbey, welcher das Fleisch fraß [...]. Wir sahen sehr viele Todte auf den Gassen und etliche Weibs-Personen gantz entblösset liegen, welche mit dem Kopff in ein grosses Brau-Faß, so in der Gasse voll Wasser stund, gestürtzt und ersäufft waren, aber mit dem halben Leibe und Beinen heraus hungen; welches ein erbärmlich spectacul war«.[190] Es ist wichtig zu beachten, dass es sich hier um eine authentische Erlebnisschilderung handelt, nicht um die Topoi der Schlachten- und Plünderdarstellungen, die sich seit dem 16. Jahrhundert mit geringen Variationen zu allen Kriegen der Frühen Neuzeit finden lassen.

Für die Verfasser der Schilderungen spielte neben der eigenen Aufarbeitung des Geschehenen auch die Mahnung an die Zeitgenossen und die späteren Generationen eine Rolle. Dieses Denken in Kategorien der »Memoria« war nicht auf den Adel beschränkt, sondern findet sich in vielen Bevölkerungsschichten der ständischen Gesellschaft. Charakteristisch dafür steht eine weitere Aussage aus Da-

190 Zit. nach ebd., S. 404.

niel Frieses Dokumentation, hier bezogen auf die Nacht nach der Eroberung Magdeburgs. Friese war mit seiner Familie bereits im Militärlager: »Diese Nacht ungefähr um 11 Uhr, stunde die gantze Stadt Magdeburg im Feuer, und führte uns der Vater seelig aus der Hütten, damit wir die Zeit unsers Lebens davon sagen könten. Es war im Lager, welches doch eine große Weite von der Stadt gelegen, alles helle, daß man einen Brieff darbey lesen kunte, von der grossen Feuers-Gluth«.[191] Die tiefe Einprägung des Dreißigjährigen Krieges ins kollektive Bewusstsein der Deutschen hing nicht nur mit politischer und konfessioneller Propaganda zusammen, also mit der gezielten Pflege der Erinnerungskultur, sondern eben auch mit Zeitzeugenberichten, die zunächst ein Leben lang erzählt wurden, um später in einigen Fällen verschriftlicht zu werden.

Die Druckmedien: Flugschriften und Zeitungen

Flugschriften und Flugblätter im Dreißigjährigen Krieg

Die Berichterstattung über öffentliche Angelegenheiten, über Krieg und Frieden, politische Ordnung, gerechte Regierung und Rechtsprechung, später auch über wirtschaftliche Entwicklung, Kultur und Sport ist keine Erfindung der modernen Demokratien, sondern ein Element der Tradition seit der Durchsetzung des Druckwesens mit beweglichen Lettern in Mitteleuropa im 15. Jahrhundert.[192]

191 Zit. nach ebd.

192 Vgl. zur Erforschung dieser Zusammenhänge durch die Publizistikwissenschaft und Mediengeschichtsschreibung: Jürgen

Einen wesentlichen Aufschwung erfuhr die Berichterstattung durch die Reformation: Plötzlich zerfiel das Abendland in konkurrierende Deutungen über die geistliche und irdische Ordnung. Dies bot Raum für Texte, die einem ständig wachsenden Publikum zur Kenntnisnahme und zum Kauf angeboten wurden.

Am Anfang stand die kontroverse Flugschrift des 16. Jahrhunderts, ein mehrseitiges, ungebundenes Druckwerk vorwiegend politischen, militärischen oder religiösen Inhalts. Die bebilderte Fassung war das Bildflugblatt: Eine Abbildung, meistens ein Holzschnitt oder eine Druckgraphik, wurde mit einer Parole oder mit einem kurzen erläuternden Text versehen auf den Markt gebracht. Diese beiden Mediengattungen dominierten auch noch während des Dreißigjährigen Krieges.

Angesichts der Tatsache, dass Kriege und innere Unruhen das Wirtschaftsleben während der Frühmoderne immer wieder auf existenzgefährdende Weise beeinträchtigten, hätte man erwartet, dass die öffentliche Berichterstattung ebenfalls Krisen unterworfen war. Dies ist allerdings kaum beobachtbar: Zu dominierend ist der Eindruck, dass gerade in Konfliktsituationen die politische Berichterstattung besonders blühte, weil Adlige und Bürger Informationen darüber benötigten, ob sie Schutzmaßnahmen ergreifen mussten. Der schwäbische Schuster Hans Heberle hat in seinem *Zeytregister*, der Chronik über seine Erfahrungen während des Krieges, beschrieben, wie er und seine Mitbewohner in Kriegszeiten oft in die Reichsstadt Ulm flüchte-

Wilke, *Grundzüge der Medien- und Kommunikationsgeschichte. Von den Anfängen bis ins 20. Jahrhundert*, Köln [u. a.] 2000.

ten, bis der Truppendurchmarsch beendet war.[193] Viele Bauern mussten sich auf andere Weise helfen: Sie verschwanden mit ihrem Vieh in unwegsamen Waldgegenden. In beiden Fällen hing das Überleben davon ab, früh genug gewarnt zu werden.

Auf der Anbieterseite hing das Schicksal der Medienmacher mit dem ihrer Heimatstadt zusammen. Wer in großen, gut befestigten Städten wie Hamburg, Köln oder Nürnberg wohnte, konnte leichter die Drucktradition aufrechterhalten als die Fachkollegen, die zwischendurch fliehen mussten. Kontinuität spielte allerdings weniger in personeller Hinsicht eine Rolle als vielmehr in struktureller: Das Bedürfnis nach Informationen schuf sich das Angebot selbst. Trotz vieler Pleiten von Verlegern und Druckern fanden sich immer wieder Personen, die den Start in eine neue Medienkarriere für aussichtsreich hielten.

Die deutschsprachige Publizistik während des Dreißigjährigen Krieges ist gut erforscht.[194] Mediengeschichtlich ergibt sich folgendes Bild: Die schrittweise Verfassungs-

193 Vgl. die Edition von Gerd Zillhardt (Hrsg.), *Der Dreißigjährige Krieg in zeitgenössischer Darstellung. Hans Heberles »Zeytregister« (1618–1672). Aufzeichnungen aus dem Ulmer Territorium. Ein Beitrag zu Geschichtsschreibung und Geschichtsverständnis der Unterschichten*, Ulm 1975. – Heberle zählt die Fluchten und kommt auf 30: »Dan waß haben wir außgestanden in denen 30 fluchten, die allein nach der stat Ulm geschehen sindt« (ebd., S. 225).

194 Ältere Forschung: Johannes Gebauer, *Die Publicistik über den Böhmischen Aufstand von 1618*, Halle a. d. S. 1892; Hans von Zwiedineck-Südenhorst, *Zeitungen und Flugschriften aus der ersten Hälfte des 17. Jahrhunderts*, Tl. 1: *Sammlung aus den Bi-*

blockade des Heiligen Römischen Reiches seit den 1580er Jahren war unter großem Flugschriften- und Deduktionengetöse vonstatten gegangen. Im Jahre 1617 vollzog sich dann das hundertjährige Gedenken an den Beginn der Reformation. Johannes Burkhardt hat diese Feierlichkeiten, die von Kursachsen ausgingen und den größten Teil der lutherischen Reichsterritorien überzogen, zum Epochendatum für die Mediengeschichte erklärt – seine Geschichte des Reformationsjahrhunderts endet mit 1617. Die Feierlichkeiten waren nicht nur ephemere Ereignisse zur Vergegenwärtigung der Konfessionsgeschichte für die Lebenden, sondern fanden auch reichen schriftlichen Niederschlag.[195] Die Gegenseite replizierte mit eigenen Schriften zur Stärkung des katholischen Geistes der *Ecclesia militans*, als deren Aufgabe nach wie vor die Niederschlagung der Ketzerei ausgemacht wurde.

Die ersten Kriegsjahre stellten eine Blütezeit der frühen politischen Druckpublizistik dar. Die Auseinandersetzungen des Kurfürsten Friedrich V. von der Pfalz mit dem Kaiser als König von Böhmen und mit dem Reichssystem insgesamt wurden von beiden Seiten detailliert geschildert,

bliotheken der Karl-Franzens-Universität und des St. I. Joanneums zu Graz und aus dem Steiermärkischen Landesarchive, Graz 1873. – Vgl. zum aktuellen Forschungsstand die kommentierte Literaturzusammenstellung bei Esther-Beate Körber, »Deutschsprachige Flugschriften des Dreißigjährigen Krieges 1618 bis 1629«, in: *Jahrbuch für Kommunikationsgeschichte* 3 (2001), S. 1–47, hier S. 1f.

195 Johannes Burkhardt, *Das Reformationsjahrhundert. Deutsche Geschichte zwischen Medienrevolution und Institutionenbildung 1517–1617*, Stuttgart 2002, S. 9–15.

nicht nur in Berichten über Tatsachen und Ansprüche, sondern auch in Satiren aller Art. Naheliegenderweise dominierten vor dem November 1620 die Flugschriften zugunsten des Kurfürsten, während nach seiner Niederlage am Weißen Berg der Spott der katholischen Gegenseite das publizistische Feld beherrschte, wobei Archivalien beider Seiten den Medienmachern in die Hände gerieten. Die Flugschriften ermöglichten, Kritik an der jeweiligen Obrigkeit zu üben. Insbesondere galt dies für die Protestanten im Reich, die mit der kaiserlichen Politik unzufrieden waren. Der direkte Angriff auf Ferdinand II. war noch tabu. Stattdessen richteten sich die Vorwürfe – vermittelt durch einen rhetorischen Kunstgriff – gegen die jesuitischen Berater des Kaisers sowie gegen seine Generäle (»Beratertopos«).[196] Diese besondere Aura des Herrschers, die einen direkten Angriff verbot, hielt sich in der politischen Propaganda noch lange. Selbst heute kennt man im diplomatischen Verkehr die verklausulierende Kritik-Formel, eine Führungspersönlichkeit sei »schlecht beraten«, wenn es inopportun erscheint, dem Kritisierten direkt mangelnde Auffassungsgabe oder gar bösen Willen vorzuhalten.

Es gab jedoch auch Stellungnahmen dritter Art. Das Flugblatt *Geistlicher Rauffhandel* von 1617 stellte den Streit der drei Konfessionen der persönlichen Frömmigkeit eines betenden Schäfers gegenüber, der nur in Ruhe seine Religion ausüben wollte, ohne durch gegenseitige Verketze-

196 Zu diesem Zusammenhang vgl. die Beschreibung der Jesuitenflugblätter von Wolfgang Harms in: Bußmann/Schilling 1998 (Anm. 27), Katalogbd., S. 63, Abb. 123–126.

rungen der theologischen Intellektuellen verwirrt zu werden.[197] Auch die »Kipper- und Wipperkrise« wurde in zahlreichen Schriften thematisiert, wobei die Autoren kein Blatt vor den Mund nahmen. Das Bildflugblatt *Stachlichte Donnerdistel* schildert in der Ich-Form den sozialen Abstieg eines früheren Kaufmanns, der durch die Wirtschaftskrise um sein Vermögen gebracht worden war und sich nur mehr durch Raum erhalten konnte.[198] Damit dürfte der Verfasser selbst die Zielgruppe des Blattes verkörpern. Auch die Medienproduktion wurde thematisiert. Dabei wurde das Wahrheitspostulat betont: Der Abdruck unzuverlässiger Nachrichten oder gar der bewusste falsche Bericht wurden als Werke des Teufels gebrandmarkt.

Mit der Entscheidung des ersten Kriegsabschnitts für die kaiserlich-katholische Seite ging die Publizistik zwar quantitativ zurück, suchte sich jedoch neue Berichtsgegenstände. Zunächst waren noch Vorräte an Schilderungen über den »böhmisch-pfälzischen Krieg« vorhanden, die verkauft werden sollten. Auch bestand offenbar noch

197 Abdruck des Flugblatts (mit Aufbewahrungsnachweisen) in: John Roger Paas (Hrsg.), *The German Political Broadsheet 1600–1648*, [bisher] 8 Bde., Wiesbaden 1985 ff., hier Bd. 2, 1986, S. 283, Nr. P-476.

198 *Stachlichte Donnerdistel. Oder Dieser gegenwertigen Zeit Weltlauff* (o. O. und o. J., um 1622); Abbildung in Wolfgang Harms, »Die kommentierende Erschließung des illustrierten Flugblatts der Frühen Neuzeit und dessen Zusammenhang mit der weiteren Publizistik im 17. Jahrhundert«, in: *Presse und Geschichte II. Neue Beiträge zur historischen Kommunikationsforschung*, hrsg. von Elger Blühm und Hartwig Gebhardt, München 1987, S. 83–111, hier S. 91 f. (Abb. 11).

ein zeitlich verzögertes Leserinteresse. Das zugrunde liegende Thema von Recht oder Unrecht ständischen Widerstands gegen einen gewählten Herrscher verebbte, an seine Stelle trat der Diskurs über die europaweiten Verbindungen der Kriegsparteien. Insbesondere geriet erneut die spanische Politik ins Zentrum der Betrachtungen, nachdem spanische Truppen nicht nur am Weißen Berg mitgekämpft hatten, sondern auch die Flandrische Armee unter General Spinola die Pfalz besetzte und italienische Söldner der Spanier das Veltlin unter Kontrolle brachten. Die Publizistik knüpfte an die sog. »Schwarze Legende«, die antispanische Propaganda vor allem in England und den Niederlanden im späten 16. Jahrhundert, an.

Mit wachsender Kriegsdauer trat die grundlegende Rolle des Konflikts um die künftige Konfessionsordnung im Reich in den Vordergrund, auch in den Medien. Schon die böhmischen Stände hatten betont, der Kampf richte sich nicht nur wegen der Machtfrage gegen den Habsburgerkönig, sondern auch wegen der Erhaltung des herrschenden protestantischen Mehrheitsbekenntnisses in Böhmen. Esther-Beate Körber unterscheidet beim Konfessionsdiskurs vier Fragen:

1. Wer verletzt das konfessionelle Recht, den Religionsfrieden von 1555?
2. Wer steht als auswärtige Macht hinter dem jeweiligen Gegner?
3. Wer ist oder wäre als Bündnispartner verlässlich?
4. Wer wird den Krieg gewinnen?[199]

199 Körber 2001 (Anm. 194), S. 6.

Kaiserlicherseits beteiligte man sich an diesem Meinungsstreit nicht. Es war die offizielle Position des Kaisers, dass hier ausschließlich ein Kampf um die Gehorsamspflicht der böhmischen Untertanen ihrem Herrscher gegenüber stattfinde – und mit dem Sieg des Liga-Heeres 1620 entschieden sei. Wie wenig die Konfessionsparteien ihre eigenen Debatten führten, die sich durchaus von den Positionen ihrer jeweiligen Landesherren unterscheiden konnten, zeigt die gegenseitige Verketzerung aller Bekenntnisse, wobei der unbefangene Beobachter den Eindruck gewinnt, dass der Graben zwischen Calvinisten und Lutheranern noch tiefer war als der, der beide von der alten Kirche trennte. Besonders der Dresdner Hofprediger Matthias Hoë von Hoënegg hielt am Bündnis mit dem Kaiser und an seiner anticalvinistischen Pamphletistik während der 1620er Jahre fest. Nachdenklichkeit setzte in Kursachsen erst nach dem Restitutionsedikt ein. Der ligistische Einmarsch 1631 führte dann zum Bündnis mit Schweden und zur Umorientierung der politischen Publizistik.

In der Publizistik des Dreißigjährigen Krieges konstatiert Esther-Beate Körber eine verbreitete Verwendung »un-eigentlicher Sprache«: Verfasser setzten sich im übertragenen Sinn eine Maske auf, gaben sich als andere aus, als die sie wirklich waren, wählten sprechende Pseudonyme wie »Christian Liebfriedt von Groß Seufftzen« und schrieben zum Schein für die konkurrierende Konfession.[200] Die Camouflage war so geschickt, dass selbst die Gruppensprache gepflegt wurde, in der die vermeintlichen Bundes-

200 Ebd., S. 18 f.

genossen zu schreiben pflegten. Ein Beispiel hierfür waren die *Bedenken Aldringers*,[201] die Flugschrift eines vermutlich protestantischen Verfassers, der in die Rolle des kaiserlichen Generals Johann Graf von Aldringen (1588–1634) schlüpfte. In der Schrift unterbreitete der vermeintliche General seinem Kriegsherrn, Kaiser Ferdinand II., etliche Ratschläge, wie er die Protestanten vernichtend schlagen könne. Er solle die Friedensverhandlungen mit Dänemark künstlich in die Länge ziehen, um während der Zeit der Unsicherheit ein absolutistisches Regime im Einflussbereich seiner Truppen in Mittel- und Norddeutschland zu errichten. Gleichzeitig solle dort ein stehendes Heer aufgebaut und von den Territorialherren finanziert werden, natürlich ohne politische oder militärische Kommandobeteiligung. Schließlich solle das Reich auf Kosten auch der katholischen Fürsten in eine Erbmonarchie verwandelt werden.

Die Flugschrift hatte zwei Nutzeffekte: Zum einen wurde die kaiserliche Politik denunziert, denn die Habsburggegner warfen der kaiserlichen Seite das Streben nach Abschaffung der Mischverfassung im Reich vor. Zum anderen schadete die Schrift auch Aldringen selbst, soweit ihm derartige Vorschläge zugetraut wurden. Der Verfasser achtete auch in diesem Fall auf die korrekte Verwendung der katholischen Sprach-Usancen, wenn er den Kaiser von der »allein seligmachenden Römischen Kirche« sprechen lässt, eine Formulierung, die ein Lutheraner in einem

201 Flugschrift *Wilt du den Kayser sehen? So Siehe hinten in diesen Brieff [...]*, Mülhausen 1629, zit. nach ebd., S. 18f. und Anm. 156.

»echten« Text nie verwendet hätte. Allerdings musste auch der protestantischen Seite ein Signal zum Verständnis gegeben werden: Die Marginalien an den Seiten des Textes denunzierten die Kaiserlichen, und im Anhang gab der Verfasser die Schrift als geheimes Gutachten Aldringens aus, während er selbst, der Autor, »eines Lutherischen hohen Stands Agenten Diener« gewesen sein wollte. Hinsichtlich der »Öffentlichkeit« während des Krieges weisen Flugschriften wie diese eine tiefe Spaltung und gleichzeitig eine Unabgeschlossenheit auf: Texte sollten die eigene Seite stabilisieren und in ihrer Meinung einigen, gegenüber fremder Propaganda immunisierende Wirkung entfalten und versuchen, wankelmütige Personen der Gegenseite für die eigenen Argumente einzunehmen. Flugschriften, die mit Satire oder Witz Rollenspiele betrieben, waren am ehesten geeignet, diesen Zwecken zu dienen.

Die zweite Blütezeit der politischen Druckpublizistik während des Dreißigjährigen Krieges ist mit dem Namen Gustav Adolfs von Schweden verbunden. Es ist nicht klar, wie weit der Schwedenkönig die umfangreiche Publizistik zu seinen politisch-religiösen Anschauungen selbst angestoßen hat oder ob die Begeisterung der protestantischen Bevölkerung dafür verantwortlich war. Allerdings überwogen die Schriften *pro* Gustav Adolf bei Weitem. Die Kürze der persönlichen Beteiligung des Königs am Krieg vom Sommer 1630 bis zu seinem Tod im November 1632 steht in keinem Verhältnis zu der Masse der Traktate über ihn: Selbst nachdem sein Ende bereits allgemein bekannt war, erschienen Drucke mit Titeln wie *Der Schwede lebet noch*, die ihn zu einer protestantischen

Heiligenfigur hochstilisierten.[202] Der Kult um ihn hielt an und verselbständigte sich gegenüber dem historischen Gustav Adolf.

Druckpublizistik zum Westfälischen Friedenskongress und zum Nürnberger Exekutionstag

In ähnlicher Weise wie bei den Kriegshandlungen wurde die große Politik auch in dem Flugblatt *Groß Europisch Kriegs=Balet* aus dem Jahre 1643 kritisiert.[203] Die Metapher »der Kongress tanzt«, die eigentlich im Zusammenhang mit dem Wiener Kongress bekannt geworden ist, wurde bildlich bereits während des Westfälischen Friedenskongresses umgesetzt. Die Totentanz-Assoziation spielte dabei ebenfalls insofern eine Rolle, als die Kongressteilnehmer tanzten, während in ganz Europa die Menschen zu Massen an den apokalyptischen Bedrohungen der Kriegsgreuel, der Seuchen und des Hungers starben. Die Untertanen, die sich nach verantwortungsvollen

202 *Der Schwede lebet noch*, Kupferstich (o. O.), 1632/33: Herzog August Bibliothek Wolfenbüttel, IH 227; abgebildet und kommentiert bei Wolfgang Harms / Michael Schilling (Hrsg.), *Deutsche illustrierte Flugblätter des 16. und 17. Jahrhunderts*, Bd. 1–4, 7, München/Tübingen 1980–97, hier Bd. 2, 1980, Abb. 305.

203 *Groß Europisch Kriegs-Balet / getantzet durch die Könige vnd Potentaten / Fürsten vnd Respubliken / auff dem Saal der betrübten Christenheit* (o. O. und o. J., ca. 1643/45), abgebildet und kommentiert in Wolfgang Harms / Joachim Kruse (Hrsg.), *Illustrierte Flugblätter aus den Jahrhunderten der Reformation und der Glaubenskämpfe. Ausstellungskatalog der Veste Coburg*, Coburg 1983, Nr. 100.

Politikern sehnten, blieben auch in diesem Bild unbeachtet. Die Kritik in derartigen Flugblättern war schärfer, als es sich ein Textautor hätte leisten können, zumal sie sich systematisch gegen alle Kriegführenden richtete. Die Perspektive der Machtlosen war – wie Wolfgang Harms nachgewiesen hat –, zwar selten, aber sie kam immerhin vor.[204]

Mit zunehmender Kongressdauer wurden in Münster und Osnabrück allerdings nicht nur zeremonielle Kuriositäten medial repräsentiert, sondern konkrete Inhalte dargestellt und diskutiert. Die Diplomaten traten dabei nicht nur als Anbieter der Neuigkeiten in Erscheinung, sondern auch als stets interessierte Kunden. Das Vorhandensein der öffentlichen Beobachtung hatte zur Folge, dass jede Kongresspartei bei allen Äußerungen darauf bedacht sein musste, dass ihr Erscheinungsbild in den Medien möglichst den eigenen Absichten und der Selbstwahrnehmung entsprach. Wer immer sich darüber hinaus in Europa für das Kongressgeschehen interessierte, gleich ob in lateinischer, deutscher, französischer, schwedischer, niederländischer oder italienischer Sprache, er konnte alles Bedeutsame erfahren.[205]

Zur Regelung der offengebliebenen Militärreduktionen versammelten sich die Vertreter der Mächte und des Rei-

204 Wolfgang Harms, »Das illustrierte Flugblatt als meinungsbildendes Medium in der Zeit des Dreißigjährigen Krieges«, in: Bußmann/Schilling 1998 (Anm. 27), Textbd. 2, München 1998, S. 323–327, hier S. 324.

205 Konrad Repgen, »Der Westfälische Friede und die zeitgenössische Öffentlichkeit«, in: *Historisches Jahrbuch* 117 (1997), H. 1, S. 38–83.

ches in Nürnberg. Der sog. »Nürnberger Exekutionstag« (1649/50) ist weniger wegen seiner bahnbrechenden Vertragstexte in die Mediengeschichte eingegangen als vielmehr infolge seiner prunkvollen kulturellen Veranstaltungen. Nürnberg ließ sich gern »Hauptstadt des Reiches« nennen, auch wenn nach der Reformationszeit nur die Reichsinsignien, aber kaum noch Reichsversammlungen beherbergt wurden. Die Stadt war deutlich größer als die beiden westfälischen Kongressstädte, und es dürfte auch am erhöhten Komfort sowie am günstigeren Wetter gelegen haben, weshalb sich die Diplomaten gern in der Metropole an der Pegnitz einfanden. Für die mediale Verbreitung war gesorgt, bestand doch dort das Druck- und Verlagsgewerbe, das zwar kriegsbedingte Einbußen hatte hinnehmen müssen, aber dennoch hinreichende Leistungsfähigkeit bewahren konnte. Es kam der Stadt zugute, dass sie während des Krieges keinen feindlichen Eroberungen ausgesetzt gewesen war.

Bereits 1644 war der sog. »Pegnesische Blumenorden« gegründet worden, eine Dichter-Gesellschaft, die inmitten von Zerstörung und Pessimismus das Kulturschaffen in Mitteleuropa stützen wollte. Führende Gestalt des Ordens war der Dichter und Universalgelehrte Georg Philipp Harsdörffer. Besonders die literarische Gattung der Hirtendichtung wurde hier gepflegt, wobei man auf antike griechische und römische Motive zurückgriff. Das Hirtendasein wurde symbolisch überhöht, die Dichter nannten sich gern »Pegnitz-Schäfer«, und sie stellten der kriegerischen Wirklichkeit eine utopische bessere Gegenwelt gegenüber. Der Kongress in Nürnberg zog weitere Künstler und Literaten in die Stadt, darunter prominente Persönlichkeiten wie die Theologen Johannes Saubert und Johann Michael Dilherr sowie die Dichter Johann Klaj und Sigmund Betulius, Letzterer seit 1655 genannt »von Birken«.

Die beiden zentralen Festereignisse fanden am Schluss des Exekutionstages statt. Das erste veranstaltete Pfalzgraf Karl Gustav von Zweibrücken, Hauptgesandter der schwedischen Seite und ab 1654 König von Schweden. Der Pfalzgraf gab am 25. September / 5. Oktober 1649 ein großes Festmahl für 150 Gäste, das die diplomatische Gegenseite ebenso beeindruckte wie die Nürnberger Öffentlichkeit. Die Einwohnerschaft bekam vor dem Rathaus sechs Stunden lang Wein, gespendet aus einer Löwenfigur.[206] Beim häufigen Zuprosten, den »Gesundheiten«, wurde die Öffentlichkeit immerhin dadurch informiert, dass man feldmusikalische und artilleristische Untermalung bot. Maler und Kupferstecher überlieferten das Fest der Nachwelt.

Das zweite Fest gestaltete der kaiserliche Hauptgesandte Octavio Piccolomini, seit 1639 Herzog von Amalfi. Am 16./26. Juni 1650 wurde der Friedensvertrag zwischen dem Kaiser und Schweden unterzeichnet, wieder gefolgt von einem Gastmahl im Rathaus. Der Abschluss der Verhandlungen wurde den Stadtbürgern durch Herolde und Kanonendonner verkündet. Nachdem der Kaiser sich auch mit Frankreich auf einen Frieden verständigt hatte, der die noch offenen militärischen und logistischen Fragen regu-

206 Schilderung der Szenerie: *Theatrum Europaeum* (Anm. 4), Bd. 6, Sp. 939a/b, zit. nach Hartmut Laufhütte, »Das Friedensfest in Nürnberg 1650«, in: Bußmann/Schilling 1998 (Anm. 27), Textbd. 2, 1998, S. 347–357, hier S. 349.

lierte, konnte er seine Gäste zu seinem großen gesellschaftlich-kulturellen Ereignis willkommen heißen. Nach dem Gastmahl vom 4./14. Juli gab es ein Friedensfest, das alles Bisherige überbot. Man inszenierte ein multimediales Ereignis, ein »barockes Gesamtkunstwerk« (Hartmut Laufhütte), das alle Beteiligten als Schauende und Handelnde einbezog. Piccolomini bat sie heraus auf den Schießplatz hinter St. Johannis westlich der ummauerten Innenstadt. Hier war eine ephemere bauliche Anlage errichtet worden, die auf der einen Seite das Gebäude des Heiligen Römischen Reiches darstellte, auf der gegenüberliegenden ein großes hölzernes *Castellum discordiae*. Es hatte vier Ecktürme und ein quadratisches, überkuppeltes Mittelgebäude. Im Zuge des folgenden Theaterspiels wurden die Errungenschaften des Friedens gerühmt, und das *Castellum* wurde zur Symbolisierung der Überwindung des Krieges im Rahmen eines Feuerwerks feierlich niedergebrannt.[207] An den folgenden Tagen fanden weitere kleinere Feierlichkeiten statt, ebenfalls begleitet durch die Künstler und Literaten. Mitte Juli zog sich die schwedische Delegation zurück, während Piccolomini erst im September 1650 aus Nürnberg abreiste. Damit war der Friedensprozess als Verhandlungsereignis abgeschlossen, was aber keineswegs das Ende der Friedensfeiern und erst recht nicht das Ende der politischen Publizistik bedeutete.

207 Darstellung in: *Theatrum Europaeum* (Anm. 4), Bd. 6, Sp. 1075b; vgl. die detaillierte Schilderung des Wort-Bild-Programms bei Laufhütte (Anm. 206), S. 352–356.

Lange Zeit hielt man zwei deutschsprachige Zeitungen aus dem Jahre 1609 für die frühesten ihrer Art: Die *Relation aller gedenkwürdigen Sachen* von 1609 aus Straßburg, die 1876 durch den Historiker Julius Otto Opel in der UB Heidelberg wiederentdeckt wurde, und der *Aviso, Relation und Zeitung* aus Wolfenbüttel, den der Postrat Ferdinand Grimme 1903 in der Königlichen Bibliothek Hannover entdeckte.[208] Beide verdienten den Namen »Zeitung« im vollen Sinne, denn sie erschienen im fraglichen Jahr mit 51 bzw. 52 wochenweise produzierten Einzelnummern. Inzwischen wies Johannes Weber aus Archivalien des Straßburger Stadtarchivs nach, dass Johann Carolus bereits 1605 mit dem Druck der *Relation* begonnen hatte.[209] Carolus hatte von den Erben Bernard Jobins deren Druckerei und Verlagshaus gekauft und suchte nun nach einer Möglichkeit, seine frühere Beschäftigung als Zeitungsschreiber (»Avisenschreiber«) auf eine wirtschaftlich breitere Grundlage zu stellen. In diesem Zusammenhang wird die Kontinuität der Zeitungsproduktion deutlich: In der Person des

208 Vgl. Wolfgang Behringer, *Im Zeichen des Merkur. Reichspost und Kommunikationsrevolution in der Frühen Neuzeit*, Göttingen 2003, S. 305. Zu den Begriffen, von denen »Aviso« einen handschriftlichen Bericht zwischen Postämtern meinte, vgl. ebd., S. 363.

209 Johannes Weber, »›Untherthenige Supplication Johann Caroli / Buchtruckers‹. Der Beginn gedruckter politischer Wochenzeitungen im Jahre 1605«, in: *Archiv für Geschichte des Buchwesens* 38 (1992), S. 257–265. Ein Exemplar der ersten vier Jahrgänge konnte allerdings bislang nicht gefunden werden.

Johann Carolus folgte die Zeitung als Schriftgattung nicht in erster Linie der gedruckten Flugschrift, sondern dem Nachrichtenbrief, wie er sich seit dem Spätmittelalter als Informationsmedium für zahlungskräftige politische und wirtschaftliche Interessenten herausgebildet hatte.

Während Zeitungen zunächst als Wochenzeitungen erschienen, verstärkte sich im Laufe des 17. Jahrhunderts der Trend zu Blättern, die zwei- oder dreimal pro Woche erschienen. Wieder hing die Frequenz nicht allein vom Gutdünken des Herausgebers ab, sondern von den Postverbindungen, über die neue Nachrichten die jeweilige Pressestadt erreichten. Die mehrfach in der Woche erscheinenden Zeitungen waren denn auch an Knotenpunkten des Postsystems beheimatet, etwa in Frankfurt a. M. (1620), Köln (1625), Hamburg (1630) oder in Leipzig, wo 1650 die erste Tageszeitung mit sechs Ausgaben pro Woche erschien.

Es folgte die große Zeit des Zeitungsdrucks und -vertriebs. In Deutschland wurden in den 1620er Jahren mehr Zeitungen gedruckt als im Rest Europas zusammen. 1618 gab es bereits 20 Zeitungen im deutschsprachigen Raum, 1640 waren es dreimal so viele, wohlgemerkt während eines ruinösen Krieges, dem nachgesagt wurde, er habe alle geregelten Wirtschaftsbeziehungen in Deutschland zerstört. Im Gegenteil förderte der jahrzehntelange Konflikt die Entwicklung des neuen Mediums, da die Nachfrage nach aktuellen Informationen immer weiter anstieg.

Bereits aus dem frühesten Jahr, aus dem Zeitungen bis heute überliefert sind, ist auch die Rezeption durch die politischen Eliten bezeugt. Zu den ersten Rezipienten gehörten die Kleriker. Die frühen Ausgaben der *Relation* befinden sich im Besitz der Zisterzienser-Abtei Salem, während sich der *Aviso* im Bestand der früheren Klosterbibliothek des Abts von Loccum auffand. Bald lasen die Bürgermeister, die Patrizier und ab 1620 selbst die Studenten die Zeitungen. Wer als Hausvater früher seine Schutzbefohlenen mit Bibellektüre und Erbauungstexten bedacht hatte, ließ nun nicht selten anschließend die Zeitungen – in ausgewählten Beispielen – vortragen. Rolf Engelsing verweist in dieser Hinsicht auf einen Erfurter Professor für Mathematik, der in seiner Studentenpension am Mittagstisch vorlesen ließ – in Aufnahme einer alten Klostertradition, ergänzt um die Zeitungsinhalte seiner Zeit.[210]

Die frühen Zeitungen sahen ihre Aufgabe in der Berichterstattung von »Tatsachen« – was immer darunter verstanden wurde – und nicht in der politischen Meinungs- und Willensbildung. Früher ist dies als Indiz für die Wirksamkeit herrschaftlicher Zensur gedeutet worden, doch weder für den Willen noch das Vermögen einer strikten Zeitungskontrolle gibt es hinreichende Beweise. Drucker und Verleger dachten vorrangig in ökonomischen Kategorien, was ihre Arrangements mit der Macht sehr erleichterte.[211] Meinungsäußerungen konnten stets enthalten

210 Rolf Engelsing, »Die Perioden der Lesergeschichte in der Neuzeit. Das statistische Ausmaß und die soziokulturelle Bedeutung der Lektüre«, in: *Archiv für Geschichte des Buchwesens* 10 (1970), Sp. 945–1002, hier Sp. 977.

211 Es lässt sich an vielen Beispielen belegen, dass frühmoderne Medienproduzenten unter dem Primat des Ökonomischen standen: Sie besaßen in der Regel eine politische und religiöse Meinung, doch gedruckt haben sie das, was sie am Markt verkaufen konnten.

sein, z. B. in der Vorlage. Normalerweise geboten es allerdings die geforderte Schnelligkeit und der knappe Platz sowie der Mangel an Hintergrundinformationen, dass das Überlieferte unverändert weiterverarbeitet wurde. Falls es zu obrigkeitlicher Kritik kam, entschuldigte sich der Drucker in der Regel damit, er habe nur die Vorlage wortgetreu abgedruckt. Zum anderen konnte eine gezielte Einzelmeinung eines Überzeugungstäters (politischer oder religiöser Ausrichtung) eingeflochten werden. Trotz spektakulärer Konfliktfälle stellte die bewusste Beeinflussung der Textgestaltung durch Drucker oder Verleger die Ausnahme dar.

Die Produktion einer absatzstarken Zeitung war für jeden Druckwerkeproduzenten die sicherste vorstellbare Einkommensquelle. Verkauft wurde die Zeitung im Abonnement, wobei ein Verkauf über mehrere Zwischenhändler bis zum Endkunden möglich war. Daneben spielten der Einzelverkauf und die Vermietung eine geringere Rolle. Verleger und Drucker (beide in ihren beruflichen Rollen zunächst noch schwer zu unterscheiden) sowie Postmeister waren diejenigen, die systematisch Nachrichten sammelten, um sie dann in Auswahl in neue Druckwerke einzuarbeiten. Dieses System hatte sich bereits im 16. Jahrhundert etabliert. Das Verlagshaus Bernhard Jobin in Straßburg gilt als eine frühe Stätte des europaweiten Nachrichtenumschlags, wo handschriftliche Nachrichten und Druckwerke von überall gekauft, getauscht oder auf andere Weise besorgt und ausgewertet wurden. Durch die biographischen Studien zu einem von Jobins Lektoren, dem Satirenschreiber Johann Fischart, liegen zahlreiche Hinweise über die Methoden der organisierten Meinungsmultiplikation vor. Es darf davon ausgegangen werden, dass diese Methoden sich in den beiden folgenden Jahrhunderten zwar verfeinert, aber nicht grundlegend geändert haben.

Zusätzlich ist das Phänomen zu beachten, dass gerade in dieser Ausgangssituation die Dialektik der Kenntnis- und damit Bewusstseinsbildung für die Leserschaft zum Tragen kam. Selbst die positivistische Aufreihung von Informationen aus fremden Städten und Ländern bewirkte, dass sich Öffentlichkeit veränderte. Fürsten und städtische Obrigkeiten hatten künftig mit der Presse zu rechnen: »Die Zeitungen schaffen also die Bedingungen der Möglichkeit einer räsonierenden bürgerlichen Öffentlichkeit, nicht aber schon diese selbst«.[212] Öffentlichkeit wurde erst auf der nächsten Stufe der Mediendifferenzierung erreicht: Die politischen Journale wurden zum Trägermedium für das Räsonnement über Staat, Politik und Gesellschaft, auch wenn sie im frühen 18. Jahrhundert durchweg obrigkeits- und kirchentreu argumentierten.

212 Zum Zitat und zur Bewertung der Differenz zwischen Zeitung und Zeitschrift: Johannes Weber, »Deutsche Presse im Zeitalter des Barock. Zur Vorgeschichte öffentlichen politischen Räsonnements«, in: *»Öffentlichkeit« im 18. Jahrhundert*, hrsg. von Hans-Wolf Jäger, Göttingen 1997, S. 137–149, hier S. 149.

Abschließende Betrachtung

Der Westfälische Friede wurde zwar ein christlicher, aber kein universaler und dauerhafter Friede, wie es die Vertragsparteien in den Artikel I des Osnabrücker Friedensinstruments eingeschrieben hatten.[213] Gerade die internationale Konfliktebene war nur teilweise reguliert worden. Frankreich und Spanien setzten ihren Waffengang bis zum Pyrenäenfrieden von 1659 fort, Frankreich blieb trotz des Sieges ein Unruhefaktor in der europäischen Politik, sodass die folgenden Kriege Ludwigs XIV. auch als »zweiter Dreißigjähriger Krieg« bezeichnet worden sind.[214] Auf den ersten Blick scheint es so, als habe sich nichts durch den Dreißigjährigen Krieg geändert und gebessert, als sei Krieg einfach internationaler Normalzustand geblieben.

Dennoch waren die Auswirkungen des Dreißigjährigen Krieges und besonders seines Abschlusses, des Westfälischen Friedens, von epochaler Wirkung. Das Verhältnis zwischen den europäischen Staaten war nach 1648 nicht mehr dasselbe wie zuvor. Bis ins 17. Jahrhundert hinein wurde bei jeder Gelegenheit die Hierarchie betont, die Ungleichheit der Mächte, von den Universalmächten Papst und Kaiser angefangen über Könige, freie Republiken, souveräne Fürsten, nichtsouveräne Territorialherren im Reich bis hinunter zu den kleinen Machtinhabern. Symbolisieren ließ sich das Staateneuropa durch die Pyramide mit ihrer klaren Konturierung von oben und unten.

213 IPO, Art. I: »Pax sit christiana, universalis, perpetua«: Buschmann 1984 (Anm. 10), S. 291.

214 Burkhardt 1997 (Anm. 17), Begriff: S. 510.

Der Obelisk, an dessen Spitze immer eine Pyramide steht, brachte dies auch in den bildenden Künsten, besonders der Druckgraphik, zum Ausdruck. Gern war der Obelisk von den Päpsten, die Säule (oder die Säulen) von den Kaisern verwendet worden, etwa von Karl V., der seine Devise *Plus ultra* von den Säulen des Herkules flankieren ließ.

Der Westfälische Friede stellte eine neue Form für das Miteinander der europäischen Staaten dar: Die Spitzenpositionen blieben künftig unbesetzt, es galt die Gleichheit der Völkerrechtssubjekte in zeremonieller Hinsicht. Die Abstufungen der diplomatischen Ränge, die Verhandlungsformen, der gesellschaftliche Verkehr auf Friedenskongressen, aber auch im Alltag der diplomatischen Beziehungen an den europäischen Höfen, egalisierten sich, ungeachtet der Tatsache, dass die Machtunterschiede fortbestanden. Auch die neue intendierte Gleichheit fand ihren symbolischen Niederschlag, als beim Nürnberger Friedensmahl ein Tafelaufsatz einen sechseckigen Berg darstellte, der einen Früchtegipfel (für den Kaiser), einen Blumenberg (für Frankreich) und eine Schneehöhe (für Schweden) aufwies, jeweils gleich hoch und einander nicht überragend. Das Arrangement ist zwar im *Theatrum Europaeum* beschrieben, allerdings auf den einschlägigen Abbildungen heute nicht mehr erkennbar.

Auch in praktischer Weise wurden der Westfälische Frieden und der vorausgegangene Kongress stilbildend. In der französischen Diplomatenausbildung schulte man junge Anwärter noch im 18. Jahrhundert an den Zeremoniellfragen und ihren Lösungen während der Münsteraner und Osnabrücker Verhandlungen. Alle großen europäischen Friedensschlüsse bis zum Teschener Frieden 1779 bezogen sich implizit oder explizit auf den Westfälischen Frieden, stets in dem Sinn, dass dessen Grundentscheidungen – staatliche Vielfalt, Parität und Nichtdiskriminierung – bekräftigt wurden.

Das Heilige Römische Reich blieb bikonfessionell in kirchenrechtlicher Hinsicht bzw. trikonfessionell in theologischer Hinsicht. Der mühsam errungene Religionsfriede erfüllte die Erwartungen. Die Reichsfürsten gewöhnten sich an die Präsenz anderskonfessioneller Standesgenossen, der Umgang miteinander spielte sich zeremoniell ein. Bedrängnisse gegen andersgläubige Untertanen kamen zwar vor, auch manchmal in verschärfter Form (Kurpfalz, Salzburg), wurden jedoch über die Konfessionskorpora des Reichstags in der Regel öffentlich verhandelt und waren damit den meisten Fürsten peinlich. Wichtig war die Akzeptanz des Religionsfriedens bei den Untertanen: Selbst in bikonfessionellen Reichsstädten wie Augsburg erkannten die Bürger das Nebeneinander der Konfessionen an. Zwar hatten die unterschiedlichen Bekenntnisverwandten ihre eigenen wirtschaftlichen und sozialen »Säulen«, die Lebensräume, in denen sie verkehrten, doch kannten sie die jeweils anderen Nachbarn und gingen mit ihnen friedlich um. Bei den wenigen handfesten Kontroversen intervenierte der paritätische Magistrat und stellte schnell Ruhe und Ordnung wieder her.

Der Religionsfriede als die Beilegung des reformatorisch-gegenreformatorischen Grundkonflikts löste sehr unterschiedliche Reaktionen aus. Auf protestantischer Seite wurde er euphorisch gefeiert: Gerade die konfessionelle Gleichheit und den daraus rührenden Rechtsschutz der lutherischen und reformierten Gewissen nahmen die Protestanten als den eigentlichen Aufbruch in eine bessere, freiere Welt wahr. Die reichhaltige Festkultur um den Frieden und um seine späteren Jahrestage hatte einen einschlägigen Schwerpunkt in protestantischen Territorien und Städten. Die Augsburger Festkultur zeigte die längsten Nachwirkungen, auch wenn sie sich am 8. August 1629 orientierte, dem Gedenken an die Vertreibung der lutherischen Pfarrer aus der Stadt durch die Gegenreformation. Bis heute ist der Tag als »Friedensfest« offizieller Feiertag im Stadtkreis Augsburg. Zwar feierten die Münsteraner Bürger den Frieden am 25. Oktober 1648 und noch einmal am 21. Februar 1649 überschwenglich, doch setzte sich in den meisten katholischen Territorien und Städten die Anschauung durch, die römische Kirche habe eine schwere Niederlage erlitten, als sie in die dauerhafte Koexistenz mit den Andersgläubigen in ihren unterschiedlichen Ausprägungen einwilligen musste. Für manche Städte – Münster gehörte dazu – trat noch die unerfüllte Hoffnung auf den Gewinn der Reichsfreiheit hinzu.

Jenseits aller Festlichkeiten war der Religionsfriede nicht nur ein Zustand, sondern ein Auftrag zur Zurückhaltung gegenüber den Andersgläubigen. Das Osnabrücker Friedensinstrument verbot in Art. V § 50 die Verunglimpfung des Passauer Vertrags, des Religionsfriedens und des Westfälischen Friedens im Allgemeinen. Dies galt für »Predigten, Lehren, Disputationen, Schriften und sonstige Ratschläge«, das heißt, Pfarrer, Professoren, Lehrer, Studierende, Journalisten und Politikberater aller Konfessionen waren unmittelbar zur Mäßigung aufgefordert, den Frieden weder zu bestreiten, noch in Zweifel zu ziehen oder dem Sinn und Buchstaben zuwiderlaufende Aussagen herzuleiten.[215] Die Säkularisierung des Staatskirchenrechts wurde mit Strafbewehrung für die Zukunft gesichert. Jegliche Argumentation gegen dieses Postulat, insbesondere theologische Argumente, sollten unzulässig sein. Wo das nicht reichte, mussten Landesgesetze folgen, etwa wenige Jahre später in Kurbrandenburg, u. a. gegen den lutherischen Pfarrer und Lieddichter Paul Gerhardt.

Die persönliche Religiosität der Bevölkerung konsolidierte sich in der überkommenen differenzierten Weise. Die Untertanen hingen der Hochreligion an, die an ihrem Wohnort bzw. in ihrer Familientradition üblich war. Daneben aber lebten magische Praktiken und Überzeugungen aller Art fröhlich fort, mochten die Pfarrer aller Seiten dies auch noch so verurteilen. Die Sozialdisziplinierung erreichte stets nur Teilerfolge, von einer Unterdrückung der »Kultur des Volkes« im Sinne von Robert Muchembled kann keine Rede sein.[216] Die schrecklichen Maßnahmen der Hexenverfolgung liefen nach dem Dreißigjährigen Krieg in den meisten deutschen Regionen bald aus, auch wenn aufsehenerregende Einzelfälle noch aus späteren Zeiten überliefert sind. Es sei dahingestellt, ob von einer »Humanisierung« der Volkskultur gesprochen werden sollte – jedenfalls hielt die neue Normalität von Lebenswelt und Weltbildern fortdauernden Belastungen durch klimatische Kaltperioden und periodisch wiederkehrende Hungerkrisen bis ins 19. Jahrhundert hinein stand.

215 IPO, Art. V, § 50: Buschmann 1984 (Anm. 10), S. 331.

216 Robert Muchembled, *Kultur des Volks – Kultur der Eliten*, Stuttgart 1982 (franz. 1978).

Das politische System des Heiligen Römischen Reiches wurde wieder hergestellt. Dies ist nicht nur als Momentaufnahme wichtig, sondern wurde – man kann es beinahe genial nennen – mit einer Voraussicht vorgenommen, die bewirkte, dass das Reichssystem weitere 150 Jahre leidlich funktionierte und die politische Heimat der Deutschen sein konnte. Es war eben keine Machtordnung, sondern eine defensive Rechtsordnung nach innen und außen. Weder bedrohte das Reich seine Nachbarn, was alle Nachbarn schätzten, noch bedrohte das Reich die legitimen Rechte-Inhaber im Innern, mochten sie noch so klein und wehrlos sein. Wichtig ist zudem: Das Reichssystem wurde von den Untertanen anerkannt und verehrt, es bot die Balance zwischen zeremonieller Ordnung, die in Gottesdiensten und Herrschaftsakten aller Art ständig aktualisiert wurde, und praktischer Lebenssicherheit und Rechtsschutz für die Bürger und Bauern, die vor territorialen und insbesondere vor Reichsgerichten klagen konnten, falls sie sich beschwert fühlten. Diese Akzeptanz des Reiches ging zwischen 1815 und 1945 im Taumel des Machtstaatsdenkens verloren und wurde erst durch die jüngere Reichshistoriographie erneut entdeckt und rehabilitiert.

Die Entwicklung zum modernen Staat setzte sich im Reich auf der Territorialebene fort. Die staatliche Förderung des Wiederaufbaus benötigte Tatkraft vonseiten des Fürsten und seiner Verwaltung, und diese Tatkraft verfestigte sich institutionell, als die Kriegsschäden beseitigt waren. Die großen Flächenstaaten konsolidierten sich. Sie rückten – besonders Kursachsen, Kurbrandenburg und wenig später auch Kurhannover – in den internationalen Fokus, beantragten und erhielten ausländische Subsidien für ihre Heere und mussten die damit verbundenen Armierungs-Verpflichtungen erfüllen. Auf verschiedenen Wegen wurden die drei Kurfürsten zwischen 1697 und 1714 Könige. Sozialdisziplinierung und Hebung des Bildungswesens setzten sich fort, auch wenn viele Maßnahmen Jahrzehnte benötigten, um zufriedenstellende Ergebnisse hervorzubringen. Früher wurden diese Phänomene einmal »Absolutismus« genannt, heute betont die Forschung eher die integrativen und die kooperativen Momente im Prozess der Staatsbildung.[217]

Viele Millionen Menschen hatten ihr Leben verloren, viele durch direkte Gewalt, andere durch Hunger oder Seuchen. Die Einwohnerschaft auf der Fläche des Reiches von 1871 verminderte sich gegenüber 1618 von 18 auf 12 Millionen, auf der Fläche des Reiches des 17. Jahrhunderts von 21 auf 16 Millionen.[218] Die Zerstörungen waren fast überall gravierend, die Klassifizierung von Günther Franz in »Zerstörungsbereiche«, »Übergangsgebiete« und »Schongebiete« relativieren die materiellen und immateriellen Schäden nur auf einer sehr hohen Abstraktionsebene. Ein Landstrich, der 25 % Bevölkerungsverlust erlitten hatte, nahm das normalerweise als beispiellose Katastrophe wahr und fühlte sich nicht begünstigt gegenüber einem anderen, in dem die Hälfte der Bevölkerung ums Leben gekommen war. Gegenüber großflächigen Zonenzuweisungen muss zudem eingewandt werden, dass die Verhältnisse vor Ort noch sehr viel differenzierter waren. Befestigte Großstädte

217 Vgl. zur Absolutismus-Debatte: Ronald G. Asch / Heinz Duchhardt (Hrsg.), *Der Absolutismus – ein Mythos? Strukturwandel monarchischer Herrschaft*, Köln [u. a.] 1996.

218 Zahlen und ihre Begründungen: Franz [4]1979 (Anm. 172).

wie Hamburg, Köln oder Nürnberg kamen verhältnismäßig glimpflich davon, weil sie nicht erobert werden konnten und weil sie zudem von Handelskonzentrationen profitierten. Sie boten in der Regel vielen Menschen aus der Umgebung Schutz, soweit ihre Kräfte dazu reichten.

Bemerkenswerterweise ging der Krieg nicht mit einer sozialen Krise einher. Nirgendwo wurde den Adligen oder den Pfarrern die Verantwortung für die Katastrophe zugewiesen, ein »Aufstieg des Bürgertums« fand zwar statt, aber innerhalb der bestehenden Strukturen. Die Dominanz des Adels blieb im Ganzen unangefochten, auch wenn Adlige vermehrte Bildungsanstrengungen unternehmen mussten, um sich für Führungsämter im komplizierter werdenden bürokratischen Fürstenstaat zu qualifizieren. Die Verhältnisse für die Differenzierung des Bürgertums und des Bauernstandes änderten sich nicht grundlegend. In Ostelbien verschlechterte sich zwar die soziale und ökonomische Lage für die Bauern, doch setzte sich hier ein Prozess fort, der schon vor Kriegsausbruch begonnen hatte. Sicherlich gab es in Brandenburg, Mecklenburg und Pommern eine »zweite Leibeigenschaft«, wie sie von Hans Rosenberg und Francis L. Carsten beschrieben wurde. Allerdings lassen sich im späten 17. und im 18. Jahrhundert auch landesherrliche Maßnahmen zum Bauernschutz erkennen, die den Bauernstand als Stand erhalten sollten und einer Umwandlung der Bevölkerung in landlose Tagelöhner auf den Rittergütern entgegenwirkten.[219]

219 Hans Rosenberg, »Die Ausprägung der Junkerherrschaft in Brandenburg-Preußen 1410–1618«, in: *Preußen in der deutschen Geschichte*, hrsg. von Dirk Blasius, Königstein i. Ts. 1980, S. 95–

Für eine Übergangszeit boten sich außerordentliche soziale Chancen für die Überlebenden. In vielen Städten und Dörfern waren sog. »Stellen« frei. Diese Stellen – wir kennen den Begriff heute noch bei den »Planstellen« im Öffentlichen Dienst – waren volle Ökonomien, das heißt berufliche Positionen als selbständiger Kaufmann, Handwerker oder Bauer mit jeweils eigenem Haus oder Hof. Oft waren die Liegenschaften und Gebäude völlig verwaist, und qualifizierte Personen mussten sich nur beim Magistrat, bei den Gewerbekorporationen oder beim zuständigen Grundherrn bewerben, um in die Stellen eingewiesen zu werden. Für Bayern hat Rudolf Schlögl den Entwicklungsprozess von Landwirtschaft und modernem Fürstenstaat für das 17. Jahrhundert untersucht. Er spricht von einem »landwirtschaftlichen Wirtschaftswunder«, das sich zwischen Kriegsende und etwa 1680 in Bayern vollzog.[220] Nach einer Krise der Überbesetzung von Stellen während vieler Jahrzehnte im 16. Jahrhundert und dem anschließenden Krieg kam nun die Stunde für diejenigen, die mit Tatkraft die berufliche Niederlassung in Angriff nehmen und beim Wiederaufbau mitwirken wollten. Das »Zeitfenster«, wie man es modern bezeichnen würde, stand al-

141; Francis L. Carsten, *Die Entstehung Preußens*, Frankfurt a. M. 1981 (engl. Oxford 1954); ders., *Geschichte der preußischen Junker*, Frankfurt a. M. 1988. – Zur Perspektive der DDR-Geschichtswissenschaft: Jan Peters (Hrsg.), *Gutsherrschaft als soziales Modell: Vergleichende Betrachtungen zur Funktionsweise frühneuzeitlicher Agrargesellschaften*, München 1995.

220 Rudolf Schlögl, *Bauern, Krieg und Staat. Oberbayerische Bauernwirtschaft und frühmoderner Staat im 17. Jahrhundert*, Göttingen 1988, S. 360.

lerdings nur für eine knappe Generation offen, um sich danach wieder zu schließen.[221]

Der Dreißigjährige Krieg war nicht der erste von den Druckmedien kommentierte Krieg. Allerdings setzte sich während seiner Dauer die stetige Berichterstattung über politische und kriegerische Ereignisse in Mitteleuropa durch. Die Obrigkeiten konnten weder die Verbreitung von Flugblättern und Flugschriften unterbinden noch die Entstehung der periodischen Presse verhindern. Diese Entwicklung ist umso bemerkenswerter, als zur Medienproduktion ökonomische Kapazitäten erforderlich waren. Die Nachrichtenbeschaffung benötigte ebenso wie der Vertrieb der Druckwerke freie Handelswege. Wenn es auch kriegsbedingte Einschränkungen gab, so dehnte sich die Medienproduktion quantitativ trotzdem immer weiter aus, um sich in den folgenden Jahrzehnten zu etablieren und durch das Entstehen neuer Medien weiter auszudifferenzieren.

Die wichtigste Folge des Krieges war die »Säkularisierung des Politischen«. Seit der Konstantinischen Wende der Spätantike waren im Abendland Politik und Kirche auf enge Weise miteinander verknüpft, auch wenn dies stets in diskursiver Weise geschah, nicht in Gestalt der orientalischen Theokratie. Der Konfessionskonflikt hatte diese Einheit zerbrochen, die folgenden Jahrzehnte bis 1648 litten unter der Vermischung politischer und konfessioneller Konflikte, die nicht reguliert werden konnten. 1648 stellt

221 Man darf sich diesen Umstand nicht als eine Landreform vorstellen: Es konnten nur Stellen vergeben werden, die vorhanden waren, und vielfach wurden auch kleinere Stellen nicht neu besetzt, stattdessen wurde die Grundfläche von anderen Höfen eingezogen.

hier eine Epochenschwelle dar: Die »Politiker«, das heißt die machtpolitischen Pragmatiker auf allen Seiten, waren bereit, von ihren religiösen Überzeugungen so weit abzusehen, dass sie einen Kompromissfrieden gegenüber der totalen Durchsetzung ihrer Bekenntnisforderungen vorzogen. Dies mussten sie zuerst gegenüber den Theologen der eigenen Konfession durchsetzen, dann unter ihren Bundesgenossen propagieren und schließlich der Gegenseite glaubhaft als ehrlichen Willen vermitteln. Für diese säkularisierte Haltung stand zunächst Kardinal Richelieu, in den 1640er Jahren gelang es insbesondere Kaiser Ferdinand III., dem Mainzer Kurfürsten Johann Philipp von Schönborn und dem bayerischen Kurfürsten Maximilian, diese Einstellung zur Grundlage der Verträge von Münster und Osnabrück zu machen. Die Theologen standen abseits: der Papst protestierte gegen den Religionsfrieden, aber auch viele protestantische Kirchenmänner (z. B. der schon genannte Paul Gerhardt) waren nicht bereit, künftig mit Andersgläubigen im selben Gemeinwesen friedlich zusammenzuleben. Dadurch wurde die transzendentale religiöse Ordnung, die früher alle Bereiche des menschlichen Zusammenlebens überwölbt hatte, mehr und mehr in den Sonderbereich des Kulturellen verschoben, während die säkulare Macht- und Rechtsordnung sich die Dominanz in Staat, Wirtschaft und Gesellschaft erwarb.

Ausgewählte Quellen und Literatur

Quellen

Braubach, Max / Repgen, Konrad (Hrsg.): Acta Pacis Westphalicae. Münster 1962 ff.

Buschmann, Arno (Hrsg.): Kaiser und Reich. Klassische Texte und Dokumente zur Verfassungsgeschichte des Hl. Römischen Reiches Deutscher Nation vom Beginn des 12. Jahrhunderts bis zum Jahre 1806. München 1984. [2. Aufl.: 2 Bde. Baden-Baden 1994.]

Dumont, Jean (Hrsg.): Corps Universel Diplomatique du Droit des Gens; contenant un recueil des traitez d'alliance, de paix, de trêve, de neutralité, de commerce, d'échange, de Protection et de Garantie […]. 8 Bde. Amsterdam / Den Haag 1726–31.

Goetz, Walter [u. a.] (Hrsg.): Briefe und Akten zur Geschichte des Dreißigjährigen Krieges. Neue Folge. Die Politik Maximilians I. von Bayern und seiner Verbündeten 1618–51. 10 Bde. in 14 Teilbdn. Leipzig [u. a.] 1907–97.

Harms, Wolfgang / Schilling, Michael (Hrsg.): Deutsche illustrierte Flugblätter des 16. und 17. Jahrhunderts. Bd. 1–4, 7. München/Tübingen 1980–97.

Jarnut, Elke / Bohlen, Rita (Hrsg.): Die französischen Korrespondenzen. Bd. 3.1/2: 1645–1646. [Mit einer Einl. und einem Anh. von Franz Bosbach.] Münster 1999.

Lorenz, Gottfried (Hrsg.): Quellen zur Vorgeschichte und zu den Anfängen des Dreißigjährigen Krieges. Darmstadt 1991.

– (Hrsg.): Quellen zur Geschichte Albrechts von Wallenstein. Darmstadt 1987.

Lünig, Johann Christian (Hrsg.): Das Teutsche Reichs-Archiv […]. 24 Bde. Leipzig 1710–22.

Luttenberger, Albrecht P. (Hrsg.): Katholische Reform und Konfessionalisierung. Darmstadt 2006.

Paas, John Roger (Hrsg.): The German Political Broadsheet 1600–1648. [Bisher] 8 Bde. Wiesbaden 1985 ff.

Roeck, Bernd (Hrsg.): Gegenreformation und Dreißigjähriger Krieg 1555–1648. Deutsche Geschichte in Quellen und Darstellungen. Bd. 4. Stuttgart 1996.

Literatur

Aretin, Karl Otmar Freiherr von: Das Reich. Friedensordnung und europäisches Gleichgewicht 1648–1806. Stuttgart 1992.

Arndt, Johannes: Das Heilige Römische Reich und die Niederlande 1566–1648. Politisch-konfessionelle Verflechtung und Publizistik im Achtzigjährigen Krieg. Köln [u. a.] 1998.

Asch, Ronald G.: The Thirty Years War. The Holy Roman Empire and Europe, 1618–1648. Basingstoke / New York 1997.

Barudio, Günter: Der Teutsche Krieg 1618–1648. Frankfurt a. M. 1985.

Bireley, Robert: Religion and Politics in the Age of the Counter-Reformation. Emperor Ferdinand II., William Lamormaini SJ and the Formation of Imperial Policy. Chapel Hill (NC) 1981.

Burkhardt, Johannes: Der Dreißigjährige Krieg. Frankfurt a. M. 1992.

– Die Friedlosigkeit der frühen Neuzeit. Grundlegung einer Theorie der Bellizität Europas. In: Zeitschrift für historische Forschung 24 (1997). S. 509–574.

Bußmann, Klaus / Schilling, Heinz (Hrsg.): 1648 – Krieg und Frieden in Europa. Katalog zur 26. Europaratsausstellung Münster/ Osnabrück 1998. 1 Katalogbd. und 2 Textbde. München 1998.

Deursen, Arie Theodorus van: Die immer aktuelle Vergangenheit. Europa, die Niederlande und der Westfälische Friede. Münster 1993.

Duchhardt, Heinz: Protestantisches Kaisertum und altes Reich. Die Diskussion über die Konfession des Kaisers in Politik, Publizistik und Staatsrecht. Wiesbaden 1977.

– Westfälischer Friede und internationales System im Ancien Régime. In: Historische Zeitung 249 (1989). S. 529–543.

– (Hrsg.): Bibliographie zum Westfälischen Frieden. Münster 1996.

– (Hrsg.): Der Westfälische Friede. Diplomatie – politische Zäsur – kulturelles Umfeld – Rezeptionsgeschichte. München 1998.

Ehrenpreis, Stefan / Lotz-Heumann, Ute: Reformation und konfessionelles Zeitalter. Darmstadt 2002.

Findeisen, Jörg-Peter: Der Dreißigjährige Krieg. Eine Epoche in Lebensbildern. Graz [u. a.] 1998.

Gotthard, Axel: Der Religionsfrieden und das Heilige Römische Reich Deutscher Nation 1555–1648. In: Als Frieden möglich war. Der Augsburger Religionsfrieden. Ausstellungskatalog. Hrsg. von Carl A. Hoffmann [u. a.]. Regensburg 2005. S. 70–83.

Heckel, Martin: Deutschland im konfessionellen Zeitalter. Göttingen 1983.

Kampmann, Christoph: Europa und das Reich im Dreißigjährigen Krieg. Stuttgart 2008.

Krusenstjern, Benigna von (Hrsg.): Selbstzeugnisse der Zeit des Dreißigjährigen Krieges. Beschreibendes Verzeichnis. Berlin 1997.

– / Medick, Hans (Hrsg.): Zwischen Alltag und Katastrophe. Der Dreißigjährige Krieg aus der Nähe. Göttingen 1999.

Langer, Herbert: Kulturgeschichte des Dreißigjährigen Krieges. Stuttgart 1978.

Münch, Paul: Das Jahrhundert des Zwiespalts. Deutsche Geschichte 1600–1700. Stuttgart 1999.

Parker, Geoffrey: Die militärische Revolution. Die Kriegskunst und der Aufstieg des Westens 1500–1800. Frankfurt a. M. / New York 1990. [Engl. 1988.]

– (Hrsg.): The Thirty Years War. London 1984.

– (Hrsg.): Der Dreißigjährige Krieg. Darmstadt 1987.

Polisensky, Josef: War and Society in Central Europe 1618–1648. Cambridge 1978.

Press, Volker: Kriege und Krisen. Deutschland 1600–1715. München 1991.

Reinhard, Wolfgang / Schilling, Heinz (Hrsg.): Die katholische Konfessionalisierung. Gütersloh 1995.

Repgen, Konrad: Über die Geschichtsschreibung des Dreißigjährigen Krieges. Begriff und Konzeption. In: Krieg und Politik 1618–1648. Europäische Probleme und Perspektiven. Hrsg. von K. R. München 1988. S. 1–84.

Repgen, Konrad: Der Westfälische Friede und die zeitgenössische Öffentlichkeit. In: Historisches Jahrbuch 117 (1997). H. 1. S. 38–83.
– Dreißigjähriger Krieg und Westfälischer Friede. Studien und Quellen. Hrsg. von Franz Bosbach und Christoph Kampmann. Paderborn [u. a.] 1998.
– Die westfälischen Friedensverhandlungen. Überblick und Hauptprobleme. In: 1648 – Krieg und Frieden in Europa. Katalog zur 26. Europaratsausstellung. Hrsg. von Klaus Bußmann und Heinz Schilling. Münster/Osnabrück 1998. Textbd. 1. München 1998. S. 355–372.
Ritter, Moriz: Deutsche Geschichte im Zeitalter der Gegenreformation und des Dreißigjährigen Krieges (1555–1648). 3 Bde. Stuttgart/Berlin 1889–1908. [Nachdr. 1962.]
Rosseaux, Ulrich: Die Kipper und Wipper als publizistisches Ereignis (1620–1625). Eine Studie zu den Strukturen öffentlicher Kommunikation im Zeitalter des Dreißigjährigen Krieges. Berlin 2001.
Sacchi, Henri: La guerre de Trente Ans. 3 Bde. Paris 1991.
Schindling, Anton / Ziegler, Walter (Hrsg.): Die Territorien des Reichs im Zeitalter der Reformation und Konfessionalisierung. Land und Konfession 1500–1650. 7 Bde. Münster 1989–97.
Schilling, Heinz: Die Konfessionalisierung im Reich. Religiöser und gesellschaftlicher Wandel in Deutschland zwischen 1550–1620. In: Historische Zeitschrift 246 (1988). S. 1–45.
– Konfessionalisierung und Staatsinteressen. Internationale Beziehungen 1559–1659. Paderborn [u. a.] 2007.
– (Hrsg.): Die reformierte Konfessionalisierung in Deutschland. Das Problem der »Zweiten Reformation«. Gütersloh 1986.
Schmidt, Heinrich Richard: Konfessionalisierung im 16. Jahrhundert. München 1991.
Schmidt, Georg: Der Dreißigjährige Krieg. München 1995.
Schormann, Klaus: Der Dreißigjährige Krieg. Göttingen ³2004.
Steinberg, Sigfried Henry: Der Dreißigjährige Krieg und der Kampf um die Vorherrschaft in Europa 1600–1660. Göttingen 1967. [Engl. 1966.]

Register

Nennungen nur in den Anmerkungen sind mit einem Asteriskus (*) gekennzeichnet. – Deutschland, Heiliges Römisches Reich, Europa sind wegen ihrer Häufigkeit nicht registriert.

Zum Autor

Geboren 1957. Lehramtsstudium der Geschichte, Chemie und Evangelischen Theologie. Apl. Prof. für Neuere Geschichte an der Westfälischen Wilhelms-Universität Münster. Forschungsschwerpunkt: Verfassungs-, Sozial- und Kulturgeschichte der Frühen Neuzeit.

Publikationen: Das Niederrheinisch-Westfälische Reichsgrafenkollegium und seine Mitglieder 1653–1806. 1991. – Das Heilige Römische Reich und die Niederlande. Politisch-konfessionelle Verflechtung und Publizistik im Achtzigjährigen Krieg. 1998.